马克思主义哲学史论稿

施德福◎著

中国社会科学出版社

图书在版编目（CIP）数据

马克思主义哲学史论稿／施德福著．—北京：中国社会科学出版社，
2016.3

（北京大学马克思主义哲学论丛）

ISBN 978 - 7 - 5161 - 7733 - 4

Ⅰ.①马…　Ⅱ.①施…　Ⅲ.①马克思主义哲学—哲学史—研究
Ⅳ.①B0 - 0

中国版本图书馆 CIP 数据核字（2016）第 045791 号

出 版 人	赵剑英
责任编辑	喻　苗
责任校对	郝阳洋
责任印制	王　超

出　　版	中国社会科学出版社
社　　址	北京鼓楼西大街甲 158 号
邮　　编	100720
网　　址	http：//www.csspw.cn
发 行 部	010 - 84083685
门 市 部	010 - 84029450
经　　销	新华书店及其他书店

印　　刷	北京明恒达印务有限公司
装　　订	廊坊市广阳区广增装订厂
版　　次	2016 年 3 月第 1 版
印　　次	2016 年 3 月第 1 次印刷

开　　本	710×1000　1/16
印　　张	18
字　　数	305 千字
定　　价	68.00 元

施德福，1930 年 12 月生，浙江省永康市人。1954 年 8 月考入北京大学历史系学习，1959 年转入北大哲学系工作，直至退休。历任马哲史教研室主任、系党委书记；兼任教育部哲学学科教学指导委员会委员、北京大学校务委员会委员、中国马克思主义哲学史学会副会长等。长期从事马克思主义哲学的教学与研究，重点研究方向是马克思主义哲学史。参与编写了全国第一部《马克思主义哲学史稿》，与黄楠森教授等共同主编和参与编写了 3 卷本、8 卷本和 1 卷本的《马克思主义哲学史》。这些著作曾先后获得校级、市级、国家级优秀科研成果奖和吴玉章奖等。此外，合著、参编、合译的著作有《论马克思主义哲学的形成和发展》《马克思主义与人》《唯物辩证法理论概要》《互动的盟友——自然科学的发展与马克思主义哲学的现代化》等。

总　序

　　在新的历史条件下推进马克思主义哲学研究，这既是时代发展和中国发展的客观要求，又是理论工作者所肩负的重要职责。要推进马克思主义哲学研究，必须处理好传承与发展的关系。这里讲的传承，既指马克思主义哲学理论本身的传承，同时也指马克思主义哲学研究成果的传承；这里讲的发展，既指马克思主义哲学理论本身的不断创新，同时也指马克思主义哲学研究水平的突破与提升。加强马克思主义哲学本身的传承与发展无疑是重要的，而对马克思主义哲学研究及其成果的传承与创新也是非常必要的。这两种传承与发展实际上并不是各自孤立进行的，而是内在地结合在一起的。马克思主义哲学的传承与发展固然离不开马克思主义内容本身的研究，同时也包含着后人的理解和阐释，不可能离开后人的研究来孤立地看待马克思主义哲学的传承和发展。因此，要加强马克思主义哲学研究，应当对后人的传承与发展加以重视和关注。这也正是我们组编这套《北京大学马克思主义哲学论丛》的初衷。

　　北京大学是马克思主义在中国传播的发源地，具有悠久的马克思主义理论研究传统。"五四"新文化运动中，李大钊、陈独秀发起成立"马克思学说研究会"，最早开设唯物史观课程，宣传马克思主义。新中国成立后，北京大学一直是马克思主义哲学教学、研究和宣传的重要阵地，冯定教授等对马克思主义哲学学科的建设起了重要的组织、推动作用。1978年以来，黄枏森教授等在原有的基础上，开创了马克思主义哲学史学科，拓展和完善了马克思主义哲学研究领域，使其成为全国重点学科。

　　多年来，北京大学马克思主义哲学学科在其研究中逐渐形成了自己的传统，这就是重视马克思主义哲学基础理论研究。"史"（马克思主义哲学史）与"论"（马克思主义哲学基本原理）成为本学科研究的重点。特别是改革开放以来，伴随马克思主义哲学史学科的成功开创，形成了独特的研究特色。由黄枬森等教授主持编写的以及与国内同行共同编写的各种版本的《马克思主义哲学史》在全国学界产生了重要影响。20 世纪 90 年代以来，本学科在保持原有传统优势的基础上，又根据新的发展的需要，逐渐拓宽了研究领域，形成了这样几个主要的研究方向：一是文本研究，包括文献研究和文本内容研究；二是基本原理的专题性研究，特别是历史哲学的研究；三是国外马克思主义研究，重点是西方马克思主义研究；四是马克思主义人学和社会发展理论研究，主要结合当代社会发展变化的实际，对相关重大理论和现实问题从人学和发展理论的视角予以新的探讨。这些研究方向的确立，意味着研究不再仅仅限于传统教科书的框架，同时面向现实问题研究，从而走向新的融合。

　　对于基础理论研究与现实问题研究的关系，学术界多年来有着不同的看法。有的强调研究的学术性，有的强调研究的现实性，彼此形成不同的倾向和主张。实际上，二者并不构成矛盾与对立，而是完全可以结合在一起的，并且是相互渗透、相互促进的。研究马克思主义哲学，当然需要加强基础理论研究。不能正确理解经典文本和马克思主义哲学史，就不可能真正理解和把握马克思主义哲学，因而正确地阐释文本和马克思主义哲学史，这是掌握马克思主义哲学基本理论的前提和基础。但是，马克思主义哲学又不能仅仅限于这样的研究。将马克思主义哲学研究变为文本、马克思主义哲学史和一些原理的"诠释学""考据学"，无益于推进马克思主义哲学的发展。马克思主义哲学的基础理论也是一个发展、开放的系统，并不是一个固定不变的模式。伴随实践的发展，许多基础理论也要不断深化、调整和完善。关注现实问题，加强"问题导向"，一方面可以使文本中曾被忽视、误解以至被遗忘的思想、观点得到新的重视和开掘，另一方面可以给文本中许多思想赋予新的当代意义，从而激活其思想资源，使其焕发出新的生机、活力。就此而言，加强现实问题研究，又会有力促进基础理论研究。实现二者有机结合，有助于推动马克思主义哲学的深化和发展，这也正是本学科在原有研究基础上拓展研究方向与领域的动因所在。

　　收录在本论丛的书目，都是本学科老教授的研究成果。这些老教授虽已离开教学岗位，但不少人始终是"退而不休"，一直在马克思主义哲学研究的园地里辛勤耕耘，成果不断，在学科建设中发挥着重要作用。从本论丛写作的时间来看，既有过去撰写的，也有新近创作的，有的完全是近几年研究的成果；从其内容来看，涉及的论域比较广泛，既有关于马克思主义哲学史、经典文本和基本原理的研究，又有关于重大理论问题和现实问题的研究；从其关注的重点来看，既有基础性的问题，又有前沿性的问题；从其研究的领域来看，既有马克思主义哲学本身所涉及的各种领域，又有与其相关的研究领域。可以说，这些成果是这些老教授长期研究的真实记录，是他们探索轨迹的生动描绘，共同构成了马克思主义研究的绚丽画卷。

本论丛只反映了本学科过去研究的一个大致图景，并未体现其研究的全部历史和现状。收录的书目主要反映了作者在研究中的代表性成果或代表性观点。尽管各位作者研究的重点不同，旨趣各异，但其目标指向则是共同的，这就是不断深化和推进马克思主义哲学研究，以求发展、创新。正是围绕这一目标，各位作者分别从不同角度对马克思主义哲学进行了有益的探讨，形成了不同的研究特色。

值得注意的是，本论丛所收集的这些研究成果是和作者们的经历联系在一起的。这些作者都是在 20 世纪上半叶出生的，大多是在新中国建立后走进大学校园，而后留校任教。他们都经历了共和国的风风雨雨，其学术生涯又是同改革开放的历程联系在一起的。正是这些特殊的经历，使这些作者对社会、人生和马克思主义哲学有着独特而深刻的体认和感悟。这些研究成果均不同程度地打上了时代的烙印和个人体验的印记。今天看来，在这些成果中，尽管有些话题可能有些陈旧，某些看法也不一定新颖，但其确实反映了这些作者在不同历史条件下的独特思考和艰辛探索，有助于我们更好地理解和把握马克思主义哲学研究的思想历程及其经验教训。总体来看，这些成果是本学科长期积累的宝贵财富，它为本学科的发展奠定了厚实的基础，因而是其发展的重要阶梯。

传承是为了更好地发展。站在新的历史起点上，北京大学马克思主义哲学学科的同仁们始终没有忘记自己的使命和责任，没有忘记自己的天职，一直以高度的热忱投身于马克思主义哲学的教学与研究之中。我们相信，在未来的岁月中，只要充分继承和发扬北京大学马克思主义理论研究的光荣传统，锐意进取，不懈努力，就一定会在马克思主义哲学研究上取得新的更大的成就。我们将会把新的成果集中起来，以"马克思主义哲学：经典与当代"丛书加以出版。

近年来，本学科的发展得到了陕西帮建置业有限公司董事长王建良先生的大力支持和帮助，他建议并捐资设立了"黄枬森与北京大学马克思主义哲学学科发展"项目（简称"黄枬森项目"），为本学科的教学、科研作出了重要贡献，在此深表感谢！

本论丛的出版得到了陕西帮建置业有限公司董事长王建良先生和北京大学社会科学部的资助；北京大学哲学系对本论丛的出版给予了大力支持；中国社会科学出版社为本论丛的策划和出版作了很大努力，付出了辛勤劳动。在此一并表示诚挚的谢意！

论丛编委会

2016 年 4 月

目　　录

第一章

马克思主义哲学的形成

一 马克思主义哲学产生的
历史条件和理论来源

哲学是时代精神的精华。历史上的各种哲学学说，都是以一定的社会经济、政治和科学文化条件为前提，为表达和满足一定的社会需要而产生的。创立于19世纪40年代的马克思主义哲学也是它所处时代的产物，是资本主义向社会主义转变时代的无产阶级世界观和方法论。"由于欧洲许多国家的社会经济情况进到了资本主义高度发展的阶段，生产力、阶级斗争和科学均发展到了历史上未有过的水平，工业无产阶级成为历史发展的最伟大的动力，因而产生了马克思主义的唯物辩证法的宇宙观。"① 毛泽东的这段论述，概括地说明了马克思主义哲学形成时代的主要特征，也说明了马克思主义哲学产生的客观可能性和历史必然性。

（一）马克思主义哲学产生的历史条件

相对地说，哲学是一种更为远离经济基础的意识形态，但是，归根结底它也根源于经济事实。马克思主义哲学的产生是以资本主义机器工业的大生产为物质前提的。

18世纪中期，以工具机的发明和使用为起点的产业革命（又称工业革命）首先在英国发生。从80年代开始，随着蒸汽机的应用和机器制造业的出现，产业革命扩展到各个部门，迅速改变了整个工业生产的面貌。到了19世纪40年代，各主要生产部门都以机器工业代替了以手工技术为

---

① 《毛泽东选集》第1卷，人民出版社1991年版，第300页。

基础的工场手工业，形成了工厂制度。当时的英国是全世界工业产品的主要生产地，号称"世界工厂"。继英国之后，法国也于 19 世纪初开始了产业革命，特别是 1830 年"七月革命"以后，产业革命发展迅速，机器生产大量增加。经济发展比较落后的德国，也在 1820 年开始产业革命，在 1834 年订立关税同盟之后，大工业生产也有了较快的发展。

产业革命不仅使生产技术发生了质的飞跃，带来了生产力的巨大发展，而且引起了生产关系、社会关系的深刻变革。如果说英、法三大空想社会主义者圣西门、傅立叶和欧文之所以陷入空想的根本原因，是由于他们处在资本主义生产还不很发达的时代，那么马克思主义世界观之所以能建立在现实基础之上，正是因为它已有机器工业的社会化生产为物质前提。

资本主义机器大工业对工场手工业和分散的小生产的取代，使人类的实践活动（首先是物质生产活动）在深度和广度上都达到前所未有的水平，作为历史主体的人的能动性得到了空前的发挥，资产阶级以其所创造的巨大生产力"第一个证明了，人的活动能够取得什么样的成就"①。历史实践不仅进一步证明了唯心主义的荒谬，而且也使旧唯物主义的直观性和机械性失去其根据，科学地揭示主观和客观、主体和客体的关系，把唯物主义推进到更高阶段已有了客观的需要和可能。

产业革命深刻而迅速地改变了社会的物质生活、政治生活和精神生活。物质生产在社会生活中的支配作用、构成社会形态的诸要素之间的相互关系日益明朗，从而使科学地揭示社会形态的物质基础及其发展的动力成为可能。

资本主义机器工业的社会化生产，使资产阶级社会成为历史上最发达和最复杂的生产组织。它一方面使人们能够通过对现实社会各种关系和结构的理解，去透视一切已经覆灭的私有制社会的结构和生产关系；另一方面，资本主义社会化所建立的物质基础和资本主义固有矛盾的暴露，又为人们预测历史发展的方向提供了客观依据，因而也就有可能揭示出社会形态的发展和更替是一种自然历史过程。

资本主义大工业"首次开创了世界历史"②。世界市场的建立和国际

---

① 《马克思恩格斯文集》第 2 卷，人民出版社 2009 年版，第 34 页。
② 《马克思恩格斯文集》第 1 卷，人民出版社 2009 年版，第 566 页。

交往的扩大，打破了民族的局限性和狭隘眼界。物质生产是如此，精神生产亦是如此。这就使人们有可能通过对不同国家、不同民族的社会历史的比较研究，揭示社会历史发展的一般规律。

总之，马克思主义哲学的创立，并不是它的创始人主观想象的产物，而是由于时代的发展，首先是社会经济的发展，为它提供了客观的依据。它植根于现实基础之中，首先植根于经济事实之中。

在阶级社会中，哲学是有阶级性的。马克思主义哲学的产生，也有其阶级基础。

资产阶级和无产阶级是资本主义制度的一对孪生子。作为剥削者和被剥削者，它们之间始终存在着阶级利益的对立和斗争。18 世纪中期开始的产业革命，不仅创造了一个大工业资本家阶级，同时也创造了一个与大工业相联系的近代无产阶级。19 世纪 30 年代，英、法等国资产阶级在同封建势力斗争中取得了决定性的胜利，资产阶级和无产阶级的矛盾已上升为主要矛盾。无产阶级通过长期斗争实践，在觉悟水平和组织程度上得到不断提高，日益发展成为独立的和自身团结的阶级。资产阶级的经济、政治统治的加强，特别是 1825 年以来发生的周期性经济危机，不仅给无产阶级和劳动人民造成更为深重的灾难，而且也更充分地暴露出资本主义制度所固有的矛盾，因而使无产阶级同资产阶级的斗争"在实践方面和理论方面采取了日益鲜明的和带有威胁性的形式"[1]。在 1830 年和 1834 年法国里昂工人的两次起义、1838 年起持续达 10 年之久的英国工人的"宪章运动"和 1844 年德国西里西亚织工的起义中，工人们已提出自己独立的政治要求，发出消灭私有制的呼声，开展了大规模的群众性的斗争，并建立了第一个独立的工人政党。[2] 这些表明，无产阶级不只是一个深受苦难的阶级，而且是一个与先进生产力相联系、代表历史发展方向的阶级，一个能够团结和带领群众争取自身和全人类解放的革命阶级。同时也表明，无产阶级的斗争也还带有一定的自发性，特别是在理论上还没有达到与其伟大历史使命相适应的水平。这就需要用科学的方法，总结无产阶级斗争的实践经验，形成科学的世界观，用以武装无产阶级，指导它的解放斗争。马克思主义哲学正是适应这种需要而创立的无产阶级世界观的理论

---

① 《马克思恩格斯文集》第 5 卷，人民出版社 2009 年版，第 17 页。
② 《马克思恩格斯选集》第 3 卷，人民出版社 1995 年版，第 712 页。

形态。

哲学是自然知识和社会知识的概括和总结，因而每一种哲学都必然直接或间接地受到它所处时代的自然科学的影响。马克思主义哲学的产生，是以 19 世纪自然科学的重大发展为基础的。

18—19 世纪的欧洲产业革命，是在科学技术发展的基础上发生的，是科学和实践相结合的结果。而产业革命的胜利，又反过来为自然科学的发展提供了强大的推动力，把自然科学推进到一个新的发展阶段。在 15—18 世纪，自然科学主要是搜集材料的科学，关于既成事实的科学；而 19 世纪的自然科学本质上是整理材料的科学，关于过程、关于事物发生和发展以及关于把这些自然过程结合为一个伟大整体的联系的科学。研究植物机体和动物机体中的过程的生理学，研究单个机体从胚胎到成熟的发育过程的胚胎学，研究地壳逐渐形成过程的地质学等，都是在 19 世纪产生或发展起来的。

19 世纪自然科学最重要的成果是能量守恒和转化定律、细胞学说和达尔文生物进化论。这些伟大发现和其他成就，不仅深刻地揭示了自然界的物质统一性及其过程的辩证性质，而且使人们有可能根据自然科学本身提供的事实去说明自然界的主要过程，以往那种用臆想的联系去填补尚未认识的真实联系的企图失去意义。这一切都沉重地打击了唯心主义和形而上学，而为马克思主义哲学的产生提供了科学依据。自然科学还通过转化为直接生产力，推动社会经济的发展和社会关系的变化，对哲学发生影响。恩格斯曾指出，18 世纪的科学成果和哲学结合的结果就是唯物主义、启蒙时代和法国的政治革命，科学和实践结合的结果就是英国的社会革命。马克思则进一步指出：自然科学"通过工业日益在实践上进入人的生活，改造人的生活，并为人的解放作准备"①。这显然也是马克思主义哲学产生的重要依据之一。

（二）马克思主义哲学的理论来源

任何一个时代的哲学虽然归根到底是由经济决定的，但它的创立却需要以前人提供的思想资料为前提。马克思主义哲学之所以是严整而正确的世界观，也是由于它批判地继承了人类认识史上特别是资产阶级时代的一

---

① 《马克思恩格斯文集》第 1 卷，人民出版社 2009 年版，第 193 页。

切优秀思想成果，回答了前人提出的各种问题。

在 18 世纪至 19 世纪初期，适应新兴资产阶级的需要，哲学和社会科学领域都取得了不少新的突破，出现了从不同方面反映现实社会矛盾的新学说，其中主要有：资产阶级古典经济学，英、法空想社会主义，复辟时代法国历史学家的历史理论和德国古典哲学。尽管这些理论都不可避免地带有历史的和阶级的局限性，但是，它们在不同程度上反映了当时社会经济、政治、思想矛盾的发展和自然科学的成果，提出了许多合理的新思想，从而为马克思主义哲学的产生提供了思想材料和理论来源。

资产阶级古典经济学是代表新兴资产阶级利益的经济理论，产生于 17 世纪中叶，完成于 19 世纪初期。它在法国，从比埃尔·布阿吉尔贝尔开始，中经以弗朗斯瓦·魁奈为代表的重农学派的发展，到西蒙·西斯蒙第为止；在英国，从威廉·配第开始，中经亚当·斯密的发展，到大卫·李嘉图为止。古典经济学不仅是马克思主义政治经济学的理论来源，而且对马克思主义哲学的产生也具有重大的影响。第一，它所提出的劳动价值论，实际上是以经济学的形式对劳动作为主体活动的创造能力的肯定。在以往的经济学家看来，财富只是单纯客观的物，而古典经济学家则认为财富是劳动的创造物，从而把财富的源泉从对象转移到主体的活动；他们还认识到，劳动创造财富要与一定的自然条件相结合，如配第认为"土地是财富之母，而劳动则为财富之父和能动因素"。[①] 他们还从各种具体劳动形式中抽象出一般劳动，从而为形成科学的劳动范畴做出贡献。第二，古典经济学家比较深入地探讨了分工问题。斯密认为，分工对于提高劳动生产率具有十分重要的作用。在他看来，劳动生产力的最大的加强，以及运用劳动时间所表现的更大的热情、技巧和判断力，似乎都是分工的结果。分工的程度同时就是劳动生产力加强程度的标志，也是社会进步程度的标志。他还认为，分工和交换是人们相互联系的纽带，人们在劳动中通过分工、交换，便构成一定的社会关系。他还根据分工将人类社会区分为野蛮时期的狩猎社会和畜牧社会，从野蛮时期过渡到文明时期的农业社会，以及文明时期的工业社会。第三，古典经济学家对资本主义社会的阶级结构和对立状况进行了经济上的分析。斯密认为，地租、工资和利润是文明社会的三种基本收入，与此相应，形成了以地租为生、以工资为生和

---

① ［英］配第：《赋税论献给英明人士货币略论》，商务印书馆 1963 年版，第 71 页。

以利润为生的三大社会集团，"构成文明社会三个主要的和基本的阶级"①。他还初步分析了各阶级之间的关系，指出"两个上层阶级压迫下层阶级"②，即土地所有者和资本家压迫工人。李嘉图则通过分析工资和利润、利润和地租的对立，进一步揭露了资本主义社会各阶级之间对立的经济根源。

正当古典经济学家把资本主义制度当作永恒的"自然形式"来论证的时候，19世纪初的英、法空想社会主义者却已对它进行了尖锐的批判。其主要代表人物是法国的圣西门、傅立叶和英国的欧文。这些空想社会主义者的学说是18世纪启蒙学者的理性原则的继续和发展，因而总的来说在历史观上还是唯心主义的。但是他们处处突破幻想的外壳而显露出天才的思想，对社会历史提出许多有价值的见解，为马克思主义哲学的产生提供了重要的思想资料。第一，他们论证了人类社会的历史是一个由低级到高级的发展过程，资本主义社会只是发展过程中的一个阶段，必将为新的社会制度所代替。圣西门把人类历史分为五种社会形式：原始社会、奴隶制社会、神学封建社会、资本主义社会和未来的"实业制度"，即社会主义社会，并认为这是一个由低级向高级发展的过程，其中每一个新的社会制度都是以往历史发展的必然结果，因而是有规律可循的。傅立叶是"和他的同时代人黑格尔一样熟练地掌握了辩证法的"③，他把迄今为止的全部历史过程分为依次更替的蒙昧制度、宗法制度、野蛮制度和文明制度四个阶段，未来的历史发展将上升为"协调制度"，也即社会主义制度。第二，空想社会主义者触及了社会存在和发展的物质基础问题，试图用社会经济状况来说明政治制度。圣西门认为，生产是任何社会联合的目的，所有制是社会大厦的基础，因此社会的本质不是政府的形式，而是所有制问题。他还指出，"政治是关于生产的科学"④，历史进步的合乎规律的趋势应是日益广泛地组织生产和改善社会关系，它将导致人类更加广泛的协作。随着历史的发展，政治将完全溶化在经济中，政治上对人的统治将转变为对物的管理和对生产过程的领导。傅立叶则把生产的发展看作社会制度更替的基本原因：宗法制度向野蛮制度的过渡，是同小生产过渡到中等

---

① ［英］斯密：《国民财富的性质和原因的研究》上卷，商务印书馆1972年版，第240页。
② ［英］斯密：《国民财富的性质和原因的研究》下卷，商务印书馆1972年版，第127页。
③ 《马克思恩格斯文集》第3卷，人民出版社2009年版，第532页。
④ 同上书，第530页。

生产相应的；而当大生产出现时，社会就由野蛮制度过渡到文明制度。第三，空想社会主义者看到阶级斗争在历史发展中的作用。他们认为15世纪以来西欧的历史，是工厂主反对封建贵族的斗争史，是两个利益对立的阶级之间的斗争。与资产阶级思想家不同，他们认为法国的革命不仅是资产阶级和封建贵族之间的斗争，而且也是"无财产者"同封建贵族、资产阶级之间的阶级斗争。第四，空想社会主义者在对未来社会的预测中，也提出不少合理的思想。圣西门认为，每个人的全部才能的自由发展，是他的基本愿望和要求。因此每个人都应该从事劳动，不允许有特权，任何人对人的剥削都应由人对自然的开发所代替。傅立叶认为，劳动不仅是财富的源泉，而且也是人们真正的生活需要，但在资本主义社会劳动被沾染了一种令人厌恶的性质，未来的社会制度必须保证按照人的愿望自由地选择劳动。欧文也认为，资本主义工业中劳动分工的畸形发展使工人失去劳动的兴趣，只有把生产资料作为共同的财产，才能造福所有的人。未来社会应当建立在财产公有的基础上，人人劳动，没有阶级，没有剥削，各取所需。

"复辟时代法国历史学家"是指法国波旁王朝复辟时期（1815—1830年）的资产阶级历史学家，其主要代表人物有：梯叶里、基佐、米涅等。这些历史学家的历史观总体上是唯心主义的，但他们在社会历史研究中提出了若干有价值的见解。第一，他们突破了把历史发展归结为个别杰出人物自觉活动结果的英雄史观，提出应当重视人民群众在历史发展中的作用；指出以往的历史学家"总是顽强地不承认人民群众有首创精神和思想"，而把一个国家的建立，以至于一种社会新风气的形成，都看作某个"英雄"或"王公"的创造物，而人民群众则"不过是某个人的思想的掩饰物"[①]，但事实上，正是按照自己的需要和利益行动的群众，才是一定社会制度和社会事业的主要创造者和参加者。尽管这些历史学家所说的"人民群众"，主要是指资产阶级，而对无产阶级和劳动群众则是蔑视和歧视的，但他们的观点毕竟是对英雄史观的一种突破。第二，他们结合英国和法国资产阶级革命的过程，对阶级斗争的历史发展作了具体的考察。在他们看来，17世纪英国革命和18世纪法国革命的历史，都是第三等级反对贵族斗争的历史。贵族和第三等级是欧洲社会中最主要的因素，它们之间的关系决定着欧洲政治的发展。他们还指出，财产关系是阶级关系的

---

① 转引自《普列汉诺夫哲学著作选集》第2卷，三联书店1962年版，第520页。

基础。米涅对法国大革命过程中各政党的斗争作了生动的分析，并把这种斗争的实质概括为"变化破坏利益；利益产生政党；政党进行斗争"①。但是，作为资产阶级思想家，他们否认第三等级内部有阶级矛盾，否认无产阶级反对资产阶级的阶级斗争。第三，这些历史学家不满意法国唯物主义者关于政治机构决定社会生活的理论，试图证明财产关系是社会政治制度和统治思想的现实基础。基佐认为，社会状况是由财产关系、公民生活所决定的。因此，"要了解政治制度，就必须研究这个社会中的各个阶层及其相互关系。要了解这些不同的社会阶层，就应该理解土地关系的性质"②。法国复辟时期的历史学家还研究了思想潮流和社会环境之间的关系，认为思想、学说以及宪法本身，都服从于环境，"只有当它们能够成为工具和人民利益的保证的时候，人民才会接受它们"③。恩格斯在评论法国历史学家的这些思想时指出：把重大的政治历史事件看作历史上起决定作用的东西的这种观念，曾经支配着以往的整个历史观，只有法国复辟时代资产阶级历史学家才使之发生动摇。④

德国古典哲学是作为德国资产阶级革命先导而出现的哲学思潮。其代表人物有康德、费希特、谢林、黑格尔和费尔巴哈。其中与马克思主义哲学的关系最为密切的，是黑格尔哲学和费尔巴哈哲学。德国古典哲学在哲学思想上的历史贡献主要是：第一，它把思维和存在、主体和客体的关系作为最重要的哲学问题来研究。从康德到黑格尔都在唯心主义基础上对这一问题作出不同的回答，并使这一问题的研究日益深化；费尔巴哈则从人本学唯物主义立场出发，批判了上述哲学家特别是黑格尔的唯心主义，恢复了唯物主义的权威。德国古典哲学对思维和存在、主体和客体关系的深入探讨，无疑对科学地解决哲学基本问题具有重要的意义。第二，德国古典哲学的最大成就，是在唯心主义的基础上全面而深刻地研究了辩证的发展观，从世界观的高度用辩证法代替了形而上学。特别是这种唯心主义辩证法的集大成者黑格尔，继承了前人丰富的辩证法思想，并使之系统化了。在哲学史上，他第一个全面地、有意识地叙述了辩证法的一般运动形

---

① 转引自《普列汉诺夫哲学著作选集》第 2 卷，生活·读书·新知三联书店 1962 年版，第 524 页。

② 同上书，第 526 页。

③ 同上书，第 528 页。

④ 参见《马克思恩格斯选集》第 3 卷，人民出版社 1995 年版，第 502 页。

式，阐明了辩证法的基本规律，并把整个自然的、历史的和精神的世界描写为一个不断运动、变化、转变和发展的过程，从根本上否定了形而上学世界观的统治。第三，德国古典哲学，特别是黑格尔哲学的另一个重要贡献，是在历史观上提出不少深刻的、有价值的思想。黑格尔的历史哲学形式是唯心的，内容却是现实的。他把社会历史看作一个发展的、有内在联系的过程，并提出了"世界历史"的思想，反对把社会历史看作只是无数偶然现象的堆砌，认为社会历史的发展是有规律的，并力图去揭示这些规律；他不满意用人的思想、意见来说明历史的观点，认为在历史人物动机背后还有应当加以探究的动力。当然，黑格尔只是提出了认识历史规律的任务，而没有也不可能完成这个任务。但是他所提出的上述思想无疑是深刻的。恩格斯曾指出，黑格尔的"这个划时代的历史观是新的唯物主义观点的直接的理论前提"[①]。

马克思主义哲学的产生是哲学上的革命变革，也是人类认识史上优秀成果的综合和发展。19世纪初期哲学、社会科学中的合理思想是马克思主义哲学的直接理论来源，它们所提出而未解决的问题，则给马克思、恩格斯创立新世界观以启迪，它们的不足之处也给马克思、恩格斯以鉴戒。

二　马克思和恩格斯世界观的转变

马克思和恩格斯并不是天生的辩证唯物主义和历史唯物主义者。他们成为马克思主义哲学的创始人，曾经历了一个从唯心主义到唯物主义、从革命民主主义到共产主义的转变过程。

（一）参加青年黑格尔派活动时期

马克思和恩格斯都出生在德国的莱茵省。该省毗邻法国，1794—1815年曾被划归法国管辖，是当时德国资本主义经济比较发达的地区，自由主义、民主主义和空想社会主义思想也较早在这里传播。

卡尔·马克思1818年诞生于特利尔城。父亲是当地一名有名望的律师，敬仰18世纪法国启蒙学者的著作和思想；后来成为马克思岳父的威斯特华伦男爵，是一位颇有教养和关心社会问题的人，他曾向马克思介绍

---

① 《马克思恩格斯文集》第2卷，人民出版社2009年版，第602页。

过空想社会主义者圣西门的学说和事业，并指导他学习文学。良好的家庭教育对少年马克思的成长产生了积极的影响。马克思12岁时进入特利尔中学读书，在具有进步思想的教师的影响下，少年马克思追求真理，向往自由，对当时德国社会状况满怀激愤。在民主与专制的斗争中，他坚定地站在进步力量一边。1835年，在中学毕业时的作文《青年选择职业时的考虑》中，马克思表达了为全人类幸福献身的崇高志向："如果我们选择了最能为人类福利而劳动的职业，那么，重担就不能把我们压倒，因为这是为大家献身；那时我们感到的就不是可怜的、有限的、自私的乐趣，我们的幸福将属于千百万人。"①

　　1835年10月，马克思进入波恩大学学习，一年后转入柏林大学。他所学的专业是法律，但他把哲学和历史的研究放在首位。在柏林大学初期，马克思曾一度倾向于康德和费希特哲学，并把它们应用于自己的文学活动和法学研究，但效果很不好。康德、费希特哲学的一个重要特点，是把"应有"和"现有"、理想和现实对立起来，用"应有"批判"现有"、用理想批判现实，而不注意研究"现有"和现实本身。使用这种方法的结果，马克思的法学研究脱离了实际的法和法的实际形式，只研究内容空洞的原则、思维和定义，因而走进了死胡同；马克思的文学作品也显得空洞而无内容。这使马克思看到了康德和费希特哲学的缺陷，从而引起他的不满。他说："康德和费希特在太空飞翔，对未知世界在黑暗中探索，而我只求深入全面地领悟在地面上遇到的日常事物。"② 他认为，"必须从对象的发展上细心研究对象本身，决不应任意分割它们；事物本身的理性在这里应当作为一种自身矛盾的东西展开，并且在自身求得自己的统一"③。正是基于这种认识，马克思由康德、费希特哲学转向对"应有"和"现有"作辩证理解的黑格尔主义。1837年，马克思从头到尾阅读了黑格尔的著作和他的弟子的大部分著作，并结识了青年黑格尔派的布·鲍威尔、弗·科本等人，参加了他们的"博士俱乐部"的活动。19世纪30年代中期在黑格尔学派分化过程中形成的青年黑格尔派，在运动初期曾经起过进步作用，集结在"博士俱乐部"中的青年黑格尔分子，更是激情

---

① 《马克思恩格斯全集》第1卷，人民出版社1995年版，第459页。
② 《马克思恩格斯全集》第40卷，人民出版社1982年版，第651页。
③ 《马克思恩格斯全集》第47卷，人民出版社2004年版，第8页。

满怀，斗志昂扬，以自我意识哲学为武器，勇敢地批判宗教教条，宣扬信仰自由和出版自由，并试图从黑格尔辩证法中引出革命的结论，为变革封建专制制度而斗争。与青年黑格尔派的接触与交流，促使马克思更加深入地研究黑格尔哲学，特别是它的辩证法思想。

1839 年到 1840 年，马克思致力于研究古希腊晚期的伊壁鸠鲁主义、斯多葛主义和怀疑论哲学，并于 1841 年 3 月写出了以《德谟克利特的自然哲学与伊壁鸠鲁的自然哲学的差别》为题的博士论文（以下简称《博士论文》）。马克思之所以特别重视研究古希腊晚期哲学，与其说是出于学术上的兴趣，不如说是出于反对封建专制制度斗争的政治需要。因为在马克思看来，这三个哲学流派的代表人物都是"自我意识哲学家"，而自我意识哲学是当时马克思和青年黑格尔派的思想武器；伊壁鸠鲁的无神论思想也正适合马克思批判封建专制制度的精神支柱——宗教神学的需要。

写作《博士论文》时期的马克思，还是一个黑格尔式的唯心主义者，并参加青年黑格尔派的活动，但对马克思的思想发展来说，更重要的是论文所体现出来的勇于突破旧说的独创精神。第一，马克思在论述人与现实环境的关系时，强调通过改变环境来实现人的自由。因此，他很重视伊壁鸠鲁有关追求人生自由的思想，但不赞成他把人与周围环境对立起来，企图通过摆脱外在世界来保持内心的宁静和自由。马克思认为，使人同环境分离开来，虽然可以达到绝对的理论的自由，但却使人丧失通过改变周围环境来实现自由的可能性，因而也不可能获得真正的自由。第二，马克思和青年黑格尔派一样，把自我意识看作世界发展的决定力量，强调哲学在改造现实世界中的作用，但在哲学与现实世界的关系上，他强调两者的相互作用和辩证统一，既不同于黑格尔主张思维和存在的同一而否定哲学对世界的改造作用，也不同于青年黑格尔派把两者对立起来，把自我意识的作用绝对化。第三，在当时的德国，宗教神学是封建制度的精神支柱和压制自由的重要力量，因而反对宗教神学也就是反对封建专制制度。马克思和青年黑格尔派都反对黑格尔调和哲学和宗教的思想，坚决用自我意识去批判宗教，否定神的作用，肯定人的作用。在《博士论文》的序言中，马克思鲜明地表述了自己的战斗无神论思想："哲学并不隐瞒这一点。普罗米修斯承认道：老实说，我痛恨所有的神。这是哲学的自白，它自己的格言，借以表示它反对一切天上和地上的神，这些神不承认人的自我意识具有最高的神性。不应该有任何神同人的自我意识相并列。"① 第四，马克思十分重视黑格尔的辩证法思想，高度赞扬辩证法的革命精神，同时也揭露了黑格尔哲学的保守性、妥协性及其根源。他认为，黑格尔不能把辩证法的革命精神贯彻到底，而使自己的哲学适应普鲁士现实需要、与普鲁士王国妥协的原因，不应从道德上去解释。他写道："这种表面上的适应的可能性本身的最深刻的根源，在于他的原则本身不充分或者哲学家对自己的原则没有充分的理解。因此，如果一个哲学家确实适应了，那么他的学生们就应该根据他的内在的本质的意识来说明那个对于他本人具有一种外在的意识形式的东西。"② 马克思的这种见解，比起青年黑格尔派分子在黑格尔哲学体系范围内的所有争论，显然要高明得多。不难看出，马克思的《博士论文》中的思想，不仅同黑格尔哲学有重大差别，而且也已开始越过青年黑格尔派。

参加青年黑格尔派活动时期的马克思，虽然只有 20 岁左右，却以自己卓越的才能，独到的见解，在青年黑格尔分子中赢得很高的威望。科本称誉马克思是"一座思想的仓库、制造厂，或者按照柏林的说法，思想的牛首"③。荣克称赞马克思是一个十足奋不顾身的革命者，是他所知道的最聪慧的思想家之一。莫斯泽·赫斯更是对马克思作了热烈的赞扬。他说："马克思博士，这个我最崇拜的人，还是一个十分年轻的人（至多不过 24 岁）；他将给中世纪的宗教和政治以致命的打击；他既有深思熟虑、冷静、严肃的态度，又有最辛辣的机智；如果把卢梭、伏尔泰、霍尔巴赫、莱辛、海涅和黑格尔合为一人（我说的是结合，不是凑合），那么结果就是一个马克思博士。"④

弗里德里希·恩格斯 1820 年 11 月 28 日出生于巴门，父亲是一个纺织厂厂主和虔诚的基督教徒，并担任当地的学监和教会负责人。母亲出身于知识分子家庭，心地善良，很有教养，爱好文学艺术；外祖父是位语言学家。他们通过文学艺术特别是古典文化，有意无意地在恩格斯心田里播下了人文主义思想。因此，少年恩格斯受到的家庭教育具有虔诚主义和人

---

① 《马克思恩格斯全集》第 40 卷，人民出版社 1982 年版，第 189—190 页。
② 《马克思恩格斯全集》第 1 卷，人民出版社 1995 年版，第 74 页。
③ 转引自科尔纽《马克思恩格斯传》第 1 卷，生活·读书·新知三联书店 1980 年版，第 187 页。
④ 同上书，第 289—290 页。

文主义的两重性。在上中学期间，恩格斯受到科学文化知识的教育和进步教师的思想影响，目睹了封建制度、宗教势力和资本主义制度对劳苦大众在肉体上和精神上的摧残，激发了他对旧势力的憎恨和对劳动大众的同情。1837年中学尚未毕业，他便屈从父命，先后到巴门和不来梅学习经商，但这也为他打开了新的视野。他厌恶忙忙碌碌的生意经，把业余时间全部用来学习和研究文学、历史甚至音乐等等。在不来梅，恩格斯深为激进民主主义者伯尔尼、海涅和进步文学团体"青年德意志"的论著所吸引。他高度评价伯尔尼和海涅的思想和主张，并对"青年德意志"派反对封建专制制度和宗教神学的主张产生共鸣，称赞他们提出的人民参加国家管理、犹太人的解放、取消一切宗教强制、取消一切门阀贵族等等主张，是合乎历史潮流的"时代观念"。1839年3月，恩格斯在"青年德意志"派的刊物《德意志电讯报》上发表了《乌培河谷的来信》。在这篇根据他在家乡乌培河谷亲身经历的事实写成的文章中，恩格斯痛斥了宗教虔诚主义和残酷剥削工人的工厂制度。指出虔诚主义是工厂制度的精神支柱，工厂劳动摧残了工人的肉体，造成劳动人民的普遍贫困，而宗教虔诚主义则扼杀人民的精神，成为工厂主的护身符。

　　恩格斯反对宗教神学和封建专制制度的主张，使他接受了青年黑格尔派分子施特劳斯《耶稣传》的思想。《耶稣传》用神话解释圣经，批判了黑格尔的哲学与宗教一致的说法。恩格斯认为施特劳斯真正提供了向宗教神学进行斗争的武器，真正驳倒了神学，因而成为"一个热心的施特劳斯派了"①。施特劳斯同黑格尔的密切关系还促使恩格斯深入研究黑格尔的著作，并开始转向黑格尔主义。他在1839年11月20日给威廉·格雷培的信中写道："我正处于要成为黑格尔主义者的时刻。我能否成为黑格尔主义者，当然还不知道，但施特劳斯帮助我了解了黑格尔的思想，因而这对我来说是完全可信的。何况他的（黑格尔的）历史哲学本来就写出了我的心里话。"② 在同年12月9日给弗里德里希·格雷培的信中，恩格斯宣布他已走上了通向黑格尔主义的阳关大道。但是，和马克思一样，恩格斯也没有全盘接受黑格尔的思想。他说："我当然不会成为象欣里克斯等人那样顽固的黑格尔主义者，但是我应当汲取这个精深博大的体系中最

---

① 《马克思恩格斯全集》第47卷，人民出版社2004年版，第205页。
② 同上书，第224页。

重要的要素。"①

　　1841年3月，恩格斯从不来梅回到巴门。同年9月到1842年10月，他在柏林服兵役。在此期间，他常到柏林大学听课，并和"博士俱乐部"的鲍威尔兄弟、科本等人建立了联系，参加了青年黑格尔派的活动。

　　为了打击青年黑格尔派和其他进步思潮，消除黑格尔辩证法和自由原则所带来的影响，普鲁士国王弗里德里希·威廉四世于1841年秋把维护封建专制制度的谢林，请到柏林大学讲授"启示哲学"，以期"降伏黑格尔哲学这条喷吐不信神的火焰和晦涩难解的烟雾的凶龙"。谢林用神秘主义的方法论证神的存在和基督教的信仰，并攻击黑格尔哲学和青年黑格尔派。年仅21岁的恩格斯，奋起批判谢林，站在这场斗争的前列。1841年12月他发表了《谢林论黑格尔》一文，1842年3月和5月分别出版了《谢林和启示》和《谢林——基督哲学家》两本书。他尖锐地揭露了谢林为封建统治服务的反动实质，并高度评价了黑格尔的辩证法思想。他把黑格尔哲学比作蕴藏丰富珍宝的迷宫，并认为只要从黑格尔哲学中的独立的和自由思考的原则出发，就能得出强有力的、有如急流般的结论。恩格斯很重视黑格尔关于理性和现实的关系的辩证理解，并从中引出实践的结论。他说："迄今为止，任何哲学给自己规定的任务都是要把世界理解为合乎理性的。凡合乎理性的，当然也是必然的；凡属必然的，便应当是现实的或者终究应当成为现实的。这是通向现代哲学的伟大实践结果的桥梁。"② 在此之前，恩格斯已提出要使科学和生活、哲学和现代倾向、伯尔尼的革命政治倾向和黑格尔的辩证发展的历史观互相影响，强调要把两者结合起来；在这里，他进一步从理性转化为现实来论证从事实践的必要性。恩格斯在肯定黑格尔辩证法的同时，也指出黑格尔哲学的保守性。他写道："黑格尔本人设置了界限，它们像堤坝一样拦着从他学说中得出的强有力的、有如急流般的结论，这部分地决定于他所处的时代，部分地决定于他的个性。"③

（二）开始转向唯物主义和共产主义

　　大学毕业后，马克思曾立志献身于学术研究工作，希望能在波恩大学

①　《马克思恩格斯全集》第41卷，人民出版社1982年版，第544页。
②　《马克思恩格斯全集》第2卷，人民出版社2005年版，第344页。
③　《马克思恩格斯全集》第41卷，人民出版社1982年版，第211页。

取得教职。但是由于他的政治态度同当时普鲁士政府的反动政策之间的矛盾，他不可能实现这一愿望。于是，马克思就转向报刊工作，直接投身现实的思想斗争和政治斗争。1841 年 9—12 月他参加了《莱茵报》的筹办工作，1842 年 4 月开始为该报撰稿，同年 10 月接任该报主编。新的岗位使马克思跳出单纯研究理论问题的圈子，深入到现实生活中去，从而为他向唯物主义和共产主义的转变，提供了强大的推动力。后来马克思曾多次谈到，《莱茵报》同官方以及其他报刊的论战是推动他转向政治经济学研究的动因，也是推动他研究法国社会主义的原因。

马克思在这一时期发表的论著表明，其基本倾向仍然属于辩证唯心主义，但在探索和解决实际问题的过程中，他的思想已在发生变化，导致了他对原有哲学信仰发生了怀疑和动摇。

人民没有言论出版自由，是当时德国政治生活中的一个突出问题。马克思投身现实斗争，首先把矛头指向普鲁士的书报检查制度。1841 年 12 月 24 日，普鲁士政府颁布了新的书报检查令，表面上不赞成对作家的写作活动加以"不适当的限制"，实际上是在旧限制中加上新的限制。为此，马克思在 1842 年 1 月写了《评普鲁士最近的书报检查令》，尖锐地揭露和批判了普鲁士书报检查制度的反动实质。马克思认为，自由是人类的精神特权，只有自由的出版物才能真正代表人民的精神；只有出版自由了，人民才能实现其他的自由。他还把批判的锋芒直接指向封建专制制度本身，指出：反对出版自由，不仅是反人民的，而且是违背国家和法的本性的。普鲁士王国的反动书报检查制度扼杀人民的自由，而把自由赋予政府机关、当权者和书报检查官等等，这不是理性国家给人民颁布法律，而是取消了公民在法律面前的平等；不是法律，而是特权。马克思在揭露普鲁士政府的伪善后指出："整治书报检查制度的真正而根本的办法，就是废除书报检查制度。"①

1842 年 4 月，马克思为《莱茵报》写了《第六届莱茵省议会的辩论（第一篇论文）》，进一步论述了出版自由的问题，并分析了莱茵省议会辩论中贵族等级、城市（市民）等级、农民等级的代表对待出版自由的不同态度，指出"在这里论战的不是个别的人，而是等级"②。贵族等级的

---

① 《马克思恩格斯全集》第 1 卷，人民出版社 1995 年版，第 134 页。
② 《马克思恩格斯全集》第 1 卷，人民出版社 1956 年版，第 42 页。

代表为了维护封建制度的统治，竭力反对出版自由；农民等级的代表则坚决反对书报检查制度；市民等级的代表并不一般地反对出版自由，但把这种自由和企业的营业自由相提并论。当时的马克思虽然还是从理性原则出发，强调"难道自由不是全部精神存在的类本质"①，但已经观察到等级地位对政治态度和思想观点的直接影响。

在1842年10月写的《关于林木盗窃法的辩论》和1843年1月写的《摩塞尔记者的辩护》中，马克思更进一步触及物质利益在社会生活中的作用问题。在前一篇文章中，他坚定地站在劳苦大众的立场上，公开声明为在政治上、社会上备受压迫的穷苦群众的利益和权利辩护，尖锐地揭露了封建贵族和地主阶级对劳动群众的残酷剥削，以及国家机关和议会为特权阶级服务的本质。他指出：在普鲁士，一切国家机关都成了"林木所有者的耳、目、手、足，为林木所有者的利益探听、窥视、估价、守护、逮捕和奔波"②，国家权威变成林木占有者的奴仆和工具。虽然当时马克思还是把国家和法看作正义、理性的代表，应当代表全社会的共同利益，因而把林木占有者的"利益占了法的上风"斥责为"下流的唯物主义"，但他已看到普鲁士的国家和法都是为封建地主阶级的利益服务的。在《摩塞尔记者的辩护》中，马克思依据关于摩塞尔河地区农民悲惨处境的大量材料，进一步揭露了普鲁士政治制度的反动本质。马克思指出，当地农民的贫困状况，同普鲁士政府所推行的反动政策密切相关，然而政府却竭力否认这一事实，更不打算改变这种状况，而且事实上它也根本不可能消除这种状况，因为其根源不在于当权者的意志和感情，而在于现存政治制度本身。

在《博士论文》时期，马克思就已主张哲学和世界的相互作用和统一。在《莱茵报》时期，马克思进一步强调了哲学对时代、对人民的依赖性。在《第179号〈科隆日报〉社论》中，他批判了哲学和现实割裂开来的错误观点，指出"任何真正的哲学都是自己时代的精神上的精华"③，"人民最精致、最珍贵和看不见的精髓都集中在哲学思想里"，哲学家"是自己的时代、自己的人民的产物"④。尽管这时马克思仍然把哲

---

① 《马克思恩格斯全集》第1卷，人民出版社1995年版，第171页。
② 同上书，第267页。
③ 同上书，第220页。
④ 《马克思恩格斯全集》第1卷，人民出版社1956年版，第120页。

学看成是世界发展的动力，但是注重哲学与外部世界的相互作用，强调哲学不能脱离时代、脱离人民，预示了马克思哲学思想的发展方向。

马克思这一时期哲学思想的进展，还导致他与以布·鲍威尔为代表的青年黑格尔派分道扬镳。后者于 1842 年年底在柏林结成一个自称为"自由人"的小团体，露骨地宣扬主观唯心主义和无政府主义，成为一伙玩弄革命词句的空谈家。马克思在批评他们的错误时指出：正确的理论必须结合实际并根据现存条件加以阐明和发挥。"少发些不着边际的空论，少唱些高调，少来些自我欣赏，多说些明确的意见，多注意一些具体的事实，多提供一些实际的知识。"① 但是，布·鲍威尔等人并没有接受马克思的忠告，反而在错误的道路上越走越远，终于导致马克思同他们的决裂。

19 世纪 40 年代，随着无产阶级反对资产阶级斗争的激化，社会主义、共产主义运动在法、英等国空前活跃，也引起马克思的深切关注。他在 1842 年 10 月写的《共产主义和奥格斯堡"总汇报"》中指出，共产主义在法国和英国已是引人注目的事实，它在欧洲具有普遍意义。马克思对"一无所有等级"夺取资产阶级财产要求的肯定，表明他已从为贫苦群众的利益辩护开始转到无产阶级立场上来。马克思不赞同当时流行的种种空想社会主义、共产主义学说，但认为只有在"深入的研究之后才能加以批判"；他还认为，重要的问题不是像某些空想社会主义者那样去搞"共产主义思想的实际试验，而是对它的理论论证"②。这是马克思对共产主义态度的初次表述，也是他研究共产主义的开端。

1843 年 1 月，普鲁士政府决定查封《莱茵报》，马克思于 3 月 17 日发表声明退出该报编辑部。同年 5 月，马克思来到莱茵省的克罗茨纳赫城，直到 10 月赴巴黎。在这期间，马克思"从社会退回书房"，通过消化《莱茵报》的经验、深入研究历史和对黑格尔法哲学的批判，思想上取得重要进展。其成果主要是 5 本阅读历史著作的笔记（也称"克罗茨纳赫笔记"）和 1 部未完成的手稿，即《黑格尔法哲学批判》。

《莱茵报》时期的斗争实践，使马克思接触到大量的社会现实问题，特别是物质利益在社会生活中的作用问题。尽管当时马克思还是从理性原

---

① 《马克思恩格斯文集》第 10 卷，人民出版社 2009 年版，第 3 页。

② 《马克思恩格斯全集》第 1 卷，人民出版社 1956 年版，第 134 页。

则出发，力图用"普遍理性"战胜私人利益，但是现实社会生活却总是私人利益占了上风，最后连马克思借以宣传"普遍理性"的《莱茵报》也被查封了，这不能不引起执着追求真理的马克思对原有哲学信仰的反思。1843年1月7日，费尔巴哈先后出版了《关于哲学改造的临时纲要》和《未来哲学原理》，系统地论述了人本学唯物主义的思想，明确主张把被黑格尔哲学颠倒了的思维与存在、主体和客体的关系"颠倒过来"。费尔巴哈哲学对马克思发生了深刻的影响，1843年3月，马克思在给卢格的信中谈到，"费尔巴哈的警句只有一点不能使我满意，这就是：他强调自然过多而强调政治太少"①。同年5月，马克思写给卢格的另一封信，从人的类本质出发，尖锐地抨击了德国的封建制度，指出，专制制度不管其形式如何，其特点都是蔑视人类，使世界不成其为世界。他说："君主政体的原则总的说来就是轻视人，蔑视人，使人非人化。"② 他把法国革命称为"使人复活"的大革命，其目的是实现"民主的人类世界"③。正是对《莱茵报》时期现实斗争经验的反思和费尔巴哈哲学的影响，导致马克思开始向唯物主义转变，并第一次批判了黑格尔思辨唯心主义。

在《黑格尔法哲学批判》中，马克思批判地分析了黑格尔在国家和市民社会的关系问题上的唯心主义观点，论证了市民社会决定国家的思想，使自己的观点沿着唯物主义的方向深化了。

在《法哲学原理》中，黑格尔把国家看作自在自为的现实的理念，它在概念的运动中把自己"分为家庭和市民社会，即分为自己的有限性，以便从这两个领域的理想性中形成自为的无限的现实的精神"④。黑格尔认为，家庭和市民社会在国家之前只是现象和经验关系，本质的关系则是家庭和市民社会从属于国家。马克思指出，在这里，"理念变成了独立的主体，而家庭和市民社会对国家的现实关系变成了理念所具有的想象的内部活动。实际上，家庭和市民社会是国家的前提，它们才是真正的活动者；而思辨的思维却把这一切头足倒置"⑤。在马克思看来，家庭和市民社会是国家的真正的构成部分，是国家存在的方式。家庭和市民社会本身

① 《马克思恩格斯全集》第27卷，人民出版社1972年版，第442页。
② 《马克思恩格斯全集》第47卷，人民出版社2004年版，第59页。
③ 《马克思恩格斯全集》第1卷，人民出版社1956年版，第412页。
④ 《马克思恩格斯全集》第3卷，人民出版社2002年版，第9页。
⑤ 《马克思恩格斯全集》第1卷，人民出版社1956年版，第250页。

把自己变成国家，它们才是原动力。"政治国家没有家庭的自然基础和市民社会的人为基础就不可能存在。它们对国家来说是必要条件。"①

马克思还批判了黑格尔关于政治国家决定私有财产的观点。黑格尔认为，政治国家支配着私有财产，使之服从国家的普遍利益，长子继承制就是政治国家对私有财产支配权的证明。马克思指出，这是倒因为果，倒果为因。长子继承制不是政治国家对私有财产支配权的证明，恰恰相反，它是土地私有制本身的结果。凡是存在长子继承权的地方，政治国家都建立在私有财产的基础之上。不是政治国家支配私有财产，而是私有财产支配政治国家。

马克思还从方法论上揭露了黑格尔国家观的唯心主义实质——泛逻辑神秘主义，指出黑格尔关于家庭和市民社会向国家推移的论述，"哲学的因素不是事物本身的逻辑，而是逻辑本身的事物。不是用逻辑来论证国家，而是用国家来论证逻辑"②。这正是黑格尔所玩弄的从本质领域到概念领域的逻辑推演，把"绝对观念"视为创造一切的神。马克思强调指出，正确的方法不在于像黑格尔那样"到处去寻找逻辑概念的规定，而在于把握特殊对象的特殊逻辑"③。

马克思在批判黑格尔国家观的同时，还对黑格尔辩证法进行了初步批判和改造。马克思认为，黑格尔的深刻之处在于他处处都承认矛盾的存在，其"把现象的矛盾理解为观念中、本质中的统一"④，因而主观任意地调和矛盾，取消对立面的斗争。例如，黑格尔把国家和市民社会的分裂看作一种矛盾，认为君主、行政、立法权、等级等，彼此也处于相互矛盾之中。但是黑格尔并没有说出对立的全部尖锐性，而是借助于"等级要素""立法权"等中介，来调和市民社会和君主之间的对立。马克思还批驳了黑格尔关于国家制度的前进运动是一种"不可觉察的无形变化"的庸俗观点，指出："诚然，在许许多多国家里，制度改变的方式总是新的要求逐渐产生，旧的东西瓦解等等，但是要建立新的国家制度，总要经过真正的革命。"⑤ 只有当"人民成为国家制度的原则"，进步本身也就成了

① 《马克思恩格斯全集》第3卷，人民出版社2002年版，第12页。
② 同上书，第22页。
③ 《马克思恩格斯全集》第1卷，人民出版社1956年版，第359页。
④ 《马克思恩格斯全集》第3卷，人民出版社2002年版，第114页。
⑤ 《马克思恩格斯全集》第1卷，人民出版社1956年版，第315页。

国家制度时，才能避免通过革命来推翻旧的国家制度。

在《黑格尔法哲学批判》中，马克思还没有从市民社会划分出经济关系、生产关系，并且在费尔巴哈的影响下，把市民社会、国家等社会形式视为"人的本质的实现"或"人的本质的客观化"，把建立在私有制基础上的政治国家视为人的本质的异化。但是，市民社会决定国家思想的提出，是马克思思想发展中的一个重大转折，即转向从市民社会探究政治国家的根源，从而开辟了通向历史唯物主义的道路。

列宁曾经指出，恩格斯是在英国的曼彻斯特认识工人阶级的。正是英国社会的现实矛盾和工人运动，推动了恩格斯向唯物主义和共产主义的转变。

1842 年 11 月，恩格斯离开德国前往英国的曼彻斯特，在他父亲任股东的"欧门·恩格斯"公司任职。当时，英国是资本主义经济最发达的国家，号称世界的工厂和银行。曼彻斯特是英国纺织工业中心，是仅次于伦敦的英国第二大城市。这里有最强大的工会组织，而且是宪章运动的中心。恩格斯来到这里以后，通过对英国社会现实的观察和研究，特别是在深入了解工人的生活、痛苦和斗争的过程中，在哲学思想和政治立场上都发生了显著变化。

在英国，物质利益在社会生活中的作用比在德国表现得更为突出，这与尚未摆脱黑格尔唯心史观影响的恩格斯发生了尖锐的冲突。他说：对于执迷于物质利益的不列颠人，"却无论如何也讲不明白，那就是所谓的物质利益在历史上从来不可能作为独立的、主导的目的出现，而总是有意无意地为引导着历史进步方向的原则服务"[①]。这表明，刚刚到达英国的恩格斯，还是用德国哲学家的思维方式去观察英国社会的。但是恩格斯并没有因此而束缚住自己的思想，而是"暂且撇开原则方面的问题不谈"，去认真分析英国社会中由于物质利益的冲突所造成的各种矛盾，从而在突破唯心史观中取得重要进展。恩格斯看到，当时英国三个主要政党之间的斗争，分别代表着三个主要阶级的物质利益：托利党是"土地贵族党"，代表地主阶级的利益；辉格党是"金钱贵族党"，代表工商业资产阶级的利益；还有一个是宪章派，它是激进民主主义党，反映了工人阶级的利益。从各党派围绕"谷物法"斗争中，明显地表现出各党派所代表的利益。

---

① 《马克思恩格斯全集》第 3 卷，人民出版社 2002 年版，第 407 页。

托利党颁布禁止粮食进口的谷物法，是为了提高粮食价格；辉格党反对谷物法，是因为降低粮价可以压低工人工资，以攫取更多的利润；宪章派也反对谷物法，是为了维护工人群众的切身利益，但并不充当资产阶级反谷物法斗争的工具。英国社会的现实斗争，使恩格斯清楚地看到，物质利益的冲突是阶级对立和党派斗争所由产生的基础，因而也是全部政治历史的基础。

这一时期恩格斯思想上的另一个重要进展，是对无产阶级及其革命的认识。恩格斯从少年时代起就充满对无产者的同情，对剥削者的憎恨。通过在英国的实地考察，他认识到无产阶级不仅是一个受苦的阶级，而且是一个有远大前途的革命阶级。他说："在英国，一个阶级的社会地位愈低，愈'没有教养'（就一般意义来说），它就愈进步，愈有远大前途——这一情况是非常显著的。"① 他还从物质利益是阶级斗争的根源出发，指出英国工业的发展给剥削阶级带来物质财富，同时也造成了急速增长着的赤贫如洗的无产阶级。按人数来说，"这个阶级已经成了英国最强大的一个阶级，当他们意识到这一点的时候，英国富翁们就该倒霉了"②。无产阶级革命在英国是不可避免的，当他们意识到用和平方式进行革命是不可能的时候，他们就会通过暴力消灭现有的反常关系，根本推翻门阀贵族和工业贵族，改善无产者的物质状况。他指出："这个革命的开始和进行将是为了利益，而不是为了原则，只有利益能够发展成为原则，就是说，革命将不是政治革命，而是社会革命。"③

这一时期，恩格斯还研究西欧主要国家的社会情况和共产主义的各种学说，并在1843年10月写的《大陆上社会改革运动的进展》一文中，第一次表述了自己对共产主义的坚定信念："共产主义不是英国或任何其他国家的特殊状况造成的结果，而是从现代文明社会的一般实际情况所具有的前提中不可避免地得出的必然结论。"④ 他还指出，确信共产主义的自然性和社会改革的普遍性，是各国共产主义者团结战斗的基础，但这并不等于说，各国的共产主义者对一切问题的看法都完全一致。分歧总是会有的，因为共产主义学说在不同国家的产生情况各不相同。"英国人由于

① 《马克思恩格斯全集》第1卷，人民出版社1956年版，第407页。
② 《马克思恩格斯全集》第3卷，人民出版社2002年版，第410页。
③ 同上书，第411页。
④ 同上书，第474页。

国内贫困和道德败坏的现象的迅速加剧，他们通过实践达到这个学说。法国人是通过政治达到的，他们起初只是要求政治自由和平等，但当他们意识到这还不够的时候，除政治要求而外，他们又提出了社会自由和社会平等的要求；德国人则是通过哲学，通过对基本原理的思考而成为共产主义者的。"① 正因为如此，在一些次要问题上发生分歧是不足为怪的。恩格斯认为，这些分歧绝不应妨碍各国社会改革派的亲密团结。只要他们互相了解，互相学习，他们就会希望自己的共产主义兄弟获得成功。

（三）　实现向唯物主义和共产主义的转变

马克思在写作《黑格尔法哲学批判》的同时，一直和卢格等人通信，筹划创办一个联合德国和法国革命者的刊物，即《德法年鉴》。在这些通信中，马克思提出，创办革命刊物的任务是"要揭露旧世界，并为建立一个新世界而积极工作"②。他指出，在当时的各种社会改革理论中，"虽然对于'从何处来'这个问题没有什么疑问，但是对于'往何处去'这个问题却很模糊"③。并针对当时流行的空想主义和教条主义，指出"新思潮的优点就恰恰在于我们不想教条式地预料未来，而只是希望在批判旧世界中发现新世界"④，因而也就是要把批判和实际斗争结合起来，并把批判和实际斗争看作是同一件事情。

为了创办《德法年鉴》，马克思于 1843 年 9 月底离开德国，前往共产主义运动和革命思潮十分活跃的"新世界的新首府"——巴黎。在这里，他一方面深入了解工人的生活和斗争，另一方面继续进行理论研究，从而加速了他实现向唯物主义和共产主义的转变。马克思在《德法年鉴》上发表的《论犹太人问题》和《〈黑格尔法哲学批判〉导言》，充分表明了这一点。

第一，马克思批判了鲍威尔把犹太人和其他人的解放归结为纯宗教问题的错误观点，指出宗教并不是世俗狭隘性的原因，而只是它的表现。因此，不应该把世俗问题化为神学问题，而是要把神学问题化为世俗问题。马克思还深入揭示了宗教的社会根源，指出："人并不是抽象的栖息在世

---

① 《马克思恩格斯全集》第 1 卷，人民出版社 1956 年版，第 575 页。
② 同上书，第 414 页。
③ 《马克思恩格斯全集》第 47 卷，人民出版社 2004 年版，第 64 页。
④ 《马克思恩格斯全集》第 1 卷，人民出版社 1956 年版，第 416 页。

界以外的东西。人就是人的世界，就是国家，社会。国家、社会产生了宗教即颠倒了的世界观，因为他们本身就是颠倒了的世界。"① 在私有制为基础的社会里，劳者不获，获者不劳；剥削者花天酒地，作威作福，劳动者饥寒交迫，备受屈辱。正是在这种"颠倒了的世界"里，劳动人民把自己的希望、幸福寄托于幻想的世界。因此"宗教里的苦难既是现实的苦难的表现，又是对这种现实的苦难的抗议"②。马克思对宗教的社会根源的分析，显然已超过了费尔巴哈。

第二，马克思认为，产生社会压迫的根源不在宗教中，而在现实的社会关系中。因此，实现人的真正自由，并不是像鲍威尔所说的那样在于摆脱宗教，而是要消灭产生宗教的社会关系。在这里，马克思还阐明了"政治解放"和"人类解放"的本质区别。他指出，"政治解放"是市民社会中的一个社会集团即资产阶级的解放，它要求废除国教，承认信仰自由，取消财产资格对选举权与被选权的限制，等等，这虽然是一个重大的历史进步，但它是一种毫不触犯社会大厦的支柱即私有制的革命；而"人类解放"则要触动社会大厦的基础本身，即废除私有制，使全人类获得解放。

第三，马克思还论证了无产阶级的历史地位和历史使命。他认为，实现"人类解放"的前提就在于"形成一个被戴上彻底的锁链的阶级，一个并非市民社会阶级的市民社会阶级，形成一个表明一切等级解体的等级"③，这个阶级就是无产阶级。马克思指出，无产阶级是随着封建社会的解体、随着工业的发展而产生和发展起来的。这个阶级的地位决定了只有彻底解放全人类，才能获得自身的彻底解放。因为"它本身表现了人的完全丧失，并因而只有通过人的完全恢复才能恢复自己"④。

第四，马克思在探索实现"人类解放"的道路时，论述了"批判的武器"和"武器的批判"的关系。他说："批判的武器当然不能代替武器的批判，物质力量只能用物质力量来摧毁；但是理论一经掌握群众，也会变成物质力量。"⑤ 也就是说，为了实现人类解放的任务，就必须把革命

---

① 《马克思恩格斯全集》第1卷，人民出版社1956年版，第452页。
② 《马克思恩格斯文集》第1卷，人民出版社2009年版，第4页。
③ 同上书，第16页。
④ 《马克思恩格斯全集》第1卷，人民出版社1956年版，第466页。
⑤ 《马克思恩格斯文集》第1卷，人民出版社2009年版，第11页。

理论和革命实践结合起来。在《博士论文》中，马克思把实践看作为理论批判活动；在这里则已把"批判的武器"和"武器的批判"区分开来，把实践看作为改造社会的物质活动。这是马克思在实践观上的一个重要发展。

马克思对上述问题的论述，是从"人是人的最高本质"的基本观点出发的。这表明他还明显地受到费尔巴哈人本主义的影响。但是他对宗教的根源的揭示，把"人类解放"归结于消灭私有制，对无产阶级历史使命的论证，对革命实践作用的论述，又远远超出费尔巴哈。也正是在这些基本点上，马克思已经实现向唯物主义和共产主义的转变。

在马克思实现向唯物主义和共产主义转变的同时，恩格斯也通过另一条道路实现了这两个转变。

由于恩格斯比马克思更早离开学校，因而也更早地直接接触到社会经济关系和经济问题。特别是到了英国之后，他清楚地看到了经济因素在社会发展中的作用；在研究和评论各种空想的社会主义和共产主义学说中，深感研究经济问题的重要性；加上英国不仅是资本主义经济最发达的国家，而且也是古典政治经济学的故乡，这些促使恩格斯把理论研究重心转向政治经济学。发表在《德法年鉴》上的《政治经济学批判大纲》表明，研究政治经济学是恩格斯实现向唯物主义和共产主义转变的重要原因之一。

在这部"内容丰富而有独创性的著作"① 中，恩格斯从社会主义立场出发，批判了英国古典政治经济学，揭露了它的阶级局限性。他指出，亚当·斯密和大卫·李嘉图等人的经济学体系，虽然探讨了私有制的各种规律，较之重商主义的学说是个进步，但是它预先假定私有制是人类生活中天然合理和唯一可能的东西，因而这种经济学是"伪善、前后不一贯和不道德的"②，是资产阶级发财致富的科学。"应该把这种科学称为私经济学，因为在这种科学看来，社会关系只是为了私有制而存在。"③ 恩格斯深入地分析了资本主义社会的垄断、竞争、生产无政府状态、周期性商业危机、劳动人民的日益贫困和整个社会的道德堕落等等，指出这些都是私

---

① 《马克思恩格斯文集》第 1 卷，人民出版社 2009 年版，第 112 页。
② 同上书，第 58 页。
③ 同上书，第 60 页。

有制统治所造成的必然结果。"所有这一切势必引起一次社会革命"①，用消灭私有制和利害关系敌对状态的办法结束这种人类堕落现象。

《大纲》表明，恩格斯已开始认识到旧唯物主义的局限性。他认为，18世纪的唯物主义是一种片面的、抽象的唯物主义，"它只是把自然当做一种绝对的东西来代替基督教的上帝并把它和人类对立起来"②。与这种唯物主义不同，恩格斯强调人在改造自然界中的能动作用。他认为生产包括两个方面，即"自然的、客观方面——土地和人的、主观方面——劳动"，并指出人的活动即劳动是生产的主要因素。恩格斯还把人的活动理解为肉体活动和精神活动的统一，指出人的精神活动首先是科学技术的发明和创造在生产发展中的作用。他针对一些资产阶级经济学家忽视科学技术作用的做法，指出在合理的制度下，"精神要素自然会列入生产要素，并且会在经济学的生产费用项目中找到自己的位置。到那时，我们自然会满意地看到，扶植科学的工作也在物质上得到报偿，会看到，仅仅詹姆斯·瓦特的蒸汽机这样一项科学成果，在它存在的头50年中给世界带来的东西就比世界从一开始为扶植科学所付出的代价还要多"③。

恩格斯在《德法年鉴》上发表的另一篇文章《英国状况——评托马斯·卡莱尔的〈过去和现在〉》中，论述了批判宗教的意义和无产阶级的历史作用，并得出了同马克思大致相同的结论。

恩格斯首先批判了卡莱尔的宗教观。卡莱尔从封建主义立场出发，反对资本主义制度，把英国社会的腐败、人们的思想空虚、伪善等统统归罪于无神论，并认为只有建立一种新的宗教，即泛神论的"英雄崇拜""劳动崇拜"，才能消除这些弊端。恩格斯指出，这是颠倒是非。实际上，这种腐败和空虚、这种"无灵魂"、这种非宗教和"无神论"，正是由宗教本身产生的。"宗教按其本质来说就是剥夺人和大自然的全部内容，把它转给彼岸之神的幻影，然后彼岸之神大发慈悲，把一部分恩典还给人和大自然。"④ 正因为如此，就必须批判宗教，把被宗教夺去的内容——人的内容，而不是神的内容——归还给人。恩格斯认为："只有彻底克服一切宗教观念，坚决地真诚地复归，不是向'神'，而是向自己本身复归，才

---

① 《马克思恩格斯全集》第1卷，人民出版社1956年版，第614页。
② 同上书，第597页。
③ 《马克思恩格斯文集》第1卷，人民出版社2009年版，第67页。
④ 《马克思恩格斯全集》第1卷，人民出版社1956年版，第647页。

能重新获得自己的人性、自己的本质。"① 不仅要废除旧宗教，而且也反对建立任何形式的"新"宗教。只有这样，人们才能"根据人的本性的要求，真正依照人的方式来安排世界"②。这些论述既表明恩格斯还受到费尔巴哈人本主义的影响，又表明他已超过费尔巴哈。他不仅彻底否定一切宗教，而且把宗教的废除同社会的根本改造联系起来。

恩格斯还批判了卡莱尔的唯心主义的英雄史观，论述了无产阶级的历史地位和历史作用。卡莱尔从泛神论宗教观出发，认为"英雄""卓越的人物"才是历史发展的决定力量，而人民群众则是"无理性"的群氓。恩格斯在批判这种错误观点时，强调指出劳动群众特别是无产阶级的伟大历史作用。他写道：在英国，一切"有教养"的阶级都已日暮途穷，对任何进步都置若罔闻。"只有大陆上的人们所不熟悉的那一部分英国人，只有工人、英国的贱民、穷人，才是真正值得尊敬的人，尽管他们粗野，尽管他们道德堕落。拯救英国要靠他们"③，只有他们才有前途，有力量从事伟大的民族事业。

马克思、恩格斯在这一时期的著作表明，尽管他们还没有摆脱旧哲学、主要是受费尔巴哈人本主义的影响，但在一些基本观点上已经同时实现了向唯物主义和共产主义的转变，从而为他们亲密合作、共同探索和创立新世界观即马克思主义哲学奠定了基础。

三　马克思、恩格斯对科学世界观的探索

马克思、恩格斯在实现向唯物主义和共产主义的转变之后，开始了建立新世界观科学体系的探索过程，继续深化他们的理论。马克思在《1844年经济学哲学手稿》中提出的异化劳动理论是这种探索最初而又重要的思想成果，马克思和恩格斯合著的《神圣家族》则是从异化劳动理论到唯物史观的过渡，已经接近于新世界观的形成。

---

① 《马克思恩格斯全集》第3卷，人民出版社2002年版，第521页。

② 同上。

③ 同上书，第497页。

（一）异化劳动理论在科学世界观形成中的重大作用及其局限性

马克思的《1844 年经济学哲学手稿》（以下简称《手稿》）写于 1844 年 4—6 月，马克思生前并未发表，直到 1932 年才第一次全文公之于世。

在《手稿》中，马克思的理论研究发生了一个重大转折：从针对"副本"的批判，进到针对"原本"的批判，即从对宗教、国家和法的批判进到对"市民社会"（即社会物质生活关系）的批判，从哲学进到政治经济学。而作为研究的思想成果，最主要的就是提出了异化劳动的理论，并在这一理论的基础上阐发了自己的哲学、政治经济学和共产主义思想。

1. 异化劳动概念的提出及其规定

"异化"一词，在德国古典哲学以前，还不是一个专门的哲学术语。它指的是权利的转让、关系的疏远和精神的错乱等等。17、18 世纪的卢梭等社会契约论者就是在权利转让意义上使用这个词的。到了德国古典哲学时代，它被扩展为分析人与整个外部世界的主客体关系，因而具有了特定的哲学内涵，即主体活动的后果成了主体的异己力量，并反过来危害或支配主体自身。

黑格尔第一次在他的《精神现象学》一书中把"异化"当作专门的哲学概念引进哲学，并赋予它以丰富的内容。黑格尔从唯心主义出发，认为"绝对观念"是主体，发展到一定阶段便异化为自然界，然后又在发展中扬弃了异化，回归到"绝对观念"自身。在他看来，精神或意识的辩证运动，就是把"自己变成他物，变成自己的对象和扬弃这个他物的运动"，即"先将自己予以异化，然后从这个异化返回自身"①。黑格尔的异化思想显然包含着辩证法的因素。

费尔巴哈第一个把异化概念运用于考察人的本质，并把它与人道主义联系起来。他从人本学唯物主义出发，批判了黑格尔的唯心主义异化观。他认为，异化的主体是感性存在的人，理性、意志、感情是人的本质。基督教中的上帝是人的本质的异化，是理性迷误的产物。不是上帝创造人，而是人创造上帝。人创造了上帝，却让上帝支配、统治自己。因此，必须批判和否定宗教，把人的本质归还给人，也就是人道主义的实现。德国的赫斯把费尔巴哈的人本主义异化理论从宗教领域推广到政治经济领域，认为在资本主义社会中，金钱是人的本质的异化，是统治人、支配人的力

---

① ［德］黑格尔：《精神现象学》，商务印书馆 1979 年版，第 23 页。

量，并认为私有制是异化的根源，要克服异化就必须消灭私有制。但是，他由于不了解物质生产在社会历史发展中的作用，更没有对人的生产活动作出分析，因而不能真正说明异化的原因，对于异化的消除，也只能求助于空泛的"爱"的说教，从而陷入历史唯心主义。

在《手稿》之前，马克思也曾对异化问题进行过探讨。在《博士论文》中，他受黑格尔唯心主义异化观的影响，把"现象世界"看作"从它的概念异化了的原子"的产物。在《黑格尔法哲学批判》中，他在费尔巴哈的影响下，用异化去研究国家和法，把现存的政治制度比作"人民生活的宗教"，是人们本质的异化。在《论犹太人问题》中，他开始用异化分析经济问题，指出"钱是从人异化出来的人的劳动和存在的本质；这个外在本质却统治了人，人却向它膜拜"①。

在《手稿》中，马克思把哲学的研究同政治经济学的研究结合起来，这使他看到了资本主义社会中工人同资本家尖锐对立这一经济事实，看到了资产阶级经济学家的劳动价值论同资本主义私有制之间的深刻矛盾；进而又把异化和对劳动的分析结合起来，指出上述对立和矛盾的根源在于劳动的异化，从而创造性地提出了异化劳动的概念和异化劳动理论。

马克思认为，人区别于动物的根本特性是自由自觉的活动，即生产劳动。劳动是人的"类生活"，但在资本主义条件下，劳动异化了。由此出发，马克思论述了异化劳动的四个规定。

第一，劳动产品与劳动者相异化。劳动产品是劳动的结晶，是人的本质的对象化，劳动产品本应属于劳动者。但在资本主义社会，"劳动所生产的对象，即劳动的产品，作为一种异己的存在物，作为不依赖于生产者的力量，同劳动相对立"②。就是说，工人劳动的产品不仅与工人相脱离，而且变成与工人相对立的东西。工人生产的财富越多，他的产品的力量和数量越大，他就越穷，越受他的产品的统治。"工人对自己的劳动的产品的关系就是对一个异己的对象的关系。"③

第二，劳动行为本身与劳动者相异化。劳动的产品为什么会与劳动者相异化呢？这是劳动者的生产活动本身与劳动者相异化的结果。产品是劳

---

① 《马克思恩格斯全集》第 1 卷，人民出版社 1956 年版，第 448 页。
② 《马克思恩格斯文集》第 1 卷，人民出版社 2009 年版，第 156 页。
③ 同上书，第 157 页。

动者的生产活动创造的，产品是果，生产活动是因，产品的异化根源于生产活动本身首先异化了。由此，马克思得出劳动的异化。他指出，劳动本来是人的本质，是一种自由自觉的活动。人在劳动中肯定自己，自由地发挥自己的体力和智力，劳动是人的自愿行为，是劳动需要的满足，是属于人自己的。而异化劳动则使劳动变成外在于人的东西，人在劳动中不是肯定自己，而是否定自己；不是感到幸福，而是感到不幸；不是自由地发挥自己的体力和智力，而是使自己的肉体受折磨，精神遭摧残；劳动不是自愿的，而是被迫的；不是劳动需要的满足，而是满足劳动需要以外的需要的手段；劳动不属于劳动者自己，而是属于别人。产品的异化是物的异化，劳动的异化则是人的自我异化。

第三，人的类本质与人相异化。马克思认为，人是一种类存在物，劳动，即自由自觉的活动，是人的能动的类生活，也是人根本区别于动物的类本质。这种类本质通过对象化，即通过实践改造对象世界，改造无机自然界得到表现和确证。但在资本主义社会中，由于劳动产品的异化使人不能确证其类本质，劳动本身的异化则把人的自由自觉的活动变成仅仅维持肉体生存的手段，于是造成了人和自己的类本质相异化，人的类本质变成人的异己的本质，人变成了丧失类本质的人。

第四，人与人相异化。这是人同自己的劳动产品、自己的生命活动、自己的类本质相异化的"直接结果"①。因为人同自身的关系只有通过他同他人的关系，才能成为对象性的现实的关系。当人同自身相对立的时候，他也必然同他人相对立。人同他的类本质相异化，既是一个人同他人相异化，也是他们中每个人都同人的本质相异化。在资本主义社会中，劳动产品、劳动本身之所以同工人相异化，是因为有一个同工人对立的强有力的占有者，即资本家。"总之，通过异化的、外化的劳动，工人生产出一个同劳动疏远的、站在劳动之外的人对这个劳动的关系。工人对劳动的关系，生产出资本家……同这个劳动的关系。"② 这样，马克思就透过人与物的关系，看到了人与人的关系，看到了阶级的对立，并把资本家和劳动者之间的关系"归结为剥削者和被剥削者的国民经济关系"③。

---

① 《马克思恩格斯文集》第 1 卷，人民出版社 2009 年版，第 163 页。
② 同上书，第 166 页。
③ 同上书，第 151 页。

马克思还指出，劳动的对象化不等于异化，只有在私有制条件下，才表现为异化，从而把劳动异化和私有制联系起来，因而要消除异化就必须消灭私有制；异化是现实的、客观的，异化借以实现的手段本身就是实践的，异化劳动概念及其四个规定就是对现实劳动异化的概括。马克思还认为，"自我异化的扬弃同自我异化走的是同一条道路"①，因为正是自我异化的发展为自我异化的扬弃创造了条件；而自我异化的扬弃、人的本质的复归是自觉的，保存了以往发展的全部财富的，因而异化和异化的扬弃是一种客观的辩证发展过程。人类的历史就是劳动对象化、异化和扬弃异化的历史。

2. 异化劳动理论在唯物史观形成中的作用

异化劳动是《手稿》的核心概念。异化劳动理论是当时马克思全部思想的基础。马克思从异化劳动理论出发，分析了社会历史发展的各种理论问题和实际问题，取得了对于唯物史观的形成具有重要意义的成果。

第一，由于马克思把人的本质归结为劳动，即自由自觉的活动，把社会历史归结为劳动异化和扬弃这种异化的历史，因而也就很自然地把生产劳动看作社会存在和发展的基础。他说："整个所谓世界历史不外是人通过人的劳动而诞生的过程，是自然界对人来说的生成过程。"② 这就是说，全部人类社会的历史都是在人的劳动的基础上产生和发展的。私有制社会的产生的原因在于劳动的异化，因而只有扬弃异化劳动，才能进入真正的人的社会；但也正是异化劳动的发展，改造了人的生活，并为人的解放准备了条件。在马克思看来，人类社会的历史，同时也是人改造自然的历史。自然界对人来说的生成过程，也就是人类社会形成和发展的过程，"历史本身是自然史的一个现实部分，即自然界成为人这一过程的一个现实部分"③，而这两者统一的基础就是劳动，所以以人类社会的历史，在本质上就是人类通过劳动使自然界变为"人化自然"的历史，正因为历史本身是自然史的一个部分，因而社会历史虽然离不开作为历史主体的人的有意识的活动并通过这种活动展现出来，但是作为历史主体的人、人的活动以及人的活动的对象，都是以外部自然界为基础的，因而人类社会历史

---

① 《马克思恩格斯文集》第 1 卷，人民出版社 2009 年版，第 182 页。
② 同上书，第 196 页。
③ 同上书，第 194 页。

和自然界一样，有其客观规律性，这就与黑格尔把社会历史归结为精神发展史的思辨唯心主义划清了界限；而把自然史理解为"人化自然"的历史，又使马克思与费尔巴哈把自然界仅仅看作直观对象而不是实践对象的形而上学观点区分开来。

第二，由于《手稿》把生产劳动看作人区别于动物的根本特征，因而在与自然的关系方面，强调人的自觉能动性，在一定程度上克服了费尔巴哈哲学的直观性；在人与人的关系方面，强调人的社会性，在一定程度上克服了费尔巴哈把人的本质归结为自然属性的缺陷。

马克思指出，吃喝、性行为等是人和动物共有的属性，人和动物都是通过自己的活动从自然界获取自己所需要的物质生活资料。但是人的活动和动物有本质区别：动物的活动是本能的，无意识的，而人的活动是有意识的，正是"有意识的生命活动把人同动物的生命活动直接区别开来"①；有些动物如蚂蚁、蜜蜂、海狸等，也为自己营造巢穴和住所，在这个意义上，"动物也生产"，但"动物只是在直接的肉体需要的支配下生产，而人甚至不受肉体需要的影响也进行生产，并且只有不受这种需要的影响才进行真正的生产"②；动物只能消极地适应自然，而人则能有目的地能动地改造自然，使自然界适合自己的需要，使自然界人化。就是说，人在劳动中不仅创造了自己需要的物质资料，而且也改造了自然界本身。人类生活于其中的现实的自然界，并不是原始状态下的自然界，而是世世代代劳动的产物，即"人化的自然界"。

马克思还指出，在生产劳动中，一个人生产的产品，不仅为了满足自己的需要，而且也为满足别人的需要，这种产品不仅体现了自己的本质，而且也体现了别人的本质，反过来也是一样。因此，在生产劳动的基础上，个人的产品变成了社会的产品，个人变成了社会的人。人们通过各以自己的产品互相补充需要、互相丰富本质，就构成人与人之间的社会关系。马克思说："正像社会本身生产作为人的人一样，社会也是由人生产的。活动和享受，无论就其内容或就其存在方式来说，都是社会的活动和社会的享受。自然界的人的本质只有对社会的人来说才是存在的；因为只有在社会中，自然界对人来说才是人与人联系的纽带，才是他为别人的存

---

① 《马克思恩格斯文集》第 1 卷，人民出版社 2009 年版，第 162 页。
② 同上。

在和别人为他的存在，只有在社会中，自然界才是人自己的合乎人性的存在的基础，才是人的现实的生活要素。只有在社会中，人的自然的存在对他来说才是人的合乎人性的存在，并且自然界对他来说才成为人。"① 这表明，马克思已在向生产的社会关系的概念接近。尽管这些论述还带有明显的费尔巴哈人本主义的影响，但又与费尔巴哈有重大区别。费尔巴哈也曾说过，人的本质体现在团体中，体现在"你"和"我"的统一中，但他所讲的统一的基础是感情（"爱"），而马克思讲的统一的基础是生产劳动。而且在马克思看来，人与人之间各以自己的特殊产品互相满足需要、互相确证本质的社会联系，本来是人所应有的。但是在私有制条件下，劳动者和劳动产品、生产活动相异化了。如前所述，马克思正是由此出发，揭示了在私有制社会中人与人相异化，即劳动者和剥削者之间的阶级对抗关系的。

第三，《手稿》在阐发异化劳动理论的过程中，还提出物质生产在构成社会诸因素中起支配作用的思想。马克思说："这种物质的、直接感性的私有财产，是异化了的人的生命的物质的、感性的表现。私有财产的运动——生产和消费——是迄今为止全部生产的运动的感性展现，就是说，是人的实现或人的现实。宗教、家庭、国家、法、道德、科学、艺术等等，都不过是生产的一些特殊的方式，并且受生产的普遍规律的支配。"② 在此之前，马克思已经提出市民社会决定国家，但对市民社会本身的了解还是比较抽象、比较笼统的；现在把"支配"国家和意识形式的要素理解为物质生产，这就赋予市民社会以确定的物质内容。尽管这里的出发点还是真正的人的本质，但是，把"生产—私有财产—政治制度—意识形式"联系起来加以考察，却是后来对社会形态概念的形成有重要意义的开端。

第四，实践的观点，是马克思主义哲学的一个基本观点，也是贯穿马克思早期思想发展过程中的一个重要问题。在《手稿》中，马克思第一次把实践理解为改造外部自然界的对象性活动，即生产劳动，从而指明了实践的基本内容，并揭示了实践活动的客观性、主体性和创造性等特征。马克思还论述了理论对实践的依赖性，认为"真正的实践……是现实的

① 《马克思恩格斯文集》第1卷，人民出版社2009年版，第187页。
② 同上书，第186页。

和实证的理论的条件"①；"理论的对立本身的解决，只有通过实践方式，只有借助于人的实践力量，才是可能的"②；在马克思看来，共产主义理论是在"全部历史运动"的基础上诞生的，也只有通过实践才能成为现实。他指出："要扬弃私有财产的思想，有思想上的共产主义就完全够了。而要扬弃现实的私有财产，则必须有现实的共产主义行动。"③ 这都表明，马克思正在向科学的实践观接近。

3. 对黑格尔辩证法的批判和改造

黑格尔的辩证法是马克思主义哲学的直接理论来源之一，马克思历来十分重视对黑格尔辩证法的批判改造。在《手稿》中，马克思对黑格尔辩证法的批判和改造，是同异化劳动理论密切结合的。

否定之否定规律是黑格尔建构其客观唯心主义哲学体系的支柱，也是《手稿》批判改造黑格尔辩证法的重点。黑格尔认为，绝对观念是先于自然界和人类社会而存在的能动的实体或主体，由于它自身包含的矛盾，必然要外化为自然界，这是第一个否定；当绝对观念在发展过程中认识到自然界不过是自身的异在时，就扬弃了自然界而回复到自身，这是否定之否定。费尔巴哈从人本学唯物主义出发，揭露和批判了黑格尔哲学的唯心主义本质，但没有看到黑格尔哲学所包含的合理思想，把黑格尔辩证法也抛弃了。马克思则在肯定费尔巴哈的批判的同时，洞察到黑格尔用否定之否定规律表达了人类自我创造的活动和人类历史的辩证发展。马克思认为，在黑格尔那里，作为否定之否定的肯定，并不是费尔巴哈所理解的形而上学的规定，而是包含着发展过程全部丰富内容的肯定；黑格尔所说的否定，也不是那种同肯定不相容的形而上学的规定，而是一种能动的创造活动和自我实现的活动。因此，黑格尔的否定之否定，实际上是对人类自我创造活动和人类历史的辩证发展过程的"抽象的、逻辑的、思辨的表达"④，从而揭示出黑格尔辩证法的深刻内涵。马克思说："黑格尔的《现象学》及其最后成果——辩证法，作为推动原则和创造原则的否定性——的伟大之处首先在于，黑格尔把人的自我产生看做一个过程，把对象化看做非对象化，看做外化和这种外化的扬弃；可见，他抓住了劳动的

① 《马克思恩格斯文集》第 1 卷，人民出版社 2009 年版，第 231 页。
② 同上书，第 192 页。
③ 同上书，第 231 页。
④ 同上书，第 201 页。

本质，把对象性的人、现实的因而是真正的人理解为人自己的劳动的结果。"① 这就是说，作为推动和创造原则的否定性辩证法，是黑格尔辩证法的合理内容。在私有制条件下，人在通过劳动能动地改造外部世界的过程中，把自己的本质对象化，形成人与对象世界、主体和客体的对立，这种对象化也就是失去对象和外化，只有扬弃这种外化，才能重新占有本质。这种对象化、外化和扬弃外化的过程，也就是人通过劳动创造对象和占有对象、改造客观世界和自我创造的统一过程。

当然，黑格尔的否定性辩证法是建立在唯心主义基础上的。他把一切现实的事物的本质归结为概念，然后用概念的联系说明事物的联系，把人通过劳动改造自然的自我创造和自我实现的过程，完全抽象化为精神的自我创造和自我认识的过程。这就完全颠倒了思维和存在、主体和客体的关系。对此，马克思从异化劳动理论出发，加以批判和改造。第一，在黑格尔看来，对象化或外化的主体并不是消极被动的，而是包含着内在矛盾的能动的主体。但是黑格尔所理解的主体并不是现实的人，而是抽象的绝对精神。费尔巴哈否定了黑格尔所讲的抽象的主体，代之以感性存在的人。但这个人没有能动性，而只是"受动的"自然存在物。马克思把能动性归之于感性存在的人，把能动性原则建立在唯物主义基础之上，把主体理解为能动和受动的统一。第二，黑格尔把一切事物都精神化，把人、人的本质等同于"自我意识"。因此，人的本质的一切异化也就是自我意识的异化；扬弃异化也不是实际地改变客观对象，而只是纯粹思辨的过程。马克思批判了黑格尔的上述观点，把人的对象化、异化理解为客观的物质活动。因为人是有生命的能动的自然存在物，它把自己的本质力量外化为异己对象时，就不是纯粹的精神活动，而是客观的物质活动，即实践。他认为，异化借以实现的手段本身就是实践的，因此，扬弃异化的过程也是实践的过程。第三，黑格尔把劳动看作人的本质，这是他的否定性辩证法的"伟大之处"。但是"黑格尔唯一知道并承认的劳动是抽象的精神劳动"。马克思批判了黑格尔对劳动的思辨理解，把劳动看做物质生产活动。同时，黑格尔只看到劳动的积极方面，而看不到在资本主义条件下劳动给劳动者带来的苦难。因为他只是从对象化意义上理解劳动，而没有从异化意义上来理解劳动。马克思则区分了对象化和异化，从而区分了劳动和异化

---

① 《马克思恩格斯文集》第1卷，人民出版社2009年版，第205页。

劳动，论证了扬弃异化劳动的必要性和历史必然性。

4. 对共产主义的论证

在马克思写作《手稿》时，由于他在巴黎这个"古老的哲学大学和新世界的新首府"广泛地接触到工人运动及其革命团体，对资本主义社会进行了实地考察，并对各种空想社会主义学说和古典政治经济学作了批判研究，因而他对共产主义的论证也比《德法年鉴》时期进一步深化了。

马克思首先通过对异化劳动的分析研究，揭示了资本主义制度的历史暂时性，论证了共产主义的历史必然性。他说：从异化劳动这一概念的分析表明，"尽管私有财产表现为外化劳动的根据和原因，但确切地说，它是外化劳动的后果……后来，这种关系就变成相互作用的关系"①。这就说明，第一，私有制不是天然合理的和永恒的，它是异化劳动的产物，也必将在这种劳动的发展中被消灭；第二，异化劳动和私有制是相互作用、不可分割地联系着的，因而要扬弃异化劳动就必须扬弃私有制。在资本主义制度下，私有财产的运动集中表现为劳动和资本的尖锐对立，同时也为消灭私有财产和人的解放准备了条件。"劳动和资本的这种对立一达到极端，就必然是整个关系的顶点、最高阶段和灭亡。"② 共产主义是以往全部历史发展的必然结果，它"在私有财产的运动中，即在经济的运动中，为自己既找到经验的基础，也找到理论的基础"③。

马克思还从异化劳动理论出发，批判地研究了各种空想社会主义学说，论述了共产主义的基本思想。他说："共产主义是对私有财产即人的自我异化的积极的扬弃，因而是通过人并且为了人而对人的本质的真正占有；因此，它是人向自身、也就是向社会的即合乎人性的人的复归，这种复归是完全的复归，是自觉实现并在以往发展的全部财富的范围内实现的复归。"④ 这就是说，共产主义的基本要求是消灭私有财产和人的自我异化，但并不取消或否定私有财产运动和人的自我异化过程中产生的积极成果；共产主义实现人的本质的复归，并不是恢复人类的原始状态，不是"对整个文化和文明的世界的抽象否定，向贫穷的、需求不高的人——他不仅没有超越私有财产的水平，甚至从来没有达到私有财产的水平——的

① 《马克思恩格斯文集》第 1 卷，人民出版社 2009 年版，第 166 页。
② 同上书，第 172 页。
③ 同上书，第 186 页。
④ 同上书，第 185 页。

非自然的简单状态的倒退"①，而是在保存以往发展的全部财富的基础上进到更高的发展阶段；共产主义对人的本质的真正占有，"不应当仅仅被理解为直接的、片面的享受，不应当仅仅被理解为占有、拥有。人以一种全面的方式，就是说，作为一个完整的人，占有自己的全面的本质"②。

5. 异化劳动理论的局限性

如上所述，《手稿》在马克思主义世界观特别是唯物史观形成中的作用是不能低估的。但也应看到，它还不是成熟的马克思主义著作。第一，就其实际思想内容来说，虽然在许多方面已经超越费尔巴哈而向唯物史观接近，但是作为说明历史的基本理论和方法却还没有摆脱人的本质的异化和复归的人本主义模式。在这里，作为出发点的人的本质即"自由自觉的活动"，仍然带有抽象的、理想化的性质，而现实的劳动被归结为异化劳动，是人的本质的丧失，共产主义则是对私有财产即人的自我异化的积极扬弃，是人的本质的复归。这与从物质生产实践出发说明社会历史的唯物史观，显然还存在一定的差距。第二，就其与旧哲学的关系来看，马克思对自己的哲学思想同黑格尔唯心主义的区别是明确的；对费尔巴哈也有所批评和保留，但还没有从哲学体系上同费尔巴哈区别开来，因而对费尔巴哈哲学作了过高的评价，直到1844年8月还认为费尔巴哈的《未来哲学原理》和《信仰的本质》等著作，"给社会主义提供了哲学基础"③。因此，《手稿》是马克思对科学世界观的富有成果的探索，但又不是这种探索的完成。把《手稿》看成马克思思想发展过程中的"黎明前的黑暗"，是错误的，把它当成成熟的马克思主义著作，甚至把它看成马克思思想的"顶峰"，显然也是不正确的。

（二）从异化劳动理论到唯物史观的过渡

1844年8月底，恩格斯在从英国返回德国的途中，绕道巴黎，第二次会见马克思。从此便开始了两位伟人为无产阶级的解放事业密切合作、共同战斗的光辉历程。恩格斯曾回忆说："当我1844年夏天在巴黎拜访马克思时，我们在一切理论领域中都显出意见完全一致，从此就开始了我们

---

① 《马克思恩格斯文集》第1卷，人民出版社2009年版，第184页。
② 同上书，第189页。
③ 《马克思恩格斯文集》第10卷，人民出版社2009年版，第13页。

共同的工作。"① 这种共同工作的第一个成果，就是合写了批判以布·鲍威尔为首的青年黑格尔派的论战性著作——《神圣家族》。这部著作的思想表明，马克思、恩格斯的理论探索已进一步向新世界观，特别是唯物史观接近。如果说，在此之前的《1844 年经济学哲学手稿》用以解答历史之谜的是异化劳动理论，在此之后的《德意志意识形态》标志着唯物史观的形成，那么，处于两者之间的《神圣家族》则是由异化劳动理论到唯物史观的过渡。

从 1835 年到 1841 年，是青年黑格尔运动的上升时期。这一时期青年黑格尔派对德国封建制度进行了宗教的和政治的批判，曾经起过进步作用。马克思和恩格斯都曾积极参加过青年黑格尔的活动，尽管当时他们与青年黑格尔派在政治上和哲学上存在分歧，但还是团结合作，共同战斗。在此以后，马克思和恩格斯逐步向唯物主义和共产主义转变，而以布·鲍威尔为代表的青年黑格尔派则日趋堕落、倒退，这就导致了《莱茵报》时期马克思、恩格斯同青年黑格尔派分道扬镳，在《德法年鉴》上马克思对布·鲍威尔公开批判。1843 年 12 月，布·鲍威尔一伙在柏林附近出版了《文学总汇报》（月刊，共出 12 期，马克思、恩格斯在写《神圣家族》时已出前 8 期），集中地暴露了他们在政治上和哲学上的荒谬观点。马克思、恩格斯指出："现实人道主义在德国没有比唯灵论或者说思辨唯心主义更危险的敌人了。"② 这里所说的"现实人道主义"，是当时马克思和恩格斯所理解的社会主义或共产主义。他们把青年黑格尔派的思辨唯心主义看作共产主义最危险的敌人，因而把它提到首位进行批判。如果说，《黑格尔法哲学批判》是马克思同黑格尔唯心主义哲学决裂的开始，那么，《神圣家族》则是对青年黑格尔派哲学的一次总清算。在批判中，马克思、恩格斯论述了正在形成中的马克思主义哲学的一系列重要思想，进一步论证了无产阶级的历史使命，从而为马克思主义世界观的创立奠定了基础。

1. 批判青年黑格尔派的思辨唯心主义，用唯物辩证的观点解决思维和存在的关系问题

青年黑格尔派的哲学，是自我意识哲学或"批判哲学"。他们把自我

---

① 《马克思恩格斯文集》第 4 卷，人民出版社 2009 年版，第 232 页。
② 《马克思恩格斯文集》第 1 卷，人民出版社 2009 年版，第 253 页。

意识看作最高原则和创造世界的力量，而自我意识的这种创造活动是通过
"批判"来实现的。马克思和恩格斯在批判这种哲学时，第一，揭露了它
的主观唯心主义的实质，指出：鲍威尔一伙虽然反对黑格尔主义的正统
派，并自诩为真正克服了黑格尔哲学的人，实际上，他们不过是用所谓
"无限的自我意识"代替了黑格尔的"绝对观念"，走向公开的主观唯心
主义。鲍威尔等人认为，自我意识是无限的、万能的，而实体不过是自我
意识的表现，转瞬即逝的火花。自我意识不断地通过批判克服实体来为自
己开辟道路，改变现实的一切，创造一切；而且这种批判的自我意识不是
人人具有的，而是他们这些具有"批判"头脑的哲学家的专利，至于说
到群众，说到人类，他们是消极的，只有作为批判的对立物才有意义。总
之，在他们看来，自我意识是人所固有的唯一本质，而批判是自我意识的
本质属性，自我意识通过批判来推动世界的发展，而他们自己则是"批
判"的化身。所以马克思和恩格斯指出，鲍威尔一伙的"批判"是超验
的存在物，这伙"批判的神学家"则是"创造众生"的神。

　　第二，马克思和恩格斯还指出，鲍威尔一伙的这套谬论并不是什么新
鲜的东西，只不过是黑格尔思辨唯心主义的庸俗化的复活而已。黑格尔哲
学是由三个因素构成的，即：斯宾诺莎的实体、费希特的自我意识以及这
两个因素在黑格尔那里的必然的矛盾的统一，即绝对精神。第一个因素是
形而上学地改了装的、脱离了人的自然；第二个因素是形而上学地改了装
的、脱离自然的精神；第三个因素是改了装的以上两个因素的统一，即现
实的人和现实的人类。① 鲍威尔只不过是片面地发展了黑格尔哲学体系中
自我意识这个因素，把它推向极端，变成了独立的绝对。黑格尔在论述历
史的发展时还认为，作为主体和客体统一的精神的发展，是同感性的具体
世界有着内在联系的；而鲍威尔却把自我意识和"实体"绝对对立起来，
把自我意识看成不依赖于感性具体世界的精神活动。他既否定了存在于人
之外的自然界，也否定了作为自然存在物的人本身，把自我意识变成了绝
对的创造主体。所以马克思和恩格斯讽刺说：鲍威尔克服了黑格尔的双重
不彻底性。第一，黑格尔虽然承认作为世界发展基础的绝对精神的存在，
但还没有直截了当地说，我就是绝对精神。第二，绝对精神作为现实的创
造主，只是到最后才认识到自己的这种创造主的地位和作用，所以黑格尔

---

① 参见《马克思恩格斯全集》第 2 卷，人民出版社 1957 年版，第 177 页。

只是事后才来撰写过去的历史。现在鲍威尔则取消了这两个不彻底性，宣布他的"批判"就是绝对精神，而他就是批判，这样一来，"宗教的救世主终于显化为批判的救世主鲍威尔先生了"①。

第三，为了彻底批判鲍威尔一伙和黑格尔的思辨唯心主义，马克思还深刻地揭露了它的认识论根源，指出：思辨唯心主义的秘密，就在于通过诡辩，把概念独立化、实体化，即把本来是从个别事物中抽象出来的一般当作独立存在的本质，并把它看作感性对象的来源和基础。他以果实为例，揭露了思辨哲学家的诡辩过程。

如果我从苹果、梨、草莓、扁桃等等中得出"果实"这个一般概念，这并没有什么神秘之处，正常的人的认识过程就是如此。但思辨哲学家却不同，他不是把"果实"这个概念看作现实的苹果、梨等等在人们头脑中的反映，而是把它看成独立存在的本质，而且是苹果、梨等等的真正本质。就是说，"果实"这个一般概念乃是现实的具体果实的"实体"。这样，他就把概念实体化。

由于抽象的概念变成了实体、变化了感性事物的真正本质，于是这些事物的可以实际感触的感性特质，反倒成了虚幻的本质。比如在思辨哲学家看来，现实的苹果、梨等等，就是"果实"这一概念的简单形式，是它的"样态"和"幻相"。这样，思辨哲学家就在把概念实体化的同时，把现实的感性事物变成了幻觉。

既然"果实"这个一般概念是苹果、梨等的真正本质，那么这个一般的"果实"为什么忽而表现为苹果，忽而表现为梨、桃等呢？思辨哲学家回答说：这是因为："一般果实"并不是僵死的、无差别的、静止的本质，而是活生生的、自相区别的、能动的本质。现实的千差万别的果实是"统一果实"的生命的不同表现，是"一般果实"发展过程中的自我差别、自我规定。

这样，思辨哲学就把"实体"变成了"主体"，变成了创造世界的力量，变成了现实事物发生和发展的基础。所以，马克思说："基督教认为只有一个上帝的化身，而思辨哲学却认为有多少事物就有多少化身，譬如在现在这个例子里，在思辨哲学看来，每一个单个的果实就都是实体的、

---

① 《马克思恩格斯文集》第 1 卷，人民出版社 2009 年版，第 347 页。

即绝对果实的特殊化身。"①

对于黑格尔思辨哲学的唯心主义本质，应当说费尔巴哈也已经看到，并且也作过批判。但是，马克思和恩格斯显然比费尔巴哈看得更为深入，批判得更为透彻。他们不像费尔巴哈那样，只把黑格尔哲学简单地当作神秘主义加以否定，而是深入地揭露了它的认识论根源，即颠倒一般和个别的关系。同时也指出："黑格尔常常在思辨的叙述中作出把握住事物本身的、现实的叙述。"② 就是说，在马克思和恩格斯看来，认识的发展确实是一个辩证的过程，黑格尔关于概念的具体性的思想是合理的，但是他把个别到一般的过程唯心主义地颠倒了。

第四，马克思和恩格斯在批判鲍威尔一伙的思辨唯心主义时，还揭露了它在实践上的危害性。鲍威尔一伙把具体的现实变为观念的宾词，把自我意识变为世界的本质，把历史变为精神的发展，因此他们也就把人的一切活动和实践统统归结为批判的批判的思维过程，从而"把存在于我身外的现实的、客观的链条转变成纯观念的、纯主观的、只存在于我身内的链条，因而也就把一切外在的感性的斗争都转变成纯粹的思想斗争"③。比如，他们认为，资本主义的一切都存在于工人的头脑中，只要从工人的头脑中铲除资本、雇佣劳动等等范畴，也就能够改变资本主义的现实，实现鲍威尔等人的所谓"社会主义"。

马克思与恩格斯在批驳这些谬论时指出，鲍威尔一伙的说法是根本违背工人运动实际的。曼彻斯特和里昂的工人们，并不认为用"纯粹的思维"即空喊革命词句就可以摆脱自己受压迫、受剥削的地位。"他们非常痛苦地感觉到存在和思维之间、意识和生活之间的差别。他们知道，财产、资本、金钱、雇佣劳动以及诸如此类的东西决不是想象中的幻影，而是工人自我异化的十分实际、十分具体的产物，因此，也必须用实际的和具体的方式来消灭它们。"④ 和鲍威尔一伙的"社会主义"相反，"世俗社会主义的第一个原理就否认纯理论领域内的解放，认为这是幻想，为了真正的自由它除了要求唯心的'意志'外，还要求完全能感触得到的物质条件。'群众'认为，甚至为了争得一些只是用来从事'理论'研究的

① 《马克思恩格斯全集》第 2 卷，人民出版社 1957 年版，第 74 页。
② 《马克思恩格斯文集》第 1 卷，人民出版社 2009 年版，第 280 页。
③ 同上书，第 288 页。
④ 同上书，第 273 页。

时间和经费，也必须进行物质的、实际的变革"①。在马克思和恩格斯看来，消灭资本主义的共产主义运动决不会像批判的批判所幻想的那样完成于纯粹的，即抽象的理论批判中，而必定完成于"实实在在的实践中"②，因为"思想从来也不能超出旧世界秩序的范围；在任何情况下它都只能超出旧世界秩序的思想范围。思想根本不能实现什么东西。为了实现思想，就要有使用实践力量的人"③。

以上情况说明，在《神圣家族》中，马克思和恩格斯不仅鲜明地站在唯物主义反映论的立场上，而且已经大大超过费尔巴哈，进一步用唯物辩证的观点解决存在与思想、个别与一般、实践和理论的关系问题。

2. 批判青年黑格尔派的唯心史观，提出一系列接近历史唯物主义的重要思想

青年黑格尔派的自我意识哲学，在社会历史领域表现为露骨的历史唯心主义。鲍威尔等人认为，自我意识是历史发展的唯一动力，历史除了自我意识的变化和发展以外，没有任何意义，世界历史归根到底就是自我意识发展的历史。

马克思和恩格斯在同鲍威尔一伙的论战中，强调指出，物质生产是历史的发源地，只有在物质生产方式中才能了解历史。他们说："批判的批判仅仅知道（至少它在自己的想象中知道）历史上的政治、文学和神学方面的重大事件。正像批判的批判把思维和感觉、灵魂和肉体、自身和世界分开一样，它也把历史同自然科学和工业分开，认为历史的发源地不在尘世的粗糙的物质生产中，而是在天上的云雾中。"他们反问道："难道批判的批判以为，只要它从历史运动中排除掉人对自然界的理论关系和实践关系，排除掉自然科学和工业，它就能达到即使是才开始的对历史现实的认识吗？难道批判的批判以为，它不去认识（比如说）某一历史时期的工业和生活本身的直接的生产方式，它就能真正地认识这个历史时期吗？"④

在1844年的《手稿》中，马克思已经把生产劳动看作社会历史发展的基础，但把生产劳动看作人的真正本质的展现，现实的劳动则是异化劳

① 《马克思恩格斯全集》第2卷，人民出版社1957年版，第121页。
② 同上书，第194页。
③ 同上书，第152页。
④ 同上书，第191页。

动，而在《神圣家族》中则已直截了当地把物质生产看作历史的发源地；要真正认识某一时期的历史，就必须认识这个历史时期的工业和生活本身的直接生产方式。这里讲的物质生产已不是理想化状态下的生产，而是同鲍威尔一伙的思辨的云雾相对立的现实生产。

在《神圣家族》中，马克思和恩格斯仍用"市民社会"的术语来概括现实的社会关系。但同时也可以看出，他们已力求把社会关系中的主要方面和次要方面区分开来，从人对物质生活资料的依赖关系，得出人们在社会物质生产过程中必然的相互关系。他们说："实物是为人的存在，是人的实物存在，同时也就是人为他人的存在，是他对他人的人的关系，是人对人的社会关系。"① 这就是说，物质财富是人的生存所必需的，是人的社会存在，社会的每个成员各以其特定的生产活动和具体产品构成他人生存的环节，从而也构成他和其他社会成员间的真正人的关系，人们这种用各自的生产活动和产品相互补充、相互满足需要的关系，就是人们之间的真正的社会关系。虽然当时马克思和恩格斯还认为，私有制以及蒲鲁东的"平均占有财产"都是这种真正人的社会关系的异化表现，因而这段话仍然带有费尔巴哈人本主义的痕迹。但是，从他们把"实物"看作人们社会关系的基础这一点来说，则是形成生产关系概念的重要一步。列宁认为，"这一段话极富有代表性，因为它表明马克思是如何接近自己的整个'体系'（如果可以用这个名词的话）的基本思想的，——即如何接近生产的社会关系这个思想的"②。

马克思和恩格斯还进一步深化了市民社会和国家关系的分析。在《黑格尔法哲学批判》中，马克思已得出了市民社会决定国家的结论，但是对市民社会和国家的说明都还比较笼统。在《德法年鉴》时期，他用政治异化的理论解释市民社会和国家的关系。他认为，正像人在宗教领域中过着与人相对立的、符合于他的真正本质的天上生活一样，公民在政治国家中也过着和社会生活相对立的生活。因为政治国家也和上帝一样，是人的社会本质的异化。在《神圣家族》中，马克思和恩格斯所强调的已不再是市民社会作为整体同政治国家的分离、对立，而是强调市民社会中的资产阶级利益同国家的一致。他们指出，现代国家的基础是资产阶级社

---

① 《马克思恩格斯全集》第2卷，人民出版社1957年版，第52页。
② 《列宁全集》第38卷，人民出版社1959年版，第13页。

会，即资产阶级的生活条件；而国家作为资产阶级的"特殊利益的政治上的确认"，不过是资产阶级"排他性的权力的官方表现"①。这说明，马克思已经触及国家的阶级本质。他们还指出，现代国家通过宣布普遍人权来承认和巩固自己的基础，但它并没有创造这个基础，并引用黑格尔的话说："'人权'不是天赋的，而是历史地产生的。"② 这表明，马克思、恩格斯正在向经济基础与上层建筑相互关系的历史唯物主义原理接近。

鲍威尔一伙把世界的发展归结为自我意识和"实体"的对立，在历史观上突出地表现为创造精神和群众之间的对立，也就是他们这伙"批判的"哲学家和"非批判的群众"之间的对立。在他们看来，群众是消极的、精神空虚的、非历史的、物质的历史因素；只有精神、"批判"和他们这些"批判家"才是积极的因素，一切历史行动都由这种因素产生。这样，改造社会的事业就被归结为"批判的批判"的大脑活动。

针对鲍威尔等的上述观点，马克思和恩格斯从物质生产是历史发源地的思想出发，论述了人民群众在历史发展中的作用。他们在驳斥鲍威尔一伙诬蔑"工人什么都没有创造"的言论时指出："批判的批判什么都没有创造，工人才创造一切，甚至就以他们的精神创造来说，也会使得整个批判感到羞愧。"③ 马克思和恩格斯还在研究历史特别是法国大革命经验的基础上，得出一个十分重要的思想："历史活动是群众的活动，随着历史活动的深入，必将是群众队伍的扩大。"④

鲍威尔等人还认为，"到现在为止，历史上的一切伟大活动之所以一开始就是不成功的和没有实际成效的，正是因为它们引起了群众的关怀和唤起了群众的热情。换句话说，这些活动之所以必然得到悲惨的结局，是因为作为它们的基础的思想是这样一种观念：它必须满足于对自己的表面了解，因而也就是指望博得群众的喝彩"⑤。在他们看来，18世纪法国的启蒙运动和大革命就是由于迎合了群众，唤起了群众的热情，因而是"不成功的和没有实际成效的"，启蒙学者关于解放人类、建立理性国家、实行普遍幸福的理想并没有实现，而是以市侩的、鄙俗的专政而告终。

---

① 《马克思恩格斯全集》第2卷，人民出版社1957年版，第158页。
② 同上书，第146页。
③ 《马克思恩格斯全集》第2卷，人民出版社1957年版，第22页。
④ 《马克思恩格斯文集》第1卷，人民出版社2009年版，第287页。
⑤ 《马克思恩格斯全集》第2卷，人民出版社1957年版，第102页。

马克思和恩格斯批判了这种论调,深刻地分析和阐述了阶级斗争、社会革命同物质利益的关系。指出,"'思想'一旦离开'利益'就一定会使自己出丑"。历史经验表明,"任何得到历史承认的群众的'利益',当它最初出现于世界历史舞台时,总是在'思想'或'观念'中远远超出自己的实际界限,很容易使自己和全人类的利益混淆起来"①。法国大革命时期的情况正是如此。启蒙思想家关于解放人类的思想之所以未能实现,并不是因为它迎合了群众的利益,而正是因为它"远远地超出"了它所实际反映的那部分"群众"即资产阶级的利益;把资产阶级的利益和全人类的利益"混淆起来",期待在资产阶级解放运动中实现全人类的解放,当然不可能有实际成效和取得成功。但是,资产阶级在这次革命中所追求的利益决不是"不成功"的。它压倒了一切,并获得了"实际成效"。"这种利益是如此强大有力,以至胜利地征服了马拉的笔、恐怖主义者的断头台、拿破仑的剑,以及钉在十字架上的耶稣受难像和波旁王朝的纯血统。"② 这次革命只有对于另一部分"群众"即劳动群众来说是不成功的,因为这些群众的真正的主导原则和这次革命的主导原则并不是一致的,他们获得解放的现实条件同资产阶级借以获得解放的条件也根本不同。所以,"如果革命是不成功的,那末,并不是因为革命'唤起了'群众的'热情',并不是因为它引起了群众的'关怀',而是因为对不同于资产阶级的绝大多数群众来说,革命的原则并不代表他们的实际利益,不是他们自己的革命原则,而仅仅是一种'观念',因而也仅仅是暂时的热情和表面的热潮之类的东西"③。这清楚地说明,马克思和恩格斯已经接近于用历史唯物主义的观点来看待物质利益和思想原则的关系,不仅指明了物质利益对思想原则的支配作用,而且也指出了这两者之间的复杂关系。

3. 进一步论证了无产阶级的历史使命

鲍威尔一伙敌视群众,尤其敌视无产阶级。埃德加诬蔑说:"工人什么东西也没有创造,所以他们也就一无所有",而他们之所以什么都没有创造,是因为他们是只考虑自己的利己主义者。因此,"为了创造这一

---

① 《马克思恩格斯全集》第2卷,人民出版社1957年版,第103页。
② 《马克思恩格斯文集》第1卷,人民出版社2009年版,第287页。
③ 《马克思恩格斯全集》第2卷,人民出版社1957年版,第103页。

切，就需要某种比工人的意识更强有力的意识"①。鲍威尔则扬言，不仅应该批判社会、特权者、私有主等等，而且必须批判无产者。② 马克思和恩格斯驳斥了这种谬论，他们在分析了资本主义经济制度、社会结构和雇佣工人的非人生活状况之后指出，问题不在于无产阶级是否具有历史创造者的意识，而在于无产阶级所处的客观历史地位，正是由于这种地位使它必定要认识和实现自己的历史使命。马克思说："问题不在于目前某个无产者或者甚至整个无产阶级把什么看做自己的目的，问题在于究竟什么是无产阶级，无产阶级由于其本身的存在必然在历史上有些什么作为。它的目的和它的历史任务已由它自己的生活状况以及现代资产阶级社会的整个结构最明显地无可辩驳地预示出来了。"③

在揭示无产阶级在资本主义社会中的地位和作用时，马克思和恩格斯还运用辩证的方法，分析了资产阶级和无产阶级彼此既对立而又相互制约的运动，论述了资本主义制度灭亡的客观必然性。指出：贫困和富有、无产阶级和资产阶级是两个对立面，它们本身构成了一个统一的整体。二者都是由私有制世界产生的。私有制，作为私有制来说，作为富有来说，不能不保持自身的存在，因而也不能不保持自己的对立面——无产阶级的存在，这是对立的肯定方面，是得到满足的私有制。相反地，无产阶级，作为无产阶级来说，不能不消灭自身，因而也不能不消灭制约着它而使它成为无产阶级的那个对立物——私有制，这是对立的否定方面，是对立内部的不安。"在整个对立的范围内，私有者是保守的方面，无产者是破坏的方面。从前者产生保持对立的行动，从后者则产生消灭对立的行动。"私有制的灭亡是它自身固有的矛盾运动的必然结果，"私有制在自己的经济运动中把自己推向灭亡"④。但是，只有通过不以资产阶级的意志为转移的、为客观事物本性所制约的发展，只有通过无产阶级作为无产阶级（意识到自己的地位、为争取自身解放而斗争的自为阶级）的产生，才能做到这一点。这里，马克思不但已经提出历史发展客观规律性的思想，而且也指出了作为先进社会力量的无产阶级的主观能动性的作用。

---

① 《马克思恩格斯全集》第 2 卷，人民出版社 1957 年版，第 21 页。
② 参见科尔纽《马克思恩格斯传》第 2 卷，生活·读书·新知三联书店 1965 年版，第 309 页。
③ 《马克思恩格斯全集》第 2 卷，人民出版社 1957 年版，第 45 页。
④ 同上书，第 44 页。

四　马克思主义哲学的形成和问世

（一）马克思主义哲学形成的标志

1845 年 2 月初，马克思被法国基佐政府驱逐出境，迁居布鲁塞尔。同年 4 月，恩格斯也来到这里，与马克思会合。这年春天，马克思写了《关于费尔巴哈的提纲》，1845—1846 年与恩格斯合写了《德意志意识形态》。这两篇论著表明，马克思、恩格斯在新世界观探索中发生了质的飞跃，马克思主义哲学、特别是唯物史观已经形成。

为什么说这两篇论著是马克思主义哲学特别是唯物史观形成的标志呢？

第一，马克思在《〈政治经济学批判〉序言》中，在对唯物史观的基本原理作了精辟的概括之后指出，这是他在巴黎开始研究政治经济学，后来在布鲁塞尔继续进行研究所得出的"总的结果"，并讲到当时恩格斯也已"从另一条道路"得出同他"一样的结果"。于是他和恩格斯就"决定共同阐明我们的见解与德国哲学的意识形态的见解的对立，实际上是把我们从前的哲学信仰清算一下。这个心愿是以批判黑格尔以后的哲学的形式来实现的"①。恩格斯也曾多次讲到，在 1845 年前的几年中，马克思和他已经"逐渐接近于"发现唯物史观，而在 1845 年春天当他们在布鲁塞尔会合时，马克思已经"从经济关系及其发展中来解释政治及其历史"这一基本原理出发，"大致完成了发挥他的唯物主义历史理论的工作"，并且用明晰的语句向恩格斯说明了。于是他们就"着手在各个极为不同的方面详细制定这种新观点了"②。马克思的《关于费尔巴哈的提纲》可以说是为了这个目的而写的"提纲"，而《德意志意识形态》则是"详细制定这种观点"即唯物史观基本原理的著作。这表明，两位马克思主义的创始人确认，他们是在这两篇论著中创立他们的新世界观特别是唯物史观的。

第二，马克思主义哲学的创立是哲学上的革命变革。在考察马克思主义哲学形成的标志时，必须注意到一个重要方面，即它的创始人同旧哲学

---

① 《马克思恩格斯文集》第 2 卷，人民出版社 2009 年版，第 593 页。
② 《马克思恩格斯选集》第 4 卷，人民出版社 1995 年版，第 196 页。

的关系。在《提纲》和《形态》之前，马克思、恩格斯曾多次批判过黑格尔和青年黑格尔派的思辨唯心主义，对费尔巴哈哲学也曾有所批评和保留，但总的说来是对它作了过高的评价。直到 1844 年写的《神圣家族》一书中，也还存在"对费尔巴哈的迷信"①，而在《提纲》和《形态》中，费尔巴哈已成为主要的批判对象。1844 年 8 月，马克思在一封信中还称赞费尔巴哈的著作"给社会主义提供了哲学基础"②，而在《提纲》和《形态》中则深入地批判了费尔巴哈的人的本质观；并以相当大的篇幅批判了以费尔巴哈人本主义为哲学基础的德国"真正的社会主义"。更为重要的是，在此之前，尽管马克思、恩格斯的哲学思想在许多方面已经超越费尔巴哈，但还没有把自己的哲学从体系上与费尔巴哈区别开来；而在《提纲》和《形态》中，他们已公开树立起"新唯物主义""实践的唯物主义"的旗帜，同旧唯物主义、直观的唯物主义相对立，从而同包括费尔巴哈在内的一切旧唯物主义划清了界限。

第三，马克思主义哲学作为一种崭新的科学世界观和方法论，其形成的标志不能只是它的个别观点或原理的出现，而是指它区别于一切旧哲学的基本范畴和基本原则的确立。按照这种理解，把《提纲》和《形态》作为马克思主义哲学形成的标志是恰当的。在《提纲》中，马克思以科学的实践范畴为中心，论述了主体和客体、理论和实践、改造客观世界和改造主观世界的辩证关系，以及社会本质、人的本质、哲学的功能等一系列基本原则。在《形态》中，最重要的是生产关系范畴的确立，并由此出发，系统地论述了唯物主义关于社会存在和社会意识、生产力和生产关系、经济基础和上层建筑、阶级和阶级斗争、国家和革命、无产阶级解放和人类解放等基本原理。

（二）马克思哲学思想发展中的重大飞跃——《关于费尔巴哈的提纲》

实践的观点是马克思主义哲学的基本观点。马克思和恩格斯不仅把实践引入认识论，而且也把实践引入历史观，确立了实践在社会历史中的基础地位。《关于费尔巴哈的提纲》之所以是"包含着新世界观的天才萌芽

---

① 《马克思恩格斯全集》第 31 卷，人民出版社 1972 年版，第 293 页。
② 《马克思恩格斯文集》第 10 卷，人民出版社 2009 年版，第 13 页。

的第一个文件"①，首先在于它以实践为中心，论述了新世界观的一系列基本原则，把实践作为马克思主义哲学区别于一切旧哲学的基本特征。《德意志意识形态》进一步发挥了《提纲》的思想，从而使科学的实践观系统化。马克思从开始从事哲学活动时起，就十分重视实践问题。但对实践的理解，经历了一个发展过程。在《博士论文》时期，他所讲的实践是哲学实践，即理论批判活动。实践的力量来自本身自由的理性，实践的作用是哲学的世界化和世界的哲学化，其观点是唯心主义的。《莱茵报》时期的斗争实践和受费尔巴哈的影响，使马克思对原有哲学信念发生怀疑和动摇，从而转向对黑格尔法哲学的批判分析，同时也由理性批判转向政治批判。他在考察宗教异化和政治异化的关系时指出，"人的自我异化的神圣形象被揭穿以后，揭露具有非神圣形象的自我异化，就成了为历史服务的哲学的迫切任务。于是，对天国的批判变成对尘世的批判，对宗教的批判变成对法的批判，对神学的批判变成对政治的批判"②。这个时期马克思所说的实践主要是指政治批判和推翻现存制度的实际斗争，他把两者看成是同一件事情。这时马克思在实践观上的一个重要进展，就是把"批判的武器"和"武器的批判"区别开来，认为从事政治批判不仅需要有革命理论，而且还需要物质力量，这个物质力量就是掌握了革命理论的无产阶级。但这时马克思还没有研究生产实践问题，不了解生产实践在社会发展中的作用，也还没有解决理论对实践的依赖性的问题。

在《1844年经济学哲学手稿》中，马克思在探索科学实践观中取得了重大的进展。第一，由于他把人的本质理解为自由自觉的活动，即生产劳动，从而抓住了实践活动最基本的内容，即生产实践。第二，他在对人的本质的分析中也分析了实践的基本特征，即客观性、主体性和创造性，并强调提出，人的改造世界的活动，人的对象化活动，离不开外部自然界，"没有自然界，没有感性的外部世界，工人就什么也不能创造"③。第三，马克思还初步论述了理论对实践的依赖性，指出真正的实践是"现实的和实证的理论的条件"④；"理论的对立本身的解决，只有通过实践方

---

① 《马克思恩格斯选集》第4卷，人民出版社1995年版，第213页。
② 《马克思恩格斯文集》第1卷，人民出版社2009年版，第4页。
③ 《马克思恩格斯全集》第42卷，人民出版社1979年版，第92页。
④ 《马克思恩格斯文集》第1卷，人民出版社2009年版，第231页。

式，只有借助于人的实践力量，才是可能的"①。

在马克思、恩格斯合著的《神圣家族》中，第一，他们已把现实的物质生产看作历史的发源地，把现实的生产劳动视为实践的基本内容。他们还指出，不去认识某一历史时期工业生活本身的直接生产方式，就不能真正认识这个历史时期，进一步明确了实践是认识的基础。第二，他们强调实践在改变现存事物中的作用，指出"思想从来也不能超出旧世界秩序的范围：在任何情况下它都只能超出旧世界秩序的思想范围。思想根本不能实现什么东西。为了实现思想，就要有使用实践力量的人"。② 第三，他们在强调实践的重要性的同时，指出实践要以物质世界的客观存在为前提。他们说：在生产实践中，"人并没有创造物质本身。甚至人创造物质的这种或那种生产能力，也只是在物质本身预先存在的条件下才能进行"③。就是说，实践活动要以物质世界的客观存在为前提，生产实践改变的是物质存在的形态，并没有创造物质本身。

在《关于费尔巴哈的提纲》中，马克思深化和发展了以往的研究成果，第一次把实践作为马克思主义哲学的基本范畴提了出来，从根本上批判了费尔巴哈和一切旧唯物主义的局限性，表明马克思不仅同唯心主义划清了界限，而且也同旧唯物主义划清了界限，并为制定马克思主义哲学的基本原理奠定了基础。马克思首先指出："从前的一切唯物主义——包括费尔巴哈的唯物主义——的主要缺点是：对对象、现实、感性，只是从客体的或者直观的形式去理解，而不是把它们当做人的感性活动，当做实践去理解，不是从主体方面去理解。"④ 这就是说，旧唯物主义把对象、现实、感性理解为客观实在和认识的客体，这是它区别于唯心主义之处，但它看不到实践在社会生活和认识过程中的作用。他们离开社会实践去理解客观事物（包括社会历史），把客观外界仅仅看作认识对象，而不是看作改造的对象，把认识只看作是对外部世界的单纯直观，而忽视了人对客观世界的能动作用，因而把主体和客体、人和自然界的关系仅仅看作反映与被反映的关系，而没有看作改造与被改造的关系。因此，他们既不了解社会生活的本质，也不了解人的认识的本质。马克思还指出，"和唯物主义

① 《马克思恩格斯文集》第1卷，人民出版社2009年版，第192页。
② 《马克思恩格斯全集》第2卷，人民出版社1957年版，第152页。
③ 同上书，第58页。
④ 《马克思恩格斯文集》第1卷，人民出版社2009年版，第503页。

相反，唯心主义却把能动的方面发展了，但只是抽象地发展了，因为唯心主义当然是不知道现实的、感性的活动本身的"①。就是说，唯心主义者看到了主体的能动性，但由于他们并不知道实践是一种现实的、感性的活动，把主体能动性夸大为精神创造客观世界，因而只是抽象地发展了能动性。这样，马克思就把实践看作新世界观区别于一切旧哲学的基本特征。

旧唯物主义者虽然一般都承认真理的客观性，即认为真理是认识与客观事实相符合。但不能正确说明检验真理的标准问题。马克思从科学的实践观出发，明确提出实践是检验真理的唯一标准。他说："人的思维是否具有客观的［gegenstndliche］真理性，这不是一个理论的问题，而是一个实践的问题。人应该在实践中证明自己思维的真理性，即自己思维的现实性和力量，自己思维的此岸性。关于离开实践的思维的现实性或非现实性的争论，是一个纯粹经院哲学的问题。"② 这是因为，只有在改造客观世界的实践活动中，才能使主观认识与客观现实联系起来，加以比较；只有在实践中获得了预期的效果，才能证明人的思维与它所反映的客观事物的本性相符合。

在马克思看来，实践不仅是认识论的基本范畴，而且也是唯物史观的基本范畴。他指出，"社会生活在本质上是实践的"③。实践是社会生活的基础，是人类社会存在和发展的根本条件。离开社会实践，就不能正确理解社会生活的本质及其发展规律。旧唯物主义者，包括费尔巴哈在内，正是因为离开实践去观察社会生活，因而无例外地都陷入唯心史观。

在人与环境、教育的相互关系问题上，旧唯物主义者认为人是环境和教育的产物，因而认为改变了的人是另一种环境和改变了的教育的产物。但是，环境是怎样改变的？教育者的知识和才能又从何而来？这是旧唯物主义者无法正确回答的。马克思指出，"这种学说忘记了：环境正是由人来改变的，而教育者本人一定是受教育的"④。一种环境的造成，首先是人们活动的结果，是实践的结果。教育者的知识和才能也不是天生的，归根到底是从实践中来的。马克思说："环境的改变和人的活动的一致，只

---

① 《马克思恩格斯文集》第1卷，人民出版社2009年版，第503页。
② 同上。
③ 同上书，第505页。
④ 同上书，第504页。

能被看做是并合理地理解为变革的实践。"① 人在实践中改变了环境，同时也改变了人本身；环境和人的改变，都是以社会实践为基础的。

在宗教问题上，费尔巴哈从宗教上的自我异化、从世界被二重化为宗教的、想象的世界和现实的世界这一现象出发，致力于把宗教归结于它的世俗基础。但是他没有从社会实践出发，进一步去分析世俗基础本身；因而不能正确地阐明宗教的社会根源和找到克服宗教弊端的正确途径。不懂得"对于这个世俗基础本身首先应当从它的矛盾中去理解，然后用消除矛盾的方法在实践中使之发生革命"②。

费尔巴哈在批判宗教时认为，不是上帝创造人，而是人创造上帝，宗教的本质就是人的本质。但是，他把人的本质理解为"类"，理解为一个把许多个人纯粹自然地联系起来的共同性。费尔巴哈曾说过，"单个的人本身并不具备人的本质"，"人的本质只包含在共同性中，包含在人和人的统一中"③。但他把这种统一理解为建立在两性差别基础上的爱和友情，理解为人与人在感情上的互相需要，而看不到在社会实践基础上形成的现实社会关系。正如马克思、恩格斯在《形态》中所指出的，在费尔巴哈那里，"除了爱与友情，而且是理想化了的爱与友情以外，他不知道'人与人之间'还有什么其他的'人的关系'"④。与此相反，马克思从社会实践出发，从人与人的社会关系来揭示人的本质。他指出："人的本质并不是单个人所固有的抽象物，在其现实性上，它是一切社会关系的总和。"⑤ 也就是说，人的本质体现在人们实践活动创造的社会关系中，并且是随着实践的发展而发展的。

在《提纲》的最后，马克思在总结自己的哲学与旧唯物主义的对立时指出："旧唯物主义的立脚点是'市民'社会；新唯物主义的立脚点是人类社会或社会化的人类。"又说："哲学家们只是用不同的方式解释世界，而问题在于改变世界。"⑥ 在这里，马克思指明了自己的哲学同旧哲学在理论立脚点和根本目的上的对立。旧唯物主义不懂得人的实践性，因

---

① 《马克思恩格斯文集》第 1 卷，人民出版社 2009 年版，第 504 页。
② 同上。
③ 转引自《马克思恩格斯全集》第 42 卷，人民出版社 1979 年版，第 360 页。
④ 《马克思恩格斯文集》第 1 卷，人民出版社 2009 年版，第 530 页。
⑤ 同上书，第 505 页。
⑥ 同上书，第 506 页。

而也不了解人的社会性及其历史发展，它的立足点是脱离社会关系的抽象的个人；而新唯物主义的立足点则是人们的实践活动以及由此而产生的人们之间的全部社会联系和关系，也即社会化了的人类。旧哲学家们不懂得实践在社会生活中的作用，因而只是这样或那样地解释世界；新唯物主义者则认为根本问题在于只有通过社会实践去"改变世界"，才能达到自己的目的。

　　实践的观点是马克思主义哲学的生长点和立足点，也是它与一切旧唯物主义的根本分界线。正因为如此，马克思、恩格斯曾将自己正在阐发的新哲学称为"实践的唯物主义"①，但这并不意味着把实践看作世界的本原。因为在他们看来，无论主体的活动在改造客观世界中起着怎样巨大的作用，都必须以承认"自然界的优先存在"为前提；人在实践活动中并没有创造物质本身，而"只能改变物质形式"②；同时，人们实践活动对外部世界的影响程度还受到自身的状况和前人实践结果的制约。因此，无视实践的重要意义，就会把马克思主义哲学降低到旧唯物主义的水平；而离开"自然界优先存在"这个前提，把实践抬高到世界本原的地位，就会曲解马克思主义创始人的本意，把"实践的唯物主义"推向主观唯心主义。

（三）唯物史观基本原理的制定

　　1845 年 9 月到 1846 年夏初，马克思和恩格斯一起，写出了《德意志意识形态》。在这部著作里，他们批判了费尔巴哈的直观唯物主义和唯心史观，对青年黑格尔派作了彻底的清算，批判了德国"真正的社会主义"，并在批判中首次系统地阐发了马克思主义哲学，特别是唯物史观的基本原理。

　　1. 不是意识决定生活，而是生活决定意识

　　以往的历史理论，包括德国的历史哲学，都离开人们的现实生活去说明历史。它们无论是把神还是把"人"、理性或"绝对观念"作为历史的前提，实质上都把人类历史归结为观念的发展，只看到"元首"或国家的丰功伟绩或宗教的历史变迁。正如马克思、恩格斯所指出的，"这些哲

---

① 《马克思恩格斯全集》第 3 卷，人民出版社 1960 年版，第 48 页。
② 《马克思恩格斯文集》第 5 卷，人民出版社 2009 年版，第 58 页。

学家没有一个想到要提出关于德国哲学和德国现实之间的联系问题，关于他们所作的批判和他们自身的物质环境之间的联系问题"①。

马克思、恩格斯在表述自己的历史观的前提时指出："这是一些现实的个人，是他们的活动和他们的物质生活条件，包括他们已有的和由他们自己的活动创造出来的物质生活条件。"② 因此，这个前提并不是凭主观臆想，而是可以用纯粹经验的方法来确定的。在这里，马克思、恩格斯所讲的"现实的人"，他们的活动和他们的物质生活条件，是相互联系、不可分割的。就是说，讲现实的人不能离开他们的活动和他们的物质生活条件，否则就不是现实的人。费尔巴哈也讲过"现实的人"，但是由于他只把人看成感性的存在，脱离人的实践活动和他们的物质生活条件，孤立地考察"人自身"，因而陷入唯心史观。

马克思、恩格斯通过考察现实个人的活动和物质生活条件，指出历史发展的四个要素，揭示了人类社会生存和发展的基础。第一，物质生产是人类的第一个历史活动，这是"人们仅仅为了能够生活就必须每日每时都要进行的（现在也和几千年前一样）一种历史活动，即一切历史的一种基本条件"③。第二是满足新的需要的再生产，即"已经得到满足的第一个需要本身、满足需要的活动和已经获得的为满足需要而用的工具又引起新的需要"④。就是说，物质生产过程，也是产生新的需要，推动人们进行再生产的过程。第三是人口生产。这就是"每日都在重新生产自己生命的人们开始生产另外一些人，即繁殖"⑤。第四是人们在生活的生产（包括物质生产和人口增殖）的过程中产生出社会关系。这种社会关系是由需要和生产方式决定的人们之间的物质关系，它的历史和人的历史一样长久。这种关系不断采取新的形式，因而就呈现出"历史"⑥。

从人们的社会活动中区分出物质活动，从社会关系中区分出物质关系，就为科学地说明社会存在和社会意识的关系奠立了基础。马克思、恩格斯正是在作了这种区分的基础上考察社会意识及其历史发展的。他们

---

① 《马克思恩格斯文集》第1卷，人民出版社2009年版，第516页。
② 同上书，第517页。
③ 《马克思恩格斯全集》第3卷，人民出版社1960年版，第31页。
④ 《马克思恩格斯文集》第1卷，人民出版社2009年版，第531页。
⑤ 同上书，第532页。
⑥ 同上书，第533页。

说:"在我们已经考察了原初的历史的关系的四个因素、四个方面之后,我们才发现:人还具有'意识'。"①

马克思、恩格斯认为,思想、观念、意识的产生最初是直接与人们的物质活动、物质交往、与现实生活的语言交织在一起的。人们的精神交往是人们物质关系的直接产物。人们为了生活就要生产,要生产就要有社会交往,而语言和意识则是交往的工具和手段。所以"意识一开始就是社会的产物,而且只要人们存在着,它就仍然是这种产物"②。

原始意识是人们物质关系的直接产物。随着物质活动的发展,出现了脑力劳动和体力劳动的分工,少数人专门从事脑力劳动。"从这时候起,意识才能摆脱世界而去构造'纯粹的'理论、神学、哲学、道德等等"③,使社会意识获得了相对独立性。唯心主义者把意识的相对独立性绝对化,把意识看成脱离物质生活关系的自身运动,甚至把历史的发展归结为观念的更替,是由精神决定的。实际上,道德、宗教、哲学等等意识形态,都不是意识的"自我规定",而是社会的物质活动和物质关系的产物;在阶级社会中,意识受阶级关系的制约,同一定的阶级的利益相联系。"意识〔dasBewuβtsein〕在任何时候都只能是被意识到了的存在〔dasbewuβteSein〕,而人们的存在就是他们的现实生活过程。"④ 即便是错误的认识和荒诞的观念也是社会生活的反映,只不过是歪曲的反映。"人们和他们的关系就像在照相机中一样是倒立成像的,那么这种现象也是从人们生活的历史过程中产生的,正如物体在视网膜上的倒影是直接从人们生活的生理过程中产生的一样。"⑤

意识以物质活动、物质关系为基础,为它们所决定,因而也必然随着它们的变化发展而变化发展。"而发展着自己的物质生产和物质交往的人们,在改变自己的这个现实的同时也改变着自己的思维和思维的产物。"⑥ 意识的一切形式和产物,都不是可以单靠精神的批判来消灭的,只有实践地推翻这些意识所由产生的社会关系,才能把它们消灭。

---

① 《马克思恩格斯文集》第 1 卷,人民出版社 2009 年版,第 533 页。

② 同上。

③ 同上书,第 534 页。

④ 同上书,第 525 页。

⑤ 同上。

⑥ 同上。

　　总之，"不是意识决定生活，而是生活决定意识"①。这是唯物史观的实质所在。马克思、恩格斯指出："这种历史观就在于：从直接生活的物质生产出发阐述现实的生产过程，把同这种生产方式相联系的、它所产生的交往形式即各个不同阶段上的市民社会理解为整个历史的基础，从市民社会作为国家的活动描述市民社会，同时从市民社会出发阐明意识的所有各种不同的理论产物和形式，如宗教、哲学、道德等等，而且追溯它们产生的过程。"② 舍弃物质前提，把某种精神或观念当作历史的出发点和归宿，这是唯心史观的共同特点。与此相反，唯物史观不是在每个时代中寻找某种范畴，而是始终站在现实历史的基础上；不是从观念出发来解释实践，而是从物质实践出发来解释观念的东西。这是历史观上的伟大变革。正如恩格斯指出的："人们的意识取决于人们的存在而不是相反，这个原理看来很简单，但是仔细考察一下也会立即发现，这个原理的最初结论就给一切唯心主义，甚至给最隐蔽的唯心主义当头一棒。关于一切历史的东西的全部传统的和习惯的观点都被这个原理否定了。"③

　　2. 生产力和生产关系的辩证运动

　　马克思、恩格斯"从直接生活的物质生产出发来考察现实的生产过程"，首先揭示了生产力和生产关系的矛盾及其发展规律。

　　生产力和生产关系的矛盾，是人类社会的基本矛盾。生产力和生产关系矛盾规律的揭示是马克思、恩格斯探索科学历史观取得的重大思想成果。《1844 年经济学哲学手稿》把生产劳动看作社会存在和发展的基础，为揭示这一规律提供了前提。《神圣家族》明确提出物质生产是历史的发源地，并得出接近于生产的社会关系的思想。在 1845 年 3 月写出的《评弗里德里希·李斯特的著作〈政治经济学的国民体系〉》中，马克思对生产力和生产关系矛盾运动的探索取得了重要进展。在这里，马克思已开始把生产力和资本主义生产形式区别开来。他认为，在资本主义制度下，生产力是资产阶级违反自己的意志而无意识地创造的，正像资产者的工业创造出无产阶级，创造出由无产阶级所体现的新的社会制度的力量一样。随着无产阶级和这种新生产力的同时发展，必将炸毁已经成为"社会桎梏"

---

① 《马克思恩格斯文集》第 1 卷，人民出版社 2009 年版，第 525 页。

② 同上书，第 544 页。

③ 《马克思恩格斯文集》第 2 卷，人民出版社 2009 年版，第 598 页。

的资本主义生产的"外壳"，砸碎无产阶级身上的"锁链"①。

在《德意志意识形态》中，马克思和恩格斯第一次科学地表述了生产力和生产关系矛盾运动的原理。他们指出，人类的物质资料生产"表现为双重关系"：一方面，生产是改造自然的活动，表现为人与自然的关系，表现为一定的生产力；另一方面，人们不能单独地、孤立地进行生产，必须联合起来，在生产中结合成一定的交往关系，也即生产关系。就是说，生产力和生产关系是构成生产方式的两个方面，人们只要进行生产，就离不开人与自然的关系和人与人的社会关系。只有从这两个方面来考察，才能从整体上把握社会生产，也才能认识社会历史发展的客观规律。

马克思、恩格斯还指出，生产力和生产关系之间的关系是辩证的。一方面，生产力决定生产关系。历史上的不同所有制形式都是由生产力发展不同水平决定的。"私有财产是生产力发展一定阶段上必然的交往形式，这种交往形式在私有制成为新出现的生产力的桎梏以前是不会消灭的，并且是直接的物质生活的生产必不可少的条件。"② 另一方面，生产关系对生产力具有反作用。当生产关系适合生产力发展时，它是促进生产力发展的强大力量；当生产关系不适合生产力发展时，它阻碍生产力的发展，甚至破坏生产力。在后一种情况下，就会发生变革原有生产关系的社会革命，借以建立新的适应生产力发展的生产关系。

由于各个时代的生产关系（交往形式）适应着生产力发展的要求而建立起来，又因成为生产力的进一步发展的桎梏而被变革，因而它们在整个历史发展过程中构成了一个有联系的交往形式的序列。"各种交往形式的联系就在于：已成为桎梏的旧交往形式被适应于比较发达的生产力，因而也适应于进步的个人自主活动方式的新交往形式所代替；新的交往形式又会成为桎梏，然后又为另一种交往形式所代替。"③ 这里所揭示的正是生产关系一定要适应生产力发展水平的规律，或生产力和生产关系矛盾运动的规律。这个规律贯穿于整个人类的历史，并且是其他历史规律的基础，因而也是人类历史最深刻、最一般的规律。

---

① 参见《马克思恩格斯全集》第 42 卷，人民出版社 1979 年版，第 258—259 页。
② 《马克思恩格斯全集》第 3 卷，人民出版社 1960 年版，第 410 页。
③ 《马克思恩格斯文集》第 1 卷，人民出版社 2009 年版，第 575 页。

　　在《德意志意识形态》中，生产关系和"交往关系""交往形式"是交替使用的。这表明唯物史观的创始人在术语的使用上尚未达到规范化、精确化的程度，但应肯定，作为生产关系范畴的实质内容已经基本确立。马克思、恩格斯说："分工的每一个阶段还根据个人与劳动的材料、工具和产品的关系决定他们相互之间的关系。"① 这里虽然没有出现"生产关系"的术语，但实际上却已比较完整地表述了"生产关系"的内涵，即生产过程中个人与劳动材料、工具的关系，个人与产品的关系及其决定的人与人之间的关系。在不久以后出版的《哲学的贫困》中，马克思就明确用"生产关系"来概括这些内容了。

　　3. 经济基础和上层建筑及其辩证运动

　　马克思、恩格斯在论述生产力和生产关系矛盾运动的基础上，进而论述了经济基础和上层建筑及其辩证关系。这是他们长期理论探索的又一项重大成果。马克思在《黑格尔法哲学批判》中，提出了市民社会决定国家的思想；在《1844 年经济学哲学手稿》中，对市民社会进行了初步的政治经济学的解剖，提出国家和法以及宗教、道德、科学、艺术等等都不过是生产的一些特殊的表现方式，并且受生产的普遍规律的支配的论断；在《神圣家族》中，马克思、恩格斯不仅已经看到以"实物"为基础的"人对人的社会关系"，从而接近于生产的社会关系这个核心思想，而且看到了经济关系及其制度是政治国家的基础，指出"正如古代国家的自然基础是奴隶制一样，现代国家的自然基础是市民社会以及市民社会中的人。"② 在《德意志意识形态》中，马克思、恩格斯批判了青年黑格尔派完全无视社会的现实基础，"只看到元首和国家的丰功伟绩"的唯心史观，在以往研究成果的基础上，第一次对经济基础和上层建筑及其辩证关系作了科学的表述。

　　在这里，马克思、恩格斯沿用的"市民社会"这个术语，实际上是后来使用的经济基础即"经济结构""生产关系的总和"的同义语。他们说："在过去一切历史阶段上受生产力制约同时又制约生产力的交往形式，就是市民社会"③，它"包括各个人在生产力发展的一定阶段上的一

---

①　《马克思恩格斯全集》第 3 卷，人民出版社 1960 年版，第 25 页。
②　《马克思恩格斯文集》第 1 卷，人民出版社 2009 年版，第 312 页。
③　《马克思恩格斯选集》第 1 卷，人民出版社 1995 年版，第 87 页。

切物质交往"，即一切物质活动和物质关系，是"全部历史的真正发源地和舞台"①。他们还特意对这里所讲的市民社会和资产阶级社会作了区分，指出"市民社会""这一名称始终标志着直接从生产和交往中发展起来的社会组织，这种社会组织在一切时代都构成国家的基础以及任何其他的观念的上层建筑的基础"②。这就已清楚地说明，这里所讲的市民社会就是经济基础，或经济结构、生产关系的总和，政治国家和"观念"即意识形态则是建立在经济基础之上的上层建筑。

关于经济基础和上层建筑的辩证关系，由于当时正处在唯物史观的形成和制定的时期，马克思、恩格斯的重点是批判唯心史观，阐明经济基础对上层建筑的决定作用，但同时也论述了上层建筑与经济基础的相互作用、辩证统一。上层建筑是在一定经济基础上产生，反过来又为一定经济基础服务。资产阶级国家"不外是资产者为了在国内外相互保障各自的财产和利益所必然要采取的一种组织形式"③。

生产力和生产关系、经济基础和上层建筑辩证运动规律的揭示，为社会形态及其发展规律的原理的制定奠定了基础。社会形态是建立在一定生产力发展水平上的经济基础和上层建筑的辩证统一。建立在一定生产力发展水平上的经济基础是社会形态的物质内容和区分不同社会形态的标准；社会形态还包括与经济基础相适应的上层建筑。只有把经济基础和上层建筑联系起来加以考察，才能了解社会形态的全貌，才能理解社会形态更替的客观规律。在马克思、恩格斯看来，生产关系对生产力来说，是生产力借以发展的形式；而生产关系的总和又是构成国家和法以及其他观念上层建筑的经济基础。生产力的发展，必然引起生产关系的变化，从而又引起上层建筑的变更。正是基于这种分析，他们第一次把社会历史划分为依次更替的五种社会形态，即部落所有制、古代所有制、封建所有制、资本主义所有制和共产主义所有制。这表明，马克思、恩格斯已把社会形态的发展看作一种自然历史过程。

4. 阶级、国家和革命

在阶级社会中，生产力和生产关系、经济基础和上层建筑的矛盾运动

---

① 《马克思恩格斯文集》第 1 卷，人民出版社 2009 年版，第 582 页。
② 同上书，第 583 页。
③ 同上书，第 584 页。

以及由此而引起的社会形态的更替，是通过经济斗争、革命和国家政权从一个阶级转到另一个阶级手中来实现的。

马克思、恩格斯在《德意志意识形态》中，深入考察了阶级、国家和革命的关系问题。唯物史观认为，阶级的存在是同生产发展的一定阶段相联系的。在本书中，马克思、恩格斯虽然没有论及原始社会不存在阶级的问题，但已经从生产发展的状况来考察阶级的存在和消灭。他们指出：阶级的存在是由生产力水平不高、生产相对不发展的状况所决定的。"受这种生产力所制约的、不能满足整个社会的生产，使得人们的发展只能具有这样的形式：一些人靠另一些人来满足自己的需要，因而一些人（少数）得到了发展的垄断权；而另一些人（多数）经常地为满足最迫切的需要而进行斗争，因而暂时（即在新的革命的生产力产生以前）失去了任何发展的可能性"①，也就是说，在生产力的发展还不能使生产满足社会需要的条件下，在分工范围内，私人关系就必然发展成为阶级关系。阶级对立的状况是随着生产方式的变化而变化的。在古代是自由民和奴隶之间的对立，在中世纪是贵族和农奴之间的对立，在近代是资产阶级和无产阶级之间的对立。马克思、恩格斯还认为，阶级不是永恒存在的。当交往和生产力发展到很高的程度，以至私有制和分工变成它们的桎梏而被消灭时，阶级也将随之消灭。

马克思、恩格斯还从市民社会这个现实基础出发，考察了国家的起源和实质，并首次提出无产阶级专政的思想。他们指出，国家是私人利益和公共利益的矛盾，特别是阶级矛盾的产物。生产力的发展引起分工和私有制的产生，使人们分裂为不同的阶级，"其中一个阶级统治着其他一切阶级"②。各个阶级都有不同的特殊利益，占统治地位的阶级为了达到自己的目的，总是把自己的根本利益说成公共的利益，赋予它以普遍性的形式。这就产生了个别利益和公共利益、特殊利益和普遍利益的对立和斗争。于是"公共利益"就通过国家来干涉和约束私人利益。国家就是统治阶级用来调节社会关系、实现自己的根本利益的组织形式。马克思、恩格斯说："正是由于私人利益和公共利益之间的这种矛盾，公共利益才以国家的姿态而采取一种和实际利益（不论是单个的还是共同的）脱离的

① 《马克思恩格斯全集》第3卷，人民出版社1960年版，第507页。
② 《马克思恩格斯文集》第1卷，人民出版社2009年版，第536页。

独立形式，也就是说采取一种虚幻的共同体的形式。"① 总之，国家本质上都是统治阶级的国家，是为统治阶级的根本利益服务的。"国家内部的一切斗争——民主政体、贵族政体和君主政体相互之间的斗争，争取选举权的斗争等等，不过是一些虚幻的形式——普遍的东西一般说来是一种虚幻的共同体的形式——，在这些形式下进行着各个不同阶级间的真正的斗争。"② 马克思、恩格斯还根据对国家的本质和社会作用的分析，第一次提出无产阶级专政的思想："每一个力图取得统治的阶级，即使它的统治要求消灭整个旧的社会形式和一切统治，就像无产阶级那样，都必须首先夺取政权。"③

马克思、恩格斯还指出，任何革命的发生都不是偶然的，而是生产力和生产关系矛盾的必然结果。"生产力和交往形式之间的这种矛盾——正如我们所见到的，它在迄今为止的历史中曾多次发生过，然而并没有威胁交往形式的基础——，每一次都不免要爆发为革命，同时也采取各种附带形式，如冲突的总和，不同阶级之间的冲突，意识的矛盾，思想斗争，政治斗争，等等。"④ 这就是说，在革命过程中，表现出来的斗争形式是多种多样的，但是作为革命的最深刻的根源是生产力和生产关系的矛盾，决不能从中抽出某一种"附带的形式"，把它当作这些革命的基础。早在《德法年鉴》时期，马克思就已把"政治解放"和"人类解放"区别开来。在《德意志意识形态》中，更全面地阐发了这一思想，深刻地论述了无产阶级领导的共产主义革命的特点。他们指出，过去的一切革命"不过是在另一些人中间重新分配劳动，而共产主义革命则针对活动迄今具有的性质，消灭劳动，并消灭任何阶级的统治以及这些阶级本身"⑤。这种革命的实现不是凭主观想象，而必须"具有实行全面变革的物质因素"。如果一方面没有一定的生产力，另一方面还没有形成反抗整个旧社会制度的革命群众，"那么，正如共产主义的历史所证明的，尽管这种变革的观念已经表述过千百次，但这对于实际发展没有任何意义"⑥。

---

① 《马克思恩格斯全集》第 3 卷，人民出版社 1960 年版，第 37 页。
② 《马克思恩格斯文集》第 1 卷，人民出版社 2009 年版，第 536 页。
③ 同上。
④ 同上书，第 567 页。
⑤ 同上书，第 543 页。
⑥ 同上书，第 545 页。

　　唯物史观的发现，为共产主义提供了科学的理论基础，使它和一切空想的社会主义、共产主义学说划清了界限。马克思、恩格斯指出，"共产主义对我们来说不是应当确立的状况，不是现实应当与之相适应的理想。我们所称为共产主义的是那种消灭现存状况的现实的运动。这个运动的条件是由现有的前提产生的"①。共产主义不是抽象的道德理想，而是建立在对现实科学认识之上的革命理论。

（四）马克思主义哲学的问世

　　马克思主义哲学虽然在《关于费尔巴哈的提纲》和《德意志意识形态》中已经形成，但由于这两篇论著当时都未能正式出版，所以马克思、恩格斯把不久以后发表的《哲学的贫困》和《共产党宣言》作为他们的新世界观的初次科学表述和问世的标志。马克思说："我们见解中有决定意义的论点，在我的 1847 年出版的为反对蒲鲁东而写的著作《哲学的贫困》中第一次作了科学的、虽然只是论战性的概述。"② 恩格斯也曾说过："我们的这一世界观，首先在马克思的《哲学的贫困》和《共产主义宣言》中问世。"③

　　1. 批判蒲鲁东主义，阐发唯物辩证法和唯物史观

　　比埃尔·约瑟夫·蒲鲁东（1809—1869 年）是法国小资产阶级社会主义的主要代表和无政府主义的创始人之一。1840 年，他在《什么是财产?》一书中，提出"财产就是盗窃"的著名论断，曾产生过"轰动效应"。在《神圣家族》中，马克思曾肯定该书对资本主义剥削制度的揭露，同时也指出它的小资产阶级立场。马克思在巴黎期间，曾与蒲鲁东有过交往，并对他做过争取工作。1846 年春，马克思、恩格斯在布鲁塞尔组建共产主义通讯委员会时，曾写信邀请蒲鲁东参加，并希望通过他建立与法国工人运动的联系。蒲鲁东在同年 5 月的回信中虽然表示接受马克思的邀请，但却明确反对马克思的革命主张。他认为，为了争取胜利，根本用不着采取革命行动作为社会改革的手段，只要通过经济的组合，把原来由于另一种经济的组合而溢出社会的那些财富归还给社会，就可以达到人

---

① 《马克思恩格斯文集》第 1 卷，人民出版社 2009 年版，第 539 页。
② 《马克思恩格斯文集》第 2 卷，人民出版社 2009 年版，第 593 页。
③ 《马克思恩格斯文集》第 9 卷，人民出版社 2009 年版，第 11 页。

人自由、平等的状态。他声称，"用文火把私产烧掉"总比诉诸暴力好，"为了胜利，不应该损伤哪怕是一个公民头上的一根头发"。在他 1846 年底出版的《经济矛盾体系，或贫困的哲学》一书中，他的错误主张更进一步发展了。他公开反对科学社会主义，主张用"个人领有"为基础的"互助制"来"改善"资本主义社会，不需要任何国家政权，也不需要进行任何阶级斗争。为了论证自己的观点，他还从资产阶级政治经济学家那里搬来经济范畴，从黑格尔那里搬来唯心主义的方法，使它更具"理论"色彩。蒲鲁东的这种改善资本主义的方案，正如马克思所说的"完全是小市民的幻想"①，根本不可能实现，但在当时却被一些人奉为真理加以宣扬，并在工人中产生了恶劣的影响。为了消除它的流毒，为科学社会主义的传播扫除障碍，马克思于 1847 年 1 月写了《致巴·瓦·安年科夫》的信，对蒲鲁东的错误观点作了扼要的批判，接着又于同年 6 月底，写了《哲学的贫困：答蒲鲁东先生的〈贫困的哲学〉》一书，着重批判了蒲鲁东在政治经济学研究中的唯心主义和形而上学方法，进一步阐发了唯物辩证法和唯物史观的基本原理。

蒲鲁东从黑格尔唯心主义的观点出发，把经济范畴看作纯粹理性活动的产物。在他看来，经济范畴不是经济关系的反映，相反的，经济关系倒是经济范畴的表现和化身。他不是到现实的经济关系发展中去寻找理论、范畴的依据，而是到"无人身的理性"的运动中去寻找。他按照自己的主观臆想排列了一个经济范畴发展的顺序，并根据这个顺序把经济的进化分为 10 个阶段，这就是：分工、机器、竞争、垄断、国家（警察）或税收、贸易平衡、信贷、私有、共产主义、人口。在他看来，经济的进化也就是范畴的依次演进，即所谓"适应观念顺序的历史"。这样，他就把一切存在物归结为逻辑范畴，把经济关系的发展归结为思想的自我运动。

马克思在批判蒲鲁东的这种唯心主义观点时，首先指出："一切存在物，一切生活在地上和水中的东西，只是由于某种运动才得以存在、生活。例如，历史的运动创造了社会关系，工业的运动给我们提供了工业产品，等等。"② 在马克思看来，一切事物的矛盾运动是其本身所固有的、客观的，概念的辩证法是客观事物辩证法的反映，"经济范畴只不过是生

①《马克思恩格斯文集》第 3 卷，人民出版社 2009 年版，第 22 页。
②《马克思恩格斯文集》第 1 卷，人民出版社 2009 年版，第 600 页。

产的社会关系的理论表现，即其抽象"①。客观事物、社会关系是运动变化的，这就决定了反映客观事物、社会关系的概念、范畴也不是永恒不变的。而在蒲鲁东那里，两者的关系完全被颠倒了。

蒲鲁东在其"经济矛盾体系"中，到处谈论"矛盾"和"辩证运动"，但他把"矛盾""辩证运动"仅仅归结为机械的，把对象划分为"好""坏"两个方面和消除坏方面、保存好方面。正如马克思所说的，蒲鲁东从黑格尔辩证法那里只学到了术语，而把其中的合理思想丢掉了。在蒲鲁东看来，任何经济范畴也都有好、坏两个方面，好的方面和坏的方面、益处和害处加在一起就构成经济范畴所固有的矛盾；解决矛盾就是保存其好的方面，消除其坏的方面。例如，资本主义的矛盾就是"好"和"坏"、"富足"和"贫穷"的矛盾，解决这一矛盾的方法就是保存它的"好"的、"富足"的一面，消除它的"坏"的、"贫困"的一面。马克思指出，这实际上是"希望有资产阶级的生活条件而没有这些条件的必然后果"②。他不懂得，在资本主义条件下，所谓"好"和"坏"、"富足"和"贫穷"是对立统一的关系。财富是由贫穷创造的，富足是由不足产生的；反过来说，资本主义形态下的富足必然产生贫困，两者是不可分割地联系在一起的。企图在资本主义制度下消除"坏"的一面、消除"贫穷"是根本不可能的。而且，这也表明蒲鲁东完全不懂得矛盾双方的相互作用，企图采取消除坏的方面来解决矛盾也是违背辩证法的。马克思指出，"两个相互矛盾方面的共存、斗争以及融合成一个新范畴，就是辩证运动。谁要给自己提出消除坏的方面的问题，就是立即切断了辩证运动"③。

马克思在批判蒲鲁东的唯心史观时，运用唯物辩证法研究社会历史过程，对唯物史观的基本原理作了科学的表述。

蒲鲁东从思辨唯心主义出发，宣称历史是"普遍理性""永恒理性"的自我表现，理性支配历史发展，人不过是"普遍理性""永恒理性"的工具。而他所谓的"普遍理性"，也就是经济范畴、观念和原理。在蒲鲁东看来，这些范畴、观念和原理从来就是存在于永恒理性之中的，现实的

① 《马克思恩格斯文集》第 1 卷，人民出版社 2009 年版，第 602 页。
② 《马克思恩格斯文集》第 10 卷，人民出版社 2009 年版，第 50 页。
③ 《马克思恩格斯文集》第 1 卷，人民出版社 2009 年版，第 605 页。

历史不过是这些原理、范畴等的体现；而这些范畴、观念、原理又是由"社会天才"发现的。可见，在他那里，"历史是由学者，即由有本事从上帝那里窃取隐秘思想的人们创造的。平凡的人只需应用他们所泄露的天机"。"现代各种问题不是解决于社会行动，而是解决于他头脑中的辩证的旋转运动。"① 这样，他就把历史当成了观念的历史，当成"社会天才"创造的历史。

马克思在批判蒲鲁东的这些观点时，进一步论证了生产力在社会历史发展中的决定作用。他指出，社会的生产力固然是人们实践活动的结果，但它不是人们可以任意选择的。生产力是一种既得的力量，是以往活动的结果。每一代人都利用前代人所创造的生产力为新的生产服务，并创造新的生产力，这就形成了人们的历史联系，形成人类历史。马克思在论述生产力的内容时还深刻指出，"在一切生产工具中，最强大的一种生产力是革命阶级本身"② 。这就是说，生产力不仅是指人们通常所说的生产工具，而且包括革命阶级本身，从而充分肯定了作为历史主体的革命阶级在创造历史中的伟大作用，有力地驳斥了"社会天才"创造历史的英雄史观。

马克思还深入分析了社会机体诸因素之间的辩证统一和运动。在《哲学的贫困》中，他首次对生产关系这个范畴作了规范化的使用，他指出"每一个社会中的生产关系都形成一个统一的整体"③ 。这种统一的整体是在一定生产力基础上形成，又随着生产力的发展而变化的。"随着新生产力的获得，人们改变自己的生产方式，随着生产方式即谋生的方式的改变，人们也就会改变自己的一切社会关系。手推磨产生的是封建主的社会，蒸汽磨产生的是工业资本家的社会"④ ；而生产方式、社会关系的改变，又必然引起观念、原理、范畴的改变。"人们按照自己的物质生产率建立相应的社会关系，正是这些人又按照自己的社会关系创造了相应的原理、观念和范畴。"⑤ 因此，原理、观念和范畴也同它们所表现的关系一样，不是永恒的，而是历史的暂时的产物。例如，与 11 世纪相适应的是权威原理，与 18 世纪相适应的是个人主义原理。蒲鲁东把经济范畴看成

① 《马克思恩格斯文集》第 10 卷，人民出版社 2009 年版，第 51 页。
② 《马克思恩格斯文集》第 1 卷，人民出版社 2009 年版，第 655 页。
③ 同上书，第 603 页。
④ 同上书，第 602 页。
⑤ 同上书，第 603 页。

"永恒理性"的化身，不仅是唯心主义的，也是形而上学的。

针对蒲鲁东否定一切政治斗争和革命行动的观点，马克思还阐明了阶级斗争和政治革命对历史发展的推动作用。在马克思看来，生产力和生产关系的矛盾是社会历史发展的根本动力。在阶级社会中，这一矛盾直接表现为阶级的对抗和斗争。① 因此在文明社会的历史中，生产力和阶级对抗是同时发展的。在这个过程中，一个代表着社会上的"坏"的、否定方面的阶级不断成长壮大，直到它求得解放的物质条件最后成熟。被压迫阶级的存在是每一个以阶级对抗为基础的社会的必要条件，而被压迫阶级的解放则意味着革命的发生和新社会的建立，这是历史的必然。"只有在没有阶级和阶级对抗的情况下，社会进化将不再是政治革命。"②

《哲学的贫困》虽然是一部论战性的著作，但也是对马克思主义世界观中"具有决定意义的论点"的科学表述，是对《德意志意识形态》所阐述的基本原理的丰富和发展。

2. 新世界观在《共产党宣言》中的运用和发展

1847 年 2 月在伦敦出版的《共产党宣言》，是马克思、恩格斯受"共产主义者同盟"的委托而撰写的纲领性文献，是马克思主义世界观与工人运动相结合的产物。它是国际共产主义运动的政治纲领，也是马克思主义哲学的运用和发展。列宁曾指出："这部著作以天才的透彻而鲜明的语言描述了新的世界观，即把社会生活领域也包括在内的彻底的唯物主义、作为最全面最深刻的发展学说的辩证法，以及关于阶级斗争和共产主义新社会创造者无产阶级肩负的世界历史性的革命使命的理论。"③ 列宁的这一概括，深刻地揭示了《宣言》的哲学意义。

第一，《宣言》贯穿着彻底的唯物主义。

恩格斯曾多次强调指出：《宣言》始终贯彻的基本思想是，每一个历史时代主要的经济生产方式和交往方式以及必然由此产生的社会结构，是该时代政治的和精神的历史赖以确立的基础。这表明，《宣言》是从生产力决定生产关系、经济基础决定上层建筑的历史唯物主义思想去说明人类社会的历史发展的。

---

① 参见《马克思恩格斯全集》第 4 卷，人民出版社 1958 年版，第 104 页。
② 《马克思恩格斯文集》第 1 卷，人民出版社 2009 年版，第 655 页。
③ 《列宁选集》第 2 卷，人民出版社 1995 年版，第 416 页。

《宣言》首先指出，自从原始社会解体以来的全部历史都是阶级斗争的历史，即剥削阶级与被剥削阶级、统治阶级与被统治阶级之间斗争的历史。与马克思主义产生以前的阶级斗争理论不同，《宣言》把阶级和阶级斗争的根源归结于生产方式，即生产力和生产关系的矛盾。在古罗马，有贵族、骑士、平民、奴隶以及他们之间的对立和斗争，这是由奴隶制的生产方式决定的；在中世纪，有封建主、陪臣、行会师傅、帮工、农奴以及他们之间的对立和斗争，这是由封建的生产方式决定的。从封建社会崩溃过程中产生的资产阶级社会，并没有消除阶级对立。资本主义生产方式既产生了资产阶级，也产生了它的对立面，即无产阶级。因此，资本主义社会只不过是用新的阶级、新的压迫条件、新的斗争方式代替旧的罢了。现代资产阶级是生产方式和交换方式一系列变革的产物。机器大生产的发展和对殖民地的掠夺，使资产阶级积累了巨大的财富，它不断增加资本，终于最后摧毁了封建的生产方式，并使原来的中间等级的下层，即小工业主、小商人和小食利者、手工业者和农民破产，使他们中的大部分下降到无产阶级的地位。这样，整个社会就日益分裂为相互直接对立的两大阶级：资产阶级和无产阶级。资本主义生产方式的发展，使资本主义社会的阶级结构和阶级对立简单化、明朗化了。

《宣言》还分析了资产阶级时代的生产方式和交换方式是如何决定这个时代的政治的、精神的历史发展的。现代资产阶级本身是一个长期发展过程的产物。资本主义生产方式和交换方式发展的每一个阶段，都有资产阶级的政治上的成就相伴随。在封建领主的统治下，资产阶级是被压迫的等级；伴随着工场手工业对封建的行会工业经营方式的取代，它就日益成为与封建贵族相抗衡的力量；随着机器大工业的发展和世界市场的建立，它就在现代的代议制国家里夺得了独占的政治统治。"现代的国家政权不过是管理整个资产阶级的共同事务的委员会罢了。"① 这就具体深入地揭示了在经济上占统治地位的阶级在政治上也必然成为占统治地位的力量，并指明了资本主义国家政权的阶级实质。

《宣言》在揭示经济生产对政治上层建筑发展的推动作用时指出：随着大工业的发展，资产阶级日甚一日地消灭了生产资料、财产和人口的分

---

① 《马克思恩格斯文集》第 2 卷，人民出版社 2009 年版，第 33 页。

散状态。"由此必然产生的后果就是政治的集中"①，原先各自独立的、几乎只有同盟关系的，各有不同利益、不同法律、不同政府、不同关税的地区，现在已经结合为一个拥有统一的政府、统一的法律、统一的民族利益和统一的关税的国家了。这说明了经济的集中是政治集中的基础，政治的发展归根到底是由经济的发展决定的。

《宣言》还驳斥了资产阶级的超阶级观点和永恒真理的说教，具体地考察了宗教、道德、哲学、教育、法等意识形态的阶级实质和发展变化的规律。指出：在社会历史发展过程中，旧思想的瓦解和新思想的产生是经常发生的。当一个社会出现了使整个社会革命化的思想时，就表明在旧社会内部已经形成了新的革命因素，旧思想的瓦解是旧生活条件瓦解的必然结果。当古代世界走向灭亡时，古代的各种宗教就被基督教所战胜；当18世纪启蒙思想击败基督教时，革命的资产阶级正在同封建势力进行殊死的斗争。信仰自由和宗教自由的思想，不过表明自由竞争在意识的领域里占统治地位罢了。意识形态发展的历史表明，人们的观念、观点和概念，归根到底是人们的社会生产关系特别是所有制关系的产物，它是随着人们的生活条件、人们的社会关系的改变而改变的。意识形态的变化和发展，是根据物质生活条件的改变而发生的合乎规律的过程。在私有制社会里，阶级对立不管具有什么形式，社会上一部分人剥削另一部分人却是共有的事实，因而在不同时期，尽管社会意识形形色色，千差万别，但总会有某种共同的表现形式。而共产主义革命就是要同传统的所有制关系实行最彻底的决裂，所以毫不奇怪，它在自己的发展进程中要同传统的观念实行最彻底的决裂。②

第二，《宣言》闪耀着历史辩证法的光辉。

19世纪的英、法空想社会主义者虽然尖锐地抨击了资本主义制度所造成的恶果，但他们既不能说明资本主义制度的发生和发展，也不能揭示它必然走向灭亡的原因，更找不到实现社会主义的正确道路和社会力量。与空想社会主义不同，《宣言》运用唯物辩证法深刻地揭示了资本主义制度从产生、发展到灭亡的历史必然性。社会历史发展的根源在于生产力和生产关系、经济基础和上层建筑的矛盾运动，现代资产阶级和资本主义制

---

① 《马克思恩格斯全集》第4卷，人民出版社1958年版，第470页。
② 参见《马克思恩格斯选集》第1卷，人民出版社1995年版，第293页。

度也不是凭空出现和永恒不变的。《宣言》指出，资产阶级赖以形成的生产和交换方式，是在封建社会里造成的。在这些生产和交换发展的一定阶段上，封建所有制关系就变成了束缚生产力发展的桎梏。于是打破封建所有制关系，建立起适合生产力发展的新的经济制度和政治制度就成为历史的必然。现代资产阶级和资本主义制度正是在这种历史条件下形成和发展起来的。

最初的资产阶级是从中世纪农奴中分化出来的初期城市的市民中产生的，随着生产力的发展和商品市场的扩大，从封建行会工业发展为工场手工业，进而又发展为机器大工业。资产阶级经济实力的日益强大，导致了资产阶级的政治革命，封建制度终于被资本主义制度所代替，资产阶级成为经济上、政治上的统治阶级。因此，资本主义制度是经过长期发展的产物，是生产方式和交换方式一系列变革的结果。

资本主义生产关系的确立和资产阶级国家政权的建立，反过来又有力地促进了资本主义经济基础的巩固和生产力的迅速发展。资产阶级在历史上曾经起过非常革命的作用。在它不到 100 年的阶级统治中所创造的生产力，比过去一切时代所创造的全部生产力还要多，还要大。但是，历史辩证法也同样适用于资本主义自身的发展。《宣言》指出："现在，我们眼前又进行着类似的运动。"① 资产阶级的所有制关系，这个仿佛用法术创造了庞大的生产力的现代资产阶级社会，却不能再支配这种生产力，其最明显的表现，就是周期性经济危机对生产力的巨大破坏。资本主义的生产关系太狭窄了，再也容纳不了它本身所造成的生产力了。于是，"资产阶级用来推翻封建制度的武器，现在却对准资产阶级自己了"②。资产阶级不仅锻造了置自身于死地的武器，而且它还造就了将要运用这个武器的人，即无产者。资本主义社会的生产力和生产关系、经济基础和上层建筑的矛盾运动，必将导致无产阶级革命，推翻资本主义制度，建立共产主义制度。这个历史辩证法是不依人们的意志为转移的。

第三，《宣言》论证了无产阶级的世界历史使命。

阶级斗争虽然存在于自原始社会解体以来的全部人类历史中，但不同历史时代的阶级斗争又各有其特点。在奴隶社会和封建社会，奴隶和奴隶

---

① 《马克思恩格斯文集》第 2 卷，人民出版社 2009 年版，第 37 页。

② 同上。

主、农奴和封建领主两大基本阶级之间的对立和斗争，往往被众多的等级阶层之间的斗争所掩盖；而且由于当时的被剥削阶级并不是新生产力的代表者，因而斗争的结局往往是和统治阶级"同归于尽"，结果是一种剥削制度代替另一种剥削制度。

资本主义社会是人类历史上最后一个阶级社会，它以新的资本主义剥削代替旧的剥削方式，阶级关系表现为资产阶级和无产阶级的直接对立。无产阶级反对资产阶级的斗争，也具有不同于以往阶级斗争的新特点。《宣言》指出，过去一切阶级争得统治以后，总是使整个社会服从于它们发财致富的条件，力图巩固自己的经济统治和政治统治，而无产阶级则要求消灭全部现存占有方式，即私有制；无产阶级处于资本主义社会的最下层，如果不炸毁构成官方社会的整个上层，它就不能抬起头来，挺起胸来。过去的一切运动都是少数人的或为少数人谋利益的运动，无产阶级的运动是绝大多数人的、为绝大多数人谋利益的运动。而且现代无产阶级是大工业本身的产物，是新的生产方式的代表者，是历史上最先进、最革命的阶级。因此，只有无产阶级才能完成埋葬资本主义、建设共产主义的伟大历史使命。

无产阶级反对资产阶级的斗争是和它的存在同时开始的。这种斗争经历了从自发到自觉的发展过程。随着大工业的发展，不仅使工人队伍的数量增加，而且组织性、觉悟性和战斗性也不断加强。工人们组成反对资产阶级的同盟，建立自己的政党，有些地方甚至把斗争转变成为武装起义，从而使斗争的性质日益由经济斗争转向政治斗争。通过对资本主义社会矛盾发展的深刻分析，《宣言》宣告："资产阶级的灭亡和无产阶级的胜利是同样不可避免的。"①

《宣言》指出，无产阶级革命的第一步是使无产阶级变为统治阶级，争得民主。然后，无产阶级必须运用自己的政治统治，一步一步地夺取资产阶级的全部资本，把一切生产工具都集中在国家手里，并且尽可能快地增加生产力的总量。无产阶级建立自己的统治并不是为了使这种统治永恒化，而是为了实现无产阶级的最终目的：消灭一切阶级和阶级对立，实现共产主义。随着阶级的消灭，无产阶级的统治本身也将随之消亡。《宣言》指出："代替那存在着阶级和阶级对立的资产阶级旧社会的，将是这

---

① 《马克思恩格斯文集》第2卷，人民出版社2009年版，第43页。

样一个联合体，在那里，每个人的自由发展是一切人的自由发展的条件。"①

《宣言》是国际共产主义运动的第一个伟大纲领。它用新世界观深刻地分析了最重大的历史问题和现实问题，鲜明地体现了马克思主义哲学的理论和实践、革命性和科学性、认识世界和改造世界的高度统一。《宣言》是马克思主义哲学直接地同工人运动相结合的产物。它的问世，表明马克思主义哲学已经成为工人阶级解放斗争的指南。

马克思主义哲学的产生，是哲学上的伟大革命。这一革命的实现，有其深刻的经济根源、政治根源、自然科学基础和理论来源，是它的创始人参加革命实践和进行艰巨理论研究的结果。

马克思主义哲学的创立是一个过程。在这一过程中，马克思、恩格斯经历了从革命民主主义到共产主义、从唯心主义到唯物主义的转变，经历了从不成熟到逐步成熟的新世界观理论体系的探索。他们站在时代发展的最前列，科学地总结了无产阶级解放斗争的实践经验，批判地汲取了前人的优秀思想成果，深入地揭示了社会历史发展的客观规律，终于创立了马克思主义哲学，特别是唯物史观。

马克思主义是哲学、政治经济学和科学社会主义三个组成部分的有机统一。马克思主义哲学的形成过程，也是同马克思、恩格斯对政治经济学和科学社会主义的研究紧密联系的。如果说，哲学研究的成果为政治经济学、科学社会主义的研究提供了世界观、方法论的指导的话，那么，政治经济学和科学社会主义理论探索的成果则推动了马克思、恩格斯哲学思想的不断深化和马克思主义哲学的形成。

马克思主义哲学的创立，是人类历史上具有划时代意义的伟大事件。它为无产阶级和革命人民提供了认识世界和改造世界的强大理论武器，同时也开始了它在社会实践中运用、验证和发展的新历程。

① 《马克思恩格斯文集》第10卷，人民出版社2009年版，第666页。

第二章

唯物史观在1848年欧洲革命和巴黎公社时期的运用、验证和发展

一 1848—1871年马克思主义哲学发展的基本特点

作为一种科学理论，马克思主义哲学是在实践的基础上产生，又在实践中经受检验和丰富发展的。1848—1871年，就马克思主义哲学发展的主要特点来说，是它的运用、验证和发展时期。

在此期间，西欧、北美的资本主义经济得到迅速发展，社会生产力有了很大提高。继英国之后，美国和法国基本上完成了工业革命，德国的机器大工业也有了重大发展。资本主义世界市场日益扩大，资产阶级的国际联系有了进一步的加强。与此同时，资本主义所固有的矛盾也更加充分地暴露出来，继1847年由英国开始并波及欧洲的经济危机之后，1857年又爆发了资本主义世界的经济危机。

随着资本主义经济的发展，无产阶级队伍也迅速成长、壮大起来。机器大工业的发展，不仅使产业工人的数量增多，而且使无产阶级的组织性、觉悟性和战斗性大大增强。1864年第一国际的成立，1869年第一个民族国家内的无产阶级政党——德国社会民主党的诞生，特别是1871年的巴黎公社革命，表明了国际工人运动的长足进步。

资本主义经济的繁荣，使资产阶级的实力进一步增强。而资产阶级的大发横财，是建立在剥削国内劳动人民和对外侵略掠夺基础上的。其结果是导致阶级矛盾、民族矛盾以及资本主义国家之间矛盾的激化。1848年

革命烽火燃遍欧洲，革命失败以后曾一度处于革命低潮时期，但是 1857
年的经济危机又使人民革命运动重新走向高涨，到 60 年代，有了更进一
步的发展。其中主要有意大利和德国争取民族统一的运动；美国人民反对
南方奴隶主的南北战争（1861—1865 年）；波兰人民争取民族独立的起义
（1863 年）；在亚洲，爆发了中国农民反对封建统治和殖民主义侵略的太
平天国革命（1851—1864 年）；印度人民反对英国殖民主义者的人民起义
（1857—1859 年）等。与此同时，资本主义国家之间也接连发生战争，如
1853—1865 年的克里米亚战争，1863 年的普奥战争，1870—1871 年的普
法战争等等。

在这一时期中，马克思、恩格斯以他们所创立的新世界观为指导的战
略策略，组织和指导无产阶级的革命运动，在理论上进行了艰巨的、创造
性的研究工作，并在革命实践和理论研究中，验证和发展了自己的学说。

在 1848 年欧洲革命和 1871 年巴黎公社运动时期，他们主要是在革
命实践和总结经验中运用、验证和发展了自己的哲学思想，特别是唯物
史观。在这两次革命高潮期间，马克思集中主要精力从事政治经济学的
研究，全面、深入地解剖了资本主义社会形态，写出了人类思想史上具
有划时代意义的光辉巨著《资本论》及其一系列准备著作，用资产阶
级社会的全部丰富材料，验证了唯物史观，使之由“假设”变成经过
科学检验和证明的理论，并丰富和发展了它的内容；在运用和发展唯物
辩证法方面也取得了丰硕的成果，创造了唯物辩证法、认识论、逻辑学
“三者同一”的“《资本论》的逻辑”。与此同时，恩格斯则运用辩证唯
物主义和历史唯物主义观点，结合历史上闪耀着辩证法光辉的军事论文
和著作，并以其渊博的知识、精辟的分析和科学的预见，博得了人们的
重视。

总之，1848 年到 1871 年，是马克思主义哲学创立以后，在革命实践
和科学研究中得到创造性的运用、深刻的验证和重大发展的时期。这既适
应了无产阶级解放斗争的需要，也合乎理论自身发展的要求。

在这一章里，我们首先考察马克思主义哲学在革命实践中的运用、验
证和发展。

二　唯物史观在 1848 年欧洲革命时期的运用、验证和发展

1848 年 2 月，《共产党宣言》刚刚问世，一场席卷欧洲大陆的革命风暴就发生了。首先是法国的二月革命，推翻了"七月王朝"；紧接着是德国的三月革命，给反动统治阶级以沉重的打击。在法、德两国革命的鼓舞和推动下，匈牙利、波兰、捷克等国也纷纷爆发革命起义，反对异族压迫，争取民族独立。马克思说："这一年中，旧欧洲的每个角落都掀起了革命。"①

由于当时欧洲各国的经济、政治状况发展不平衡，革命所争取的目标也不很一致，总的说来是属于资产阶级民主革命的范畴。但是，这次革命有一个不同于以往资产阶级革命的显著特点，就是它发生在资本主义经济有了更高发展程度的条件下，无产阶级已经作为一个独立阶级在政治舞台上发挥作用，并开始为实现自己的阶级要求而斗争。同 1789 年法国大革命相比，资产阶级的态度也有很大的变化。它既同封建势力作斗争，又很害怕站在身后的无产阶级。当无产阶级想要实现其阶级要求时，它就背叛革命，调转枪口镇压无产阶级。因此，这次革命虽然属于资产阶级民主革命的性质，但同时也开始了无产阶级同资产阶级的直接交锋。法国工人的六月起义，就是"现代社会的两个阶级之间的第一次大规模的战斗"②。

在这次革命过程中，马克思、恩格斯始终站在革命斗争的前列，并且是革命群众斗争的组织者和鼓舞者。他们以新创立的世界观为指导，制定无产阶级在资产阶级民主革命中的斗争纲领和策略，反对右的和"左"的错误倾向，坚持不懈地为实现革命群众的利益而奋斗。他们于 1848 年 3 月先后到达巴黎，一起被选入共产主义同盟中央委员会，马克思并当选为中央委员会的主席。与此同时，他们也密切注视着德国革命形势的发展，竭力给德国革命以支持和帮助。同年 3 月间，他们一方面组织数百德国工人分散地返回祖国，参加那里刚开始的革命运动；另一方面，又起草了《共产党在德国的要求》，作为共产主义同盟在德国革命中的纲领。4 月初，他们返回德国，直接参加和指导革命运动。6 月在科伦创办了《新

---

① 《马克思恩格斯全集》第 6 卷，人民出版社 1961 年版，第 389 页。
② 《马克思恩格斯文集》第 2 卷，人民出版社 2009 年版，第 101 页。

莱茵报》，在组织和宣传革命中发挥了强有力的作用。马克思、恩格斯还担负起组织工人武装起义的任务，恩格斯还亲自参加了当时的几次起义，直接战斗在武装斗争的第一线。在革命失败以后，马克思和恩格斯迁居英国。在这里，他们及时地总结了革命的经验教训，写出了一系列重要著作。其中主要有：《中央委员会告共产主义者同盟书》（1850 年 3 月）、《1848 年至 1850 年法兰西阶级斗争》（1850 年 1—11 月）、《德国的革命和反革命》（1851 年 8 月—1852 年 9 月）、《路易·波拿巴的雾月十八日》（1851 年 12 月—1852 年 3 月）等。

参加和研究 1848 年欧洲革命，在马克思、恩格斯一生中虽然时间不算很长，但在马克思主义史上却占有十分重要的地位。这一时期，无论在理论上和实践上，都是马克思、恩格斯研究成果最多，做出贡献最大的时期之一。在以后的理论活动和实践活动中，他们也常常从这一时期的成果出发，并常常回过头来重新研究这段历史，在他们运用和发展自己的理论中起到承前启后的关键性的作用。所以列宁说："马克思和恩格斯参加 1848—1849 年的群众革命斗争的时期，是他们一生活动中最令人瞩目的中心点。"① 考察马克思、恩格斯这一时期的哲学思想发展，我们可以发现以下特点。

他们在这一时期的著作，是紧密结合革命实践写成的，而不是系统论述哲学原理的专著。这是很自然的。因为马克思主义哲学不是教条，而是行动的指南。法国二月革命爆发后，马克思、恩格斯被推上政治舞台，紧张的革命实践，使他们不可能进行"纯科学的探讨"。但是唯物史观始终是他们用以指导革命实践和理论研究的锐利武器，历史唯物主义的基本观点"像一根红线"，贯穿于他们这一时期的著作中。②

1848 年的欧洲革命，是对马克思、恩格斯所创立的新世界观的一次最实际的检验，并有力证明了它的科学性和强大的生命力。正如马克思、恩格斯所说的，在 1848—1849 年这两个革命的年头中，"《共产主义宣言》中阐述的同盟关于运动的观点，都已被证明是唯一正确的观点"③。相反地，这次革命实践对马克思主义以前的五花八门的社会主义派别，则

---

① 《列宁选集》第 1 卷，人民出版社 2012 年版，第 748 页。
② 参见《马克思恩格斯选集》第 2 卷，人民出版社 1995 年版，第 39 页。
③ 参见《马克思恩格斯文集》第 2 卷，人民出版社 2009 年版，第 188 页。

是一次致命的打击。因为他们"不懂得历史运动的唯物主义原理，不能分别说明资本主义社会中每个阶级的作用和意义，并且用各种貌似社会主义的关于'人民'、'正义'、'权利'等等的词句来掩盖各种民主变革的资产阶级实质"①。旧哲学的命运也是如此。"1848年的革命毫不客气地把全部哲学都撇在一旁，正如费尔巴哈把他的黑格尔撇在一旁一样。这样一来，费尔巴哈本人也被挤到后台去了。"②　如果说，在实践中检验理论是否具有真理性，是认识发展的一般规律，那么，马克思主义哲学创始人的特点就在于，他们自觉地运用革命事变的进程来验证自己的理论。恩格斯在评论《路易·波拿巴的雾月十八日》一书时指出："正是马克思最先发现了伟大的历史运动规律。根据这个规律，一切历史上的斗争，无论是在政治、宗教、哲学的领域中进行的，还是在任何意识形态领域中进行的，实际上只是或多或少地表现了各社会阶级的斗争，而这些阶级的存在以及它们之间的冲突，又为它们的经济状况的发展程度、它们的生产的性质和方式以及由生产所决定的交换的性质和方式所制约。这个规律对于历史，同能量转化定律对于自然科学具有同样的意义。这个规律在这里也是马克思用以理解法兰西第二共和国历史的钥匙。在这部著作中，他用这段历史检验了他的这个规律；即使已过了33年，我们还是应该承认，这个检验获得了辉煌的成果。"③

欧洲革命时期的社会震荡和丰富的实践经验，使马克思主义哲学不仅得到了实际的运用和验证，而且也为它的丰富和发展提供了条件。马克思、恩格斯正是通过对这次革命经验的哲学总结而推进了自己的学说，特别是为历史唯物主义的思想宝库增添了重要的内容。正如列宁在谈到这一时期马克思的著作时所说的，"马克思的学说在这里也像其他任何时候一样，是用深刻的哲学世界观和丰富的历史知识阐明的经验总结"④。

（一）深刻分析社会革命的根源，验证和丰富了生产力和生产关系、经济基础和上层建筑的原理

在《德意志意识形态》一书中，马克思和恩格斯就已把与一定生产

---

① 《列宁选集》第2卷，人民出版社2012年版，第305页。
② 《马克思恩格斯文集》第4卷，人民出版社2009年版，第276页。
③ 《马克思恩格斯文集》第2卷，人民出版社2009年版，第469页。
④ 《列宁选集》第3卷，人民出版社2012年版，第134页。

力发展水平相适应的生产关系"理解为整个历史的基础",明确指出,"一切历史冲突都根源于生产力和交往形式之间的矛盾"。在《共产党宣言》中,进一步指出,资产阶级革命之所以发生,是由于封建的生产关系已成为生产力发展的严重桎梏;而对资产阶级统治的威胁则来自资本主义的生产关系不能适应它所创造出来的巨大生产力。

在总结 1848 年欧洲革命经验时,他们又依据这次革命实践的经验,验证了上述理论,并具体地分析了社会革命的发生同社会经济发展状况之间的联系,坚持和深化了社会革命根源于生产力和生产关系矛盾激化的思想。

1849 年 4 月到 5 月间,马克思为了阐明"构成现代阶级斗争和民族斗争的物质基础的经济关系",在《新莱茵报》上发表了一组题为《雇佣劳动和资本》的文章。他指出,"因此,各个人借以进行生产的社会关系,即社会生产关系,是随着物质生产资料、生产力的变化和发展而变化和改变的。生产关系总合起来就构成所谓社会关系,构成所谓社会,并且是构成一个处于一定历史发展阶段上的社会,具有独特的特征的社会。古典古代社会、封建社会和资产阶级社会都是这样的生产关系的总和,而其中每一个生产关系的总和同时又标志着人类历史发展中的一个特殊阶段"[1]。这段话,不仅在理论上比以往的有关论述更为严谨和精确,更接近于不久以后在《政治经济学批判序言》中关于历史唯物主义思想的精辟表述,而且,它也是马克思、恩格斯考察 1848 年革命的基本观点和方法。

马克思、恩格斯批判了那种把革命发生归咎于少数人的"煽动",或者几个领袖人物偶然的行动和动机的唯心主义观点。恩格斯指出,在研究革命发生或失败的原因时,"这些原因不应该从一些领袖的偶然的动机、优点、缺点、错误或变节中寻找,而应该从每个经历了动荡的国家的总的社会状况和生活条件中寻找"[2]。换言之,也就是要从生产力和生产关系矛盾的发展、从受这一矛盾制约的经济基础和上层建筑矛盾的发展,以及各阶级状况中去考察、分析,才能给以正确的说明。

马克思、恩格斯认为,1848—1849 年的欧洲革命,尽管交织着不同

---

[1] 《马克思恩格斯文集》第 1 卷,人民出版社 2009 年版,第 724 页。
[2] 《马克思恩格斯文集》第 2 卷,人民出版社 2009 年版,第 352 页。

的阶级矛盾和民族矛盾，在不同的国家有着不同的规模和形式，但从总体上看，是资产阶级社会同与生产力发展水平不相适应的封建势力之间的冲突，其实质是要进一步确定资产阶级的统治，以适应资本主义经济发展的要求。

马克思在分析法国二月革命的原因时指出，1830年革命后建立的七月王朝，代表和依靠的是资产阶级上层，即金融贵族。工业资产阶级是王朝的反对派，小资产阶级和农民则被完全排斥在政权之外。七月王朝成了剥削法国国民财富的股份公司，而金融贵族则利用他们的特权地位，贪婪地搜取"黄金果"，过着腐朽糜烂的生活，以致使国家财政困难日益加剧，负债累累。七月王朝的专制制度，不仅使无产阶级遭受深重的剥削和压迫，使大批小资产阶级破产，而且经常不断地威胁和损害工业资产阶级的利益，严重阻碍了资本主义工业的发展，因而引起被统治阶级的普遍不满。反对派资产阶级发动了改革选举制度的斗争，"以求扩大有产阶级内部享有政治特权者的范围和推翻金融贵族独占的统治"[1]。但遭到七月王朝的拒绝，这就使得工业资产阶级和金融贵族之间的对立更趋尖锐，革命正在酝酿之中。1847年的农业歉收和从英国开始并波及欧洲的经济危机，加速了法国二月革命的爆发。因为"这场由经济瘟疫造成的工商业的毁灭，使金融贵族的专制统治变得更加不堪忍受了"[2]。

马克思深刻地揭露了法国秩序党内两大集团，即正统派和奥尔良派相互倾轧的根源。指出促使这两个集团互相分离的根本原因，并不在于前者依附波旁王室，后者依附奥尔良王室，或者由于它们信仰不同色彩的保守主义，而在于正统王朝是地主世袭权力的政治表现，而奥尔良王朝是大资产阶级（金融贵族、大工业、大商业）篡夺权力的政治表现。"所以，这两个集团彼此分离决不是由于什么所谓的原则，而是由于各自的物质生存条件，由于两种不同的财产形式；它们彼此分离是由于城市和农村之间的旧有的对立，由于资本和地产之间的竞争。"[3] 当然，把它们同某个王朝连接起来的同时，还有旧的回忆、个人的仇怨、忧虑和希望、偏见和幻想、同情和反感、信念、信条和原则等。在这里，马克思阐明了一条重要

---

① 《马克思恩格斯文集》第2卷，人民出版社2009年版，第476页。

② 同上书，第84页。

③ 同上书，第498页。

的原理："在不同的财产形式上，在社会生存条件上，耸立着由各种不同的、表现独特的感情、幻想、思想方式和人生观构成的整个上层建筑。整个阶级在其物质条件和相应的社会关系的基础上创造和构成这一切。"①

马克思、恩格斯从来不把自己的观点看成一成不变的教条，也从不认为自己是不犯错误的神。相反地，当他们在经受实践检验中一旦发现有失误时，就坚决地、公开地加以纠正，并得出相应的正确结论。他们在对1848年欧洲革命形势估计上的变化，就是如此。在1848年革命失败初期，他们和其他一些革命者，由于缺乏完整的材料为依据，也由于期待革命新高潮到来的迫切心情，曾经认为资本主义已经衰老，社会主义革命已经临近，"世界大火就会燃烧起来"。但不久以后，他们通过重新研究政治经济学，首先是研究了欧洲近10年的经济史，发现对形势的这种估计是不正确的。从1848年就已经开始而在1849年有所加强的工商业繁荣，表明"当时欧洲大陆经济发展的状况，还远没有成熟到可以铲除资本主义生产方式的程度"。无产阶级社会主义革命的经济前提尚未具备。而且，正是经济发展中的这种状况，打退了1848年欧洲革命高潮，并使反动派的胜利成为可能。1850年11月，马克思和恩格斯在《新莱茵报·政治经济评论》上发表的《国际述评》中写道："在这种普遍繁荣的情况下，即在资产阶级社会的生产力正以在整个资产阶级关系范围内所能达到的速度蓬勃发展的时候，也就谈不到什么真正的革命。只有在现代生产力和资产阶级生产方式这两个要素相互矛盾的时候，这种革命才有可能。"②1859年马克思在论述唯物史观的基本思想时指出，"无论哪一个社会形态，在它所能容纳的全部生产力发挥出来以前，是决不会灭亡的；而新的更高的生产关系，在它的物质存在条件在旧社会的胎胞里成熟以前，是决不会出现的"③。这显然包含着对上述思想的概括和深化。

（二）阶级斗争理论的新概括

马克思、恩格斯在这一时期的著作中，始终坚持了在《德意志意识形态》和《共产党宣言》中所阐明的阶级斗争观点和阶级分析方法。在

---

① 《马克思恩格斯文集》第2卷，人民出版社2009年版，第498页。
② 同上书，第176页。
③ 《马克思恩格斯选集》第2卷，人民出版社1995年版，第33页。

阶级关系剧烈变动、阶级本性表现得更为显著的革命时期，他们通过对社会各阶级及其政党的实地考察，对阶级斗争的理论作出新的概括。1852年3月，马克思在《致约瑟夫·魏德迈》的信中说："无论是发现现代社会中有阶级存在或发现各阶级间的斗争，都不是我的功劳。在我以前很久，资产阶级历史编纂学家就已经叙述过阶级斗争的历史发展，资产阶级经济学家也已经对各个阶级作过经济上的分析。我所加上的新内容就是证明了下列几点：（1）阶级的存在仅仅同生产发展的一定历史阶段相联系；（2）阶级斗争必然要导致无产阶级专政；（3）这个专政不过是达到消灭一切阶级和进入无阶级社会的过渡。"[①] 这一概括，既实事求是地指出了资产阶级学者早就从历史上和经济上阐述过阶级和阶级斗争的事实，肯定了他们的历史功绩，又完整地阐明了马克思主义的阶级斗争理论及其同以往一切阶级斗争学说的根本区别。

第一，在马克思主义产生以前的资产阶级历史学家、经济学家虽然论述过阶级斗争，但是他们对这个问题的说明还是不科学的。比如，复辟时代的法国历史学家认为，土地贵族和资产阶级之间争夺统治权的斗争，是理解中世纪以来法国历史的钥匙，并把财产关系看作是阶级斗争的原因。这是他们的贡献。但是，在说明财产关系的变化和阶级的产生时，却归结为暴力征服，而征服又是因为在人类所固有的本性中有一种"统治欲"，从而陷入唯心主义。英国资产阶级经济学家曾对阶级作过经济上的初步分析，如亚当·斯密认为，地租、工资和利润三部分收入分别为地主、工人和资本家所获得，由此就形成了"构成文明社会的三大主要和基本的阶级"。大卫·李嘉图在分析工资、利润和地租时，又进一步揭示了这三大阶级利益的对立。但是由于他们把资本主义制度看成是合乎人类本性的、永恒的社会生产形式，因而也就把资本主义社会的阶级关系永恒化。与这些观点不同，在马克思概括的第一条中就明确指出，阶级的存在是同生产发展的一定阶段相联系的，从而既说明阶级的产生和存在都根源于一定的物质生产关系，反对了唯心主义观点，又说明了阶级是一个历史范畴，反对了阶级存在永恒论的形而上学，在阶级的产生和存在的问题上，既坚持了唯物论，又坚持了辩证法。

第二，和资产阶级历史学家不同，马克思主义以前的空想社会主义者

---

① 《马克思恩格斯文集》第 10 卷，人民出版社 2009 年版，第 106 页。

深切同情无产阶级，他们认为 17 世纪和 18 世纪英、法两国的资产阶级革命，不仅是资产阶级和封建贵族之间的斗争，而且是"无财产者"同封建贵族、资产阶级之间的斗争。但是，他们并不懂得无产阶级的历史作用，尤其不懂得只有通过无产阶级革命和无产阶级专政，才能最终实现全人类的解放。而马克思在上述概括中，则深刻地揭示了阶级矛盾的不可调和性和阶级斗争的发展规律，把阶级斗争的发展同无产阶级革命的核心问题——无产阶级专政联系起来，指明了无产阶级专政的历史必然性，从而在阶级斗争问题上划清了马克思主义同一切资产阶级、小资产阶级学说之间的原则界限。

第三，在马克思上述概括的第三条中，还揭示了阶级斗争的前途和社会发展的方向，指明了无产阶级专政的历史任务和作用。阶级的存在具有暂时性和过渡性，但是只有通过无产阶级专政，创造了必要的物质条件和精神条件，才能消灭一切阶级，进入无阶级的社会。

马克思的上述概括，完整地阐明了阶级从产生到消灭的全过程，指出这一过程始终都是由社会经济发展的状况所决定的，从而也揭示了阶级产生、发展和消灭的客观规律性。这一概括的作出，是同 1848 年欧洲革命的实践经验分不开的，同时也是运用辩证唯物主义和历史唯物主义研究阶级和阶级斗争的重大成果。

（三）无产阶级革命和无产阶级专政学说的重大发展

在《共产党宣言》中，马克思、恩格斯已经提出了无产阶级专政的思想。1848 年革命实践不仅证明了这一思想的正确性，而且为无产阶级专政理论的发展提供了新的经验。马克思、恩格斯对无产阶级专政理论的发展，主要表现在以下几方面。

1. 深刻论述不断革命的思想。

不断革命的思想，是马克思、恩格斯总结 1848 年革命经验基础上得出的一个重要思想。1850 年 3 月，他们在《中央委员会告共产主义者同盟书》中，第一次把"不断革命"作为无产阶级的战斗口号提了出来。

马克思、恩格斯关于不断革命的思想，有一个形成过程。早在 1844 年初马克思在《德法年鉴》上发表的文章中，就已指明了"政治解放"和"人类解放"的区别。他指出，"政治解放"是毫不触及"大厦支柱"即私有制的革命，实际上也就是导致资产阶级统治的革命；而"人类解放"则要触及大厦基础本身，即消灭私有制，使人类摆脱一切政治压迫和社会压迫的革命，实质上是指社会主义革命。也正因为如此，实现人类的彻底解放就必须依靠无产阶级。在《共产党宣言》中，马克思、恩格斯认为"德国正处在资产阶级革命的前夜"，而"德国的资产阶级革命只能是无产阶级革命的直接序幕"①。他们还指出，无产阶级能够而且应当参加资产阶级革命，只要资产阶级采取革命行动，共产党就同它一起去摧毁封建势力，以便为无产阶级扫清前进的道路；而在完成民主革命任务之后，立即开始反对资产阶级的斗争。在这里，马克思和恩格斯不仅已经形成了革命分为两个阶段，即资产阶级革命和社会主义革命阶段的概念，而且已经提出了可以由资产阶级革命转变为社会主义革命的思想。

1848 年德国的三月革命爆发后，马克思、恩格斯认为必须坚持不停顿的革命，彻底完成资产阶级民主革命的任务。但在革命取得小小胜利后，资产阶级却因惧怕身后站着的无产阶级而转向同反动的封建势力结成联盟。随之被推向革命前列的是小资产阶级。这个阶级的特点是动摇不定，口头上坚持最极端的立场，而在行动上却十分怯懦。正是根据这种革命实践经验教训，马克思、恩格斯提出"不断革命"的口号及其内容。他们指出，小资产阶级民主派根本不愿变革整个社会，一旦谋得自身狭隘的私利，便要求赶快结束革命。"而我们的利益和我们的任务却是要不断革命，直到把一切大大小小的有产阶级的统治都消灭，直到无产阶级夺得国家政权，直到无产者的联合不仅在一个国家内，而且在世界一切举足轻重的国家内都发展到使这些国家的无产者之间的竞争停止，至少是发展到使那些有决定意义的生产力集中到了无产者手中。对我们说来，问题不在于改变私有制，而只在于消灭私有制，不在于掩盖阶级对立，而在于消灭阶级，不在于改良现存社会，而在于建立新社会。"② 无产阶级的"战斗口号应该是：不断革命"③。

马克思、恩格斯在总结 1848 年革命经验的基础上，论述了实现"不断革命"的条件。在《共产党宣言》中，他们指出：19 世纪德国的资产阶级革命之所以有可能转变为社会主义革命，其必要条件是无产阶级已经

① 《马克思恩格斯文集》第 2 卷，人民出版社 2009 年版，第 66 页。
② 同上书，第 192 页。
③ 同上书，第 199 页。

形成为独立的政治力量登上了历史舞台，而这个条件是 17 世纪英国和 18 世纪法国进行资产阶级革命时所不曾具备的。通过 1848 年革命的实践，他们对这个问题的认识有了进一步的发展。特别是从巴黎工人六月起义的教训中，他们认识到，在革命进程发动农民起来反对资本统治以前，在革命进程迫使农民承认无产阶级是他们的先锋队而靠拢它以前，无产阶级是不可能动摇资产阶级制度的。就是说，没有无产阶级和农民结成的革命联盟，就不可能实现由民主革命到社会主义革命的过渡。

　　从马克思、恩格斯的上述思想表明，"不断革命"作为无产阶级的战斗口号，其基本内容是：第一，无产阶级可以而且应当参加资产阶级民主革命，同资产阶级一道去反对封建势力，但要与资产阶级、小资产阶级划清思想界限，把资产阶级民主革命进行到底；第二，在条件具备的前提下，不失时机地把资产阶级民主革命转变为社会主义革命，建立无产阶级专政，实现对生产资料私有制的社会主义改造。按照斯大林后来的概括，"不断革命"的思想，就是"关于资产阶级民主革命转变为无产阶级革命的思想"①。也就是说，马克思、恩格斯所说的"不断革命"，是指社会制度的根本变革，即用新的社会经济制度和政治制度来代替旧制度。从《告共产主义者同盟书》中所讲的四个"直到"也可以看出，他们所讲的"不断革命"的目标，是建立无产阶级专政和实现对生产资料所有制的社会主义改造。当然，在此以后，无产阶级还要利用它的政治统治，尽可能地发展生产力，并自觉地按照客观规律，通过调整、改革，使生产关系适应生产力的发展，使上层建筑适应经济基础的发展，建设高度的物质文明和精神文明，为进入无阶级的社会准备必要的物质条件和精神条件。但这是无产阶级专政的历史任务，而不是一个阶级推翻一个阶级的革命。社会主义条件下进行的改革也可以说是一场革命，但同作为无产阶级战斗口号的"不断革命"的内容，是有区别的。

　　有的人认为，马克思、恩格斯关于"不断革命"的思想也包括把社会主义社会看作"不断革命"的过程，因为马克思就曾说过："这种社会主义就是宣布不断革命。"② 其实，这是一种误解。因为：

　　第一，马克思的这个论断是在《1848 年至 1850 年的法兰西阶级斗

---

　　① 《斯大林选集》上卷，人民出版社 1979 年版，第 212 页。
　　② 《马克思恩格斯文集》第 2 卷，人民出版社 2009 年版，第 166 页。

争》一书中提出来的。这里所讲的"社会主义"，并不是指社会主义社会，而是指与资产阶级、小资产阶级社会主义相对立的科学社会主义的思想体系。当时，法国正处于秩序党的独裁统治之下，农民、小资产阶级和一般中等阶级都受到迫害。他们憎恨独裁政权，要求改造社会，并用"社会主义"作为反对秩序党统治的旗号。他们从各自的目的出发来解释社会主义，歪曲社会主义的本意。于是出现了各种各样的社会主义。这些社会主义的共同特点是革命的不彻底性，它们"想使全部运动都服从于运动的一个阶段"，即以实现本阶级利益为限。马克思认为，只有同这种空论的社会主义划清界限，无产阶级才能"日益团结在革命的社会主义周围，团结在被资产阶级用布朗基来命名的共产主义周围。这种社会主义就是宣布不断革命，就是无产阶级的阶级专政，这种专政是达到消灭一切阶级差别，达到消灭这些差别所由产生的一切生产关系，达到消灭和这些生产关系相适应的一切社会关系，达到改变由这些社会关系产生出来的一切观念的必然的过渡阶段"①。显然，马克思这里讲的社会主义是指科学社会主义理论，而不是指社会主义社会，并把承认不承认"不断革命"、承认不承认无产阶级专政作为科学社会主义同小资产阶级社会主义的根本区别。

第二，马克思作出这个论断的时间是 1850 年，当时马克思还没有把共产主义社会划分为第一阶段（即社会主义社会）和高级阶段。直到 25 年后写的《哥达纲领批判》中，才明确提出共产主义社会氛围两个阶段的学说。这也说明把马克思这个论断中的"社会主义"理解为社会主义社会，是缺乏根据的。

2. 首次提出无产阶级革命必须打碎旧的国家机器。

1848 年法国革命面临国家制度是 17 世纪以来的国家制——中央集权君主专制的沿袭和发展。当时建立中央集权的专制制度，主要是为了反对地方封建割据势力，同时也符合新兴资产阶级的要求。因为国王要依靠资产阶级，首先是靠资产阶级纳税，以解决财政来源问题；资产阶级要求中央集权，是为了建立全国统一的市场，以利于资本主义经济的发展。1789 年法国大革命曾一度建立省、区自治，使地方自治权和人民的民主权利有所加强；1799 年拿破仑政变后，又重建中央集权制。此后的法国社会变

---

① 《马克思恩格斯文集》第 2 卷，人民出版社 2009 年版，第 166 页。

革中，政权几经易手，但都没有触动过这个国家机器，而是强化了它。到1848 年革命时，它已拥有 50 万官吏和 50 万军队，成为"俨如密网一般缠住法国社会全身并阻塞其一切毛孔的可怕的寄生机体"①。在《路易·波拿巴的雾月十八日》一书中，马克思剖析了法国国家机器发展的不同时期和不同形式的演变，揭示资产阶级国家的本质特征，第一次提出打碎、摧毁资产阶级国家机器的思想。指出：过去的"一切变革都是使这个机器更加完备，而不是把它毁坏。那些相继争夺统治权的政党，都把这个庞大国家建筑物的夺得视为胜利的主要战利品"②。而无产阶级革命所要建立的是完全不同类型的政权，它决不能原封不动地掌握这个寄生性的、剥削阶级用以镇压劳动群众的工具。因此，无产阶级革命要"集中自己的一切破坏力量"打碎、摧毁资产阶级国家机器。

按照马克思、恩格斯的思想，"打碎""摧毁"不仅是要废除资产阶级的国家机器，代之以无产阶级专政的国家机器，而且还有另一个重要的方面，就是要实现国家生活的民主化。就是说，不仅要消灭旧国家机器的剥削阶级性质，而且要消灭它的寄生性。这在他们对巴黎公社经验的总结中作了更为清楚的表述。

3. 第一次提出了无产阶级专政的科学概念。

1848 年革命的经验表明，无产阶级和资产阶级的利益是不可调和的。一旦无产阶级的斗争超出资产阶级所允许的范围，就会遭到资产阶级的血腥镇压。法国二月革命的口号是"博爱"，曾经是二月革命主要支柱的无产阶级，也一度沉醉于资产阶级所宣扬的"博爱"之中，幻想在资产阶级共和国的范围内实现自己的利益。但事实表明，资产阶级共和国意味着资产阶级对无产阶级的无限制的统治。资产阶级共和派在掌握政权以后，立即勾结金融贵族，反对劳动人民，把革命时期许下的种种诺言，看作必须打破的桎梏。他们施展种种阴谋诡计，有目的、有步骤地进行反革命的准备。在二月革命后不到两个半月，即 5 月 4 日开幕的制宪国民议会上，一下子把剥削阶级所有集团都提到了国家顶峰，从而揭去了他们骗人的假面具。他们从自己任命的执政委员会中排除了无产阶级的代表，否决了设立专门劳动部的提案，并准备武装镇压无产阶级。在资产阶级步步逼近

---

① 《马克思恩格斯文集》第 2 卷，人民出版社 2009 年版，第 564 页。
② 同上书，第 565 页。

下，"工人们没有选择的余地：不是饿死，就是斗争"①。6月22日巴黎工人被迫以武装起义回击资产阶级。资产阶级认为这是十恶不赦的举动，给予血腥的镇压。这不仅赤裸裸地暴露了资产阶级的残忍和虚伪，说明了"博爱……就是内战，就是最可怕的国内战争——劳动和资本间的战争"②；而且也充分暴露了资产阶级共和国的原形："原来这个国家公开承认的目的就是使资本的统治和对劳动的奴役永世长存。"③ 马克思总结了这一血的教训，指出无产阶级"要在资产阶级共和国范围内稍微改善一下自己的处境只能是一种空想，这种空想只要企图加以实现，就会成为罪行"④。由此，马克思得出一个重要结论，无产阶级要获得自身的解放，就必须"推翻资产阶级！工人阶级专政！"⑤ 在这里马克思第一次提出"工人阶级专政"的科学概念。这是对《共产党宣言》的一个重大发展。在《共产党宣言》中已经有了无产阶级专政的思想，但只讲到无产阶级要上升为统治阶级。

在《法兰西阶级斗争》一文中，马克思还阐述了无产阶级在社会经济改造方面的任务。在六月起义前制定的宪法草案中，曾提到了劳动权，但在六月起义失败后制定的"共和宪法"中，却把劳动权取消了，改为"享受社会慈善救济权"。马克思在评述这一事实时指出，劳动权是"初次概括为无产阶级各种革命要求的笨拙公式"，而"享受社会慈善救济权"不过是现代国家饲养乞丐的一种形式。他说："劳动权在资产阶级的意义上是一种胡说，是一种可怜的善良愿望，其实劳动权就是支配资本的权力，支配资本的权力就是占有生产资料，使生产资料受联合起来的工人阶级支配，也就是消灭雇佣劳动、资本及其相互间的关系。"⑥ 恩格斯在1895年为这本书写的导言中特别指出，马克思在这里"第一次提出了世界各国工人政党都一致用以扼要表述自己的经济改造要求的公式，即：生产资料归社会占有"⑦。并指出，马克思的这个公式不仅同封建的、资产阶级的、小资产阶级的等等社会主义截然不同，而且与空想社会主义、空

---

① 《马克思恩格斯文集》第2卷，人民出版社2009年版，第101页。
② 同上书，第102页。
③ 同上书，第104页。
④ 同上书，第103页。
⑤ 同上书，第104页。
⑥ 同上书，第113页。
⑦ 《马克思恩格斯文集》第4卷，人民出版社2009年版，第536页。

想共产主义提出的模糊的"财产公有"也有原则区别。"财产公有"是个法权概念，意指每个人对财产都有一份权利，因而又是一个平均主义的口号。

恩格斯指出，《法兰西阶级斗争》一书，"是马克思用他的唯物主义观点从一定经济状况出发来说明一段现代历史的初次尝试"①。"工人阶级专政"和"生产资料归社会占有"是马克思运用唯物史观总结1848年革命经验得出的两个科学结论。如果说，"工人阶级专政"是无产阶级的政治纲领，那么，"生产资料归社会占有"则是无产阶级的经济纲领。这是对《共产党宣言》的一个重要发展。

(四) 正确评价历史人物的作用

1848—1852年，在欧洲，特别是在法国的政治生活中，发生了一系列重大变革，各种人物纷纷登台表演。对于这些变革及其代表人物，资产阶级、小资产阶级的思想家、文学家等作了种种唯心主义的评论。他们在极力贬低、诬蔑无产阶级的英勇斗争的同时，大肆吹捧那些镇压群众的刽子手和窃取革命果实的阴谋家、刽子手，如镇压六月巴黎工人起义的卡芬雅克和路易·波拿巴，把他们描绘成为创造历史、扭转乾坤的"英雄"。

同这些观点相反，马克思和恩格斯也用唯物史观，对这段历史作出了科学的说明。特别是马克思在《路易·波拿巴的雾月十八日》一书中，通过对路易·波拿巴政变过程的深刻分析，科学地阐述了个人在历史上的作用，进一步发展了历史唯物主义的原理。

1848年法国资产阶级革命的果实，在政客们的明争暗斗中，几经变化，最后被拿破仑一世的侄子路易·波拿巴所攫取。1848年12月10日波拿巴当选为共和国总统，1851年12月2日，他仿效其伯父发动军事政变，建立军事独裁；1985年12月2日，又进而废除共和国，改行帝制，自己当了皇帝，号称拿破仑第三（雾月十八日，是指1799年11月9日，是拿破仑一世发动政变、改行帝制、实行军事独裁的日子。马克思以"雾月十八日"为书名，来讽刺和揭露波拿巴）。怎样看待这一历史事件？当时曾出现多种著作，作出各种评论。其中，马克思认为值得注意的有两部，法国文学家维克多·雨果的《小拿破仑》和蒲鲁东的《政

① 《马克思恩格斯文集》第4卷，人民出版社2009年版，第532页。

变》（全名为《从十二月二日的政变看社会革命》）。这两部著作同马克思的《雾月十八日》是差不多同时出现（都在 1852 年出版）论述同一问题的。但是由于他们的立场和世界观的局限，作出的评论是违背历史实际的。

雨果是法国革命时期左翼共和主义者、杰出的文学家。他同情人民群众，猛烈地抨击了路易·波拿巴的政变。但是，由于他不能从阶级关系上来看待这场政变的性质，把这一历史事变归结为波拿巴个人的主动作用和暴力行为的结果，因而夸大了波拿巴个人的作用。正如马克思所说的，雨果"只是对政变的主要发动者作了一些尖刻的和机智的痛骂。事变本身在他笔下却被描绘成了晴天的霹雳。他认为这个事变只是某一个人的暴力行为。他没有觉察到，当他说这个人表现了世界历史上空前强大的个人主动作用时，他就不是把这个人写成小人物而是写成巨人了"①。蒲鲁东虽想把政变描述成以往历史发展的结果，但是由于他忽视了个人的主动作用，因而对这次政变所作的历史说明，不知不觉地变成了对政变主人公所作的历史辩护。这样，他就陷入了那些所谓"客观历史家"所犯的错误。

与此相反，马克思的《雾月十八日》从唯物史观出发，说明法国阶级斗争怎样造成一种条件和局势，使得波拿巴这样一个平庸可笑的人物有可能扮演了英雄的角色。他"叙述了二月事变以来法国历史的全部进程的内在联系，揭示了 12 月 2 日的奇迹就是这种联系的自然和必然的结果"②。

马克思认为，对历史人物的分析，既要看到个人的主动性、创造性的能动作用，又要看到这种能动作用是受到历史条件、社会关系的制约的。他指出："人们自己创造自己的历史，但是他们并不是随心所欲地创造，并不是在他们自己选定的条件下创造，而是在直接碰到的、既定的、从过去继承下来的条件下创造。"③ 任何个人，包括历史上的杰出人物，都不能超出一定的客观条件而任意地创造历史。所谓"英雄造时势"的观点是错误的，唯心主义的。至于那些阴谋家、骗子手，也可能凭借卑鄙肮脏的手段得逞于一时，但也离不开阶级斗争所造成的一定历史条件和局势。

---

① 《马克思恩格斯文集》第 2 卷，人民出版社 2009 年版，第 465—466 页。
② 同上书，第 468 页。
③ 同上书，第 470—471 页。

路易·波拿巴为什么能够爬上皇帝的宝座呢？马克思在科学地分析二月革命以来法国全部历史的基础上，深刻地揭示了这一事变的社会根源和阶级根源。

波拿巴的政变之所以得逞，首先是由于资本主义制度在法国已经确立起来，无产阶级和资产阶级之间的阶级矛盾不断加深，资产阶级日益走上反动的道路。其突出的表现就是资产阶级共和派竟不惜与以秩序党为代表的保皇派相勾结，血腥地镇压了巴黎工人的六月起义，从而击溃了曾是二月革命的主要支柱的无产阶级。其结果是既使自己无力与保皇派相抗争，又使无产阶级在波拿巴政变时持"相对消极"的态度。①

第二，马克思深刻而生动地分析了法国农民的特点。他指出，当时的法国农民，由于彼此隔离的分散的小农经济，造成他们政治上落后，目光短浅。"他们不能代表自己，一定要别人来代表他们。他们的代表一定要同时是他们的主宰，是高高地站在他们上面的权威，是不受限制的政府权力，这种权力保护他们不受其他阶级侵犯，并从上面赐给他们雨水和阳光。"② 另一方面是"历史传统在法国农民中间造成了一种迷信，以为一个名叫拿破仑的人将会把一切美好的东西送还他们"③，也就是马克思所说的"拿破仑观念"。因为他们怀念法国 1789 年大革命期间，由于雅各宾派的土地法，使他们由半农奴式的农民变成了自由的土地所有者，而拿破仑上台后，也曾采取过某些措施，保障农民能够自由地利用这些土地的权利，于是他们就误认为拿破仑是自己利益的保护者。因此，当拿破仑的侄儿路易·拿破仑·波拿巴利用农民的这种保守性和迷信观念，冒充是他们利益的代表时，他们就抱着天真的幻想，支持了波拿巴。由于农民占当时法国人口的最大多数，他们的支持，对波拿巴的上台无疑起了关键性的作用。正是在这个意义上，马克思说"波拿巴王朝是农民的王朝"。

第三，在六月起义被镇压后，在法国政治生活中占优势地位的是秩序党。其中代表大土地者所有者的正统派和代表金融大资产阶级的奥尔良派，是被推翻的波旁王朝和七月王朝的保皇势力。他们既与波拿巴进行争夺最高统治权的斗争（1848 年 12 月总统选举时的另一候选人就是秩序党

---

① 参见《马克思恩格斯全集》第 8 卷，人民出版社 1961 年版，第 244 页。
② 《马克思恩格斯文集》第 2 卷，人民出版社 2009 年版，第 567 页。
③ 同上。

独裁政府的头子卡芬雅克）；它本身又因为相互间的利益矛盾而分成各个敌对派别；既害怕波拿巴篡夺全部权力，更害怕人民重新革命而失去自己的既得利益。因而陷入不可克服的矛盾之中，根本无力控制事变，而只能把自己交给事变支配，只好在波拿巴的进攻面前一步步地交出权力，以至变成毫无权力为止。①

以上情况说明，波拿巴的政变之所以得逞，并不是个人意志的产物，而是1848年法国二月革命走下坡路的结果，"是先前的事变进程的必然而不可避免的结果"②。

与此同时，马克思也没有忽视个别人物在历史发展进程中的能动作用。他指出，波拿巴政变之所以得逞，还有其个人品质上的原因。波拿巴是一个卑鄙无耻的政客，惯于看风使舵，招摇撞骗。他"比无耻的资产者有一个长处，这就是他能用下流手段进行斗争"③。1848年12月10日的总统选举中，他一面用所指"红色的幽灵"吓唬大资产阶级，表明他捍卫大资产阶级利益的"决心"；一面又对农民和小资产阶级许下种种蛊惑人心的"诺言"，标榜自己代表他们的利益，以骗取他们的支持。在当上总统之后，他又于1849年组织了反动团体"十二月十日会"，收罗一大帮社会渣滓，充当实现他个人野心的打手；在他感到力量不足时，他任命了资产阶级保皇党人巴罗组织秩序党内阁，随后又为了击败秩序党而罢免了巴罗内阁；接着他又收买了国家军队，攫取了全部军权；并且用发行大量黄金彩票和建立所谓"工人村"的办法，来消除无产阶级对社会主义的向往。

第四，马克思还揭示了反动政变必然短命的客观规律。指出波拿巴的独裁统治，使社会经济陷于全盘混乱状态，使整个国家机器成为既可厌又可笑的东西。阶级矛盾的进一步激化，必然导致人民奋起革命，推翻波拿巴的反动统治。"如果皇袍终于落在路易·波拿巴身上，那么拿破仑的铜像就将从旺多姆园柱顶上倒塌下来。"④历史的进程证实了马克思的预见。

恩格斯在《路易·波拿巴的雾月十八日》第3版序言中说，马克思"对活生生的时事有这样卓越的理解，他在事变刚刚发生时就对事变有这

---

① 参见《马克思恩格斯文集》第2卷，人民出版社2009年版，第546页。
② 同上书，第554页。
③ 《马克思恩格斯全集》第2卷，人民出版社2009年版，第531页。
④ 同上书，第577—578页。

种透彻的洞察，的确是无与伦比"①。而马克思之所以能做到这一点，一是由于他"深知法国的历史"，有充分的客观事实为根据；二是由于科学历史观的指导，把历史唯物主义作为"理解法兰西第二共和国历史的钥匙"。这对于正确评价个别人物的历史作用具有普遍指导意义。

<h2 style="text-align:center">三　巴黎公社经验对唯物史观的
验证和发展</h2>

　　1871年巴黎公社的伟大革命，是无产阶级打碎旧的国家机器，建立无产阶级专政的首次尝试。它在国际共产主义运动史上具有巨大的意义和深远的影响。马克思、恩格斯围绕这次革命写下的著作，首先是马克思的《法兰西内战》一书，深刻地总结了巴黎公社的经验，验证并丰富、发展了历史唯物主义的基本原理。正如列宁所说的，马克思因为公社社员表现了如他所说的"冲天"的英雄主义而欢欣鼓舞。虽然这次群众性的革命运动没有达到目的，但是他在这次运动中看到了有重大意义的历史经验，看到了全世界无产阶级革命的一定进步，看到了比几百种纲领和议论更为重要的实际步骤。"分析这个经验，从这个经验中得到策略教训，根据这个经验来重新审查自己的理论，这就是马克思为自己提出的任务。"②

（一）必须用巴黎公社式的国家政权代替被打碎的旧国家机器

　　马克思在总结1848年欧洲革命的经验时，曾得出结论：无产阶级革命不应该简单地掌握现成的国家机器，而应该把它打碎，这是大陆上任何一次真正的人民革命的先决条件。巴黎公社的实践，证实了马克思的科学预见。他在1871年4月12日致库格曼的信中说："这正是我们英勇的巴黎党内同志们的尝试。"③ 巴黎公社所采取的革命措施，不仅摧毁了旧政权机关的"物质权力的工具"——常备军和警察，以及监狱、法庭等等，而且通过宣布教会和国家分离，剥夺教会占有的财产，一切学校对人民免费开放，不受教会和国家的干涉等，从而也摧毁了旧政权的"精神压迫

---

　　① 《马克思恩格斯全集》第2卷，人民出版社2009年版，第468页。
　　② 《列宁选集》第3卷，人民出版社2012年版，第141—142页。
　　③ 《马克思恩格斯文集》第10卷，人民出版社2009年版，第352页。

工具"——僧侣势力,"科学地摆脱了阶级偏见和政府权力的桎梏"①。

　　到马克思看来,无产阶级革命之所以必须"打碎"旧的国家机器。一是因为国家具有阶级统治机关的性质,资产阶级国家则是"资本奴役劳动的工具"。在私有制社会里,由于占统治地位的是剥削阶级,因而在政权更迭过程中,军事官僚机器只是从一些人转到另一些人的手中,就其为剥削阶级服务这一点来说,并没有根本性的变化;而对于肩负着消灭阶级、消灭剥削的历史使命的无产阶级来说,就决不能简单地运用浸透着剥削阶级精神的旧国家机器来达到自己的目的。二是旧国家机器具有寄生性。特别是在当时的法国,庞大的军事官僚机器,已成为"堵塞社会机体的每一个毛孔的可怕的寄生赘瘤"。只有摧毁这种国家机器,实行真正的民主制度,实现社会生活的民主化,才能有效地进行社会改造和经济、文化建设。马克思在考察了巴黎公社的革命措施之后指出:"公社体制会把靠社会供养而又阻碍社会自由发展的国家这个寄生赘瘤迄今所夺去的一切力量,归还给社会机体。仅此一举就会把法国的复兴推动起来。"②

　　同在其他问题上一样,马克思对摧毁旧国家机器问题的看法也是辩证的。无产阶级必须废除旧的军事官僚机器,但并不意味着废除旧政府权力的一切职能,而是要从实际出发,保留对工人阶级有用的某些机关。马克思指出:"旧政权的纯属压迫性质的机关予以铲除,而旧政权的合理职能则从僭越和凌驾于社会之上的当局那里夺取过来,归还给社会的承担责任的勤务员。"③ 就是说,在革命过程中对旧的压迫和镇压机关必须予以摧毁,而对执行合理社会职能的机构则应予以保留和改造。

　　巴黎公社不仅证实了马克思关于无产阶级革命必须"打碎"旧国家机器的论断,并且实行一系列具有重大意义的原则——如国际主义原则,人民当家做主的原则,民主共和政体的原则,公社作为兼管行政和立法工作机关的原则,公社各级官员都由选举产生、受公社监督、可以随时撤换的原则,国家工作人员的薪金不超过熟练工人工资的原则,等等,从而为解决用什么东西去代替被"打碎"的旧国家机器的问题,提供了丰富的实际经验。马克思十分重视并仔细地考察了这些原则,得出如下的重要结

---

　　① 《马克思恩格斯文集》第 3 卷,人民出版社 2009 年版,第 155 页。
　　② 同上书,第 157 页。
　　③ 同上书,第 156 页。

论："公社的真正秘密就在于：它实质上是工人阶级的政府，是生产者阶级同占有者阶级斗争的产物，是终于发现的可以使劳动在经济上获得解放的政治形式。"① 也就是说，无产阶级革命胜利后，应当以巴黎公社式的无产阶级专政去代替被"打碎"了的旧国家机器。

马克思、恩格斯还依据巴黎公社的实践经验，论述了无产阶级专政的必要性和长期性。首次明确指出，在无产阶级取得政权以后，仍将存在阶级矛盾和阶级斗争，甚至可能引起被推翻的统治者激烈的反抗，因此必须坚持无产阶级专政。马克思指出，在无产阶级专政条件下，将"提供合理的环境，使阶级斗争能够以最合理、最人道的方式经历它的几个不同阶段"。而要实现从资本主义社会到更高级社会形式的转变，更是必须经过长期的斗争，必须经过一系列把环境和人都完全改变的历史过程。"以自由的联合的劳动条件去代替劳动受奴役的经济条件，只能随着时间的推进而逐步完成（这是经济改造）。"② 这是对阶级斗争和无产阶级专政理论的深化和发展，同时也为不久以后提出"过渡时期"理论和共产主义社会发展阶段的学说作了理论准备。

（二）尊重历史发展的客观规律，高度重视人民群众的首创精神

马克思、恩格斯认为，社会革命是合乎历史发展的客观规律而发生、发展的。但这并不意味着可以忽视作为历史主体的人的能动作用，在资本主义条件下，首先是无产阶级和其他人民群众的能动作用。马克思、恩格斯在巴黎公社运动时期的理论活动和实践活动，是既尊重历史发展的客观规律，又高度重视人民群众首创精神和历史主动性的光辉典范。

马克思、恩格斯在考察 18 世纪 80 年代的法国大革命时就已指出，"历史活动是群众的事业，随着历史活动的深入，必将是群众队伍的扩大"③。而发生在 19 世纪 70 年代"真正的人民革命"——巴黎公社的斗争，则更使他们欢欣鼓舞。他们热情歌颂："这些巴黎人，具有何等的灵活性，何等的历史主动性，何等的自我牺牲精神！"④ 高度赞扬："努力劳动、用心思索、战斗不息、流血牺牲的巴黎——它在培育着一个新社会的

① 《马克思恩格斯文集》第 3 卷，人民出版社 2009 年版，第 158 页。
② 同上书，第 198 页。
③ 《马克思恩格斯全集》第 2 卷，人民出版社 1957 年版，第 104 页。
④ 《马克思恩格斯文集》第 10 卷，人民出版社 2009 年版，第 352 页。

同时几乎把大门外的食人者忘得一干二净——正放射着它的历史首创精神的炽烈的光芒"①，奇迹般地改变了巴黎的面貌。马克思、恩格斯这种高度重视人民群众的历史主动性和创造精神的态度，是唯物史观在实践中的生动体现。

但是，马克思、恩格斯对巴黎公社运动的这种支持和赞扬，同崇拜自发性和所谓"群众运动天然合理"的观点，又有着根本的区别。在他们看来，人民群众的历史主动性的发挥，是以承认历史发展的客观规律为前提的，而且必须有正确的战略和策略。因此，他们对巴黎公社的热情颂扬和支持，并没有妨碍他们对巴黎公社运动进行冷静的分析。早在1870年9月9日，马克思就告诫巴黎工人，由于无产阶级的力量还不够强大，特别是普鲁士军队已站在门前，因而还不宜于采取武装夺取政权的行动。"在目前的危机中，当敌人几乎已经在敲巴黎城门的时候，一切推翻新政府的企图都将是绝望的蠢举。"② 指出当时法国工人的迫切任务，是镇静而坚决地利用其共和国的自由所提供的机会，去加强他们自己的组织。1871年3月，当反动当局迫使巴黎工人在"或是接受挑战，或是不战而降"之间作出抉择，巴黎工人奋起举行武装起义的时候，马克思则满怀激情，迎接巴黎公社的革命，并竭尽全力声援巴黎人民的斗争。但同时也没有改变他对巴黎公社革命可能失败的预见。1871年4月6日，他就在给李卜克内西的信中谈到，"看来巴黎人是要失败了"③。

马克思也没有因为热情支持巴黎公社运动而一味地赞扬它。而是同时也实事求是地指出和分析它确实存在的弱点、缺点和错误。正如列宁所说的，"马克思没有向无产阶级隐讳公社所犯的任何一个错误"④。这是唯物史观在实践中体现的另一个重要方面。

马克思、恩格斯对巴黎公社的热情支持和颂扬，称之为过去发生的一切运动中"最伟大的运动"，从根本上说是因为它预示着社会历史的方向，是无产阶级推翻现存社会制度的现实运动。马克思说："英勇的3月18日运动是把人类从阶级社会中永远解放出来的伟大的社会革命的曙

① 《马克思恩格斯文集》第3卷，人民出版社2009年版，第165页。
② 同上书，第127页。
③ 《马克思恩格斯文集》第10卷，人民出版社2009年版，第351页。
④ 《列宁选集》第1卷，人民出版社2012年版，第706页。

光。"① 尽管这个革命运动在敌人的血腥镇压下失败了，但是"工人的巴黎及其公社将永远作为新社会的光辉先驱而为人所称颂"②。

简短的结论

在 19 世纪 40 年代末和 70 年代初，马克思主义哲学在两次不同性质的革命运动（资产阶级民主革命和无产阶级革命）中，经受了严峻的检验，证明了自己的科学性和生命力。

马克思和恩格斯及时地总结了这两次革命实践的经验和教训，丰富和发展了唯物史观的基本原理，特别是关于阶级和阶级斗争、社会革命和无产阶级专政、个人和人民群众的历史作用的原理，在马克思主义哲学史上占有重要的地位。

---

① 《马克思恩格斯全集》第 18 卷，人民出版社 1964 年版，第 61 页。
② 《马克思恩格斯文集》第 3 卷，人民出版社 2009 年版，第 181 页。

第三章

马克思主义哲学在《资本论》中的
运用、验证和发展

马克思主义哲学的形成和发展，是同马克思、恩格斯对政治经济学的研究密切联系的。正如列宁所指出的，"马克思的哲学和政治经济学结成了一个完整的唯物主义世界观"①。因此，为了全面考察马克思主义哲学的思想发展，就不仅要研究马克思、恩格斯的哲学著作，而且要研究他们的政治经济学著作，研究它们在马克思主义哲学发展史上的地位和作用。

在 19 世纪50—60 年代马克思主义哲学发展中，这一特点表现尤为突出。从马克思、恩格斯从事的理论活动情况看，在 1848 年以前，重点是研究哲学，制定和阐明他们所创立的新世界观的基本原理，特别是唯物史观；在 1848—1849 年欧洲革命时期，重点是研究社会革命理论，特别是无产阶级革命和无产阶级专政学说；而在 50—60 年代，则把重点放在政治经济学的研究上。从马克思、恩格斯对政治经济学的研究来说，虽然早在 40 年代初期就已开始，但是马克思主义政治经济学理论体系形成的决定性阶段，却是在 50—60 年代。正是在这一时期，马克思写出并出版了《资本论》第 1 卷和《政治经济学批判》，并写出了《资本论》全书的大量手稿。也正是在这些著作和手稿中，包含着极其丰富的哲学思想，在马克思主义哲学史上占有十分重要的地位。

一 《资本论》的创作过程及其意义

被列宁称为"现代最伟大的政治经济学著作"的《资本论》，是马克

---

① 《列宁全集》第25卷，人民出版社1988年版，第39页。

思累积 40 年时间完成的鸿篇巨制，它是马克思"整个一生研究的成果"，也是马克思和恩格斯的共同智慧和心血的结晶。这部巨著的酝酿、写作和出版经历了一个相当长的过程。这一过程大体上可以划分为三个阶段。

（一）《资本论》创作的准备

1842—1845 年初，马克思在任《莱茵报》主编期间，"第一次遇到要对所谓物质利益发表意见的难事"，这是促使马克思"研究经济问题的最初动因"。《莱茵报》被查封后，马克思"由社会退回到书房"，于 1843 年夏天写出了《黑格尔法哲学批判》，在这部著作中，马克思得出了"市民社会决定国家"的思想，并在该书的导言中预示了要从针对"副本"的批判转向针对"原本"的批判，即通过对政治经济学的批判研究，去解剖"市民社会"。1843 年秋，马克思迁居巴黎以后，为了批判现存制度和资产阶级经济学家，开始系统研究政治经济学。他阅读了大量资产阶级经济学家的著作，并作了摘录和评注。其研究成果主要反映在他最早的经济学著作《1844 年经济学哲学手稿》中。1844 年初，恩格斯在《德法年鉴》上发表了他的第一篇经济学著作《政治经济学批判大纲》，得到马克思的高度评价。1845—1846 年，马克思、恩格斯合写的《德意志意识形态》，标志着马克思主义哲学的诞生，并为实现政治经济学的革命提供了科学的世界观和方法论。为了批判蒲鲁东，马克思于 1847 年出版了《哲学的贫困》，以论战的形式第一次科学地表述了马克思主义政治经济学的观点。1849 年 4 月，马克思在《新莱茵报》上发表了《雇佣劳动和资本》（根据他 1847 年 12 月在布鲁塞尔法国工人协会上所作的讲演稿写成的）。在后两部著作中，尽管马克思还没有把劳动和劳动力区分开来，还没有使用剩余价值的概念，但是那时他"不仅已经非常清楚地知道，'资本家的剩余价值'是从哪里'产生'的，而且已经非常清楚地知道它是怎样'产生'的"①。这就为深入解剖资本主义生产方式奠立了基础。

（二）《资本论》创作和第 1 卷出版

1848 年欧洲革命失败后，马克思被反动派逐出德国，从 1849 年 8 月起定居伦敦。伦敦是考察资本主义经济最便利的地方。从 1850 年起，马

---

① 《马克思恩格斯文集》第 6 卷，人民出版社 2009 年版，第 12 页。

克思重新研究政治经济学，致力于《资本论》的写作。他阅读了古典的、庸俗的经济学的所有著作，研究了英国博物馆收藏的大量文献资料，废寝忘食地工作着。1857 年 8 月到 1858 年 5 月，写成篇幅巨大的手稿《政治经济学批判大纲》和一篇《导言》，这实际上是《资本论》的第 1 稿。在这部手稿中，马克思已探讨了后来《资本论》中考察的主要问题。《导言》是手稿的开头部分，它依据生产力与生产关系的辩证统一的观点，分析了生产、分配、交换、消费的辩证关系，专题阐述了政治经济学研究的方法论问题。

1859 年，马克思出版了《政治经济学批判》一书。这是马克思计划出版的政治经济学著作的第 1 分册（计划出 6 个分册）。内容包括《序言》和《商品》《货币》两章。在这篇极为重要的《序言》中，马克思精辟而周密地概括了历史唯物主义的基本原理，并明确指出这是他用于指导研究工作的原则。在写第 2 分册时，马克思改变了原来的计划，决定以《资本论》为全书标题，而把《政治经济学批判》作为副标题。从 1861 年 8 月到 1863 年 6 月，马克思写成一部新的手稿，这就是《1861—1863 年经济学手稿》，也即《资本论》的第 2 稿（共有笔记本 23 册）。这部手稿把商品作为研究的出发点，分析了资本流通和简单商品流通的区别，并阐明了剩余价值的生产过程。手稿的大部分是对剩余价值学说史的批判研究，构成后来的《资本论》第 4 卷。

1863—1865 年，马克思在上述手稿的基础上又写出了《1863—1865 年经济学手稿》，也即《资本论》的第 3 稿。内容分三部分，基本上相当于后来《资本论》的第 1、2、3 卷。至此，经过十几年夜以继日的艰苦劳动，马克思写了篇幅浩繁的三部手稿，对政治经济学的所有重要问题，几乎都已作了详细研究。又经过 1 年多的整理，《资本论》第 1 卷于 1867 年 9 月 14 日在德国汉堡出版。这是科学社会主义史上具有划时代意义的伟大事件。恩格斯说："自从世界上有资本家和工人以来，没有一本书像我们面前这本书那样，对于工人具有如此重要的意义。"[①]

（三）《资本论》创作的完成和第 2、3 卷出版

从 1868 年起，马克思处于贫困和疾病之中，但他仍然不倦地对《资

---

① 《马克思恩格斯文集》第 3 卷，人民出版社 2009 年版，第 79 页。

本论》第 2、3 卷的手稿进行加工。其中第 2 卷马克思在 70 年代就写过 7
份手稿。但马克思生前未能看到第 2 卷至第 4 卷出版。

　　1883 年 3 月马克思逝世后，恩格斯毅然放下自己正在进行中的研究
工作，肩负起整理、编辑和出版《资本论》遗稿的艰巨任务。1885 年 7
月，经过恩格斯精心整理的《资本论》第 2 卷在德国汉堡出版。"第 3 卷
只有一个初稿，而且极不完全。"① 整理出版的难度就更大了。为了使原
稿更加完善，恩格斯作了艰巨而繁杂的修订、增补和注释工作。这一卷于
1894 年 12 月也在德国汉堡出版了。应当指出的是，恩格斯在从事这些工
作的过程中，还同形形色色的资产阶级学者的歪曲、伪造进行了斗争，如
揭穿所谓洛贝尔图斯首创剩余价值理论的谎言，驳斥洛里亚所谓价值学说
与生产价值学说发生矛盾的责难，等等，捍卫了《资本论》的立场和科
学价值；同时还根据新的研究和新的情况，充实了马克思的手稿。如他对
资本主义以前的商业资本的精辟论述，对资本主义发展中出现的新因素的
深刻考察等，都为《资本论》的理论体系增加了新的重要内容。

　　列宁曾经指出："奥地利社会民主党人阿德勒说得很对：恩格斯出版
《资本论》第 2 卷和第 3 卷，就是替他的天才朋友建立了一座庄严宏伟的
纪念碑，无意中也把自己的名字不可磨灭地铭刻在上面了。的确，这两卷
《资本论》是马克思和恩格斯两人的著作。"② 事实上，在《资本论》的
整个创作过程中，恩格斯不仅在经济上和政治上给予马克思以巨大的支持
和帮助，而且还以极大的热情同马克思就各种理论问题交换意见，向马克
思提供资本主义经济运动的各种资料。1867 年 8 月 16 日，在《资本论》
第 1 卷出版的前夕，马克思写信给恩格斯说："这样，这一卷就完成了。
其所以能够如此，我只有感谢你！没有你为我作的牺牲，我是决不可能完
成这三卷书的巨大工作的。"③ 可以说，《资本论》这整座宏伟理论大厦的
建立，是由马克思和恩格斯共同完成的。

　　《资本论》第 4 卷即《剩余价值理论》，是《资本论》的历史批判部
分。恩格斯考虑到自己年事已高，便把整理和出版这一卷的工作委托给考
茨基，后者于 1905—1910 年以《剩余价值学说史》为书名，分 3 册陆续

---

① 《马克思恩格斯文集》第 7 卷，人民出版社 2009 年版，第 4 页。
② 《列宁选集》第 1 卷，人民出版社 2012 年版，第 95 页。
③ 《马克思恩格斯全集》第 31 卷，人民出版社 1972 年版，第 328—329 页。

出版。

《资本论》是马克思毕生科学研究的最高结晶，集中了他在哲学、政治经济学和科学社会主义方面最卓越的成就。在这部著作中，马克思完成了他的两个伟大发现——剩余价值学说和唯物史观，从而也完成了他对科学社会主义的论证，使它成为全面阐述马克思主义三个组成部分的百科全书。

《资本论》不仅是马克思一生中最重要的经济学著作，而且也是马克思主义哲学的伟大思想宝库。这不是偶然的。马克思主义哲学史表明，离开对政治经济学的批判研究，离开对资本主义生产方式的深入解剖，就不可能有马克思主义哲学的产生和发展；同样的，没有辩证唯物主义和历史唯物主义世界观、方法论的指导，也就不可能实现在政治经济学领域中的革命。《资本论》作为系统揭示资本主义社会形态发展规律的辉煌巨著，自然也成为在运用科学世界观和方法论、丰富和发展马克思主义哲学方面取得卓越成就的伟大著作。

二　《资本论》对唯物史观的运用、验证和发展

19 世纪 50—60 年代，是马克思在政治经济学领域实现革命变革的决定性阶段，也是在运用、验证和发展唯物史观方面取得伟大成果的时期。

（一）对唯物史观基本原理的精辟概括

在《〈政治经济学批判〉序言》中，马克思总结了他从 40 年代以来研究哲学、政治经济学所得到的"总的结果"，对唯物史观的实质及基本原理作了精辟的概括和周密的说明。①

马克思揭示了社会形态存在和发展的物质基础，以及构成社会形态诸要素之间的内在联系，阐明了马克思主义关于社会结构的基本思想。他说，"人们在自己生活的社会生产中发生一定的、必然的、不以他们的意志为转移的关系，即同他们的物质生产力的一定发展阶段相适合的生产关系。这些生产关系的总和构成社会的经济结构，即有法律的和政治的上层

---

① 参见《马克思恩格斯选集》第 2 卷，人民出版社 1995 年版，第 32 页。

建筑竖立其上并有一定的社会意识形式与之相适应的现实基础。物质生活的生产方式制约着整个社会生活、政治生活和精神生活的过程。不是人们的意识决定人们的存在，相反，是人们的社会存在决定人们的意识"①。这就从根本上推翻了精神力量决定历史发展的唯心史观，也否定了把构成社会形态诸要素看成孤立存在、机械组合的形而上学观点。

马克思揭示了社会形态发展和更替的动力源泉及其规律性，阐明社会形态的发展是一种自然历史过程。在马克思看来，生产关系一定要适合生产力的发展水平，这是不以人们的意志为转移的客观规律。但是，生产关系对生产力也具有反作用，当生产关系与生产力发展水平相适应的时候，它是生产力的"发展形式"，对生产力的发展起着积极的促进作用。当"社会的物质生产力发展到一定阶段，便同它们一直在其中运动的现存生产关系或财产关系（这只是生产关系的法律用语）发生矛盾。于是这些关系便由生产力的发展形式变成生产力的桎梏。那时社会革命的时代就到来了。随着经济基础的变更，全部庞大的上层建筑也或慢或快地发生变革"②。这就是说，生产力和生产关系的矛盾是人类社会的根本矛盾，也是社会形态存在和发展的根本动力。经济基础和上层建筑的矛盾是人类社会的基本矛盾之一，它是在生产力和生产关系矛盾的基础上产生的。上层建筑对经济基础具有相对的独立性，但归根到底是由经济基础决定的。因此，考察一个变革时代，"不能以它的意识为根据；相反，这个意识必须从物质生活的矛盾中，从社会生产力和生产关系之间的现实冲突中去解释"③。马克思还指出，社会形态的变革是以生产力和生产关系的矛盾发展为基础的客观的历史必然性，任何逆转历史发展方向或超越历史发展阶段的企图，都终将归于失败。因为"无论哪一个社会形态，在它所能容纳的全部生产力发挥出来以前，是决不会灭亡的；而新的更高的生产关系，在它的物质存在条件在旧社会的胎胞里成熟以前，是决不会出现的"④。所以人类始终只能提出自己能够解决的任务，而任务本身，只有在解决它的物质条件已经存在或者至少是在形成过程中的时候，才会产生。

---

① 《马克思恩格斯选集》第2卷，人民出版社1995年版，第32页。
② 同上书，第32—33页。
③ 同上书，第33页。
④ 同上。

马克思还揭示了社会经济形态发展的基本阶段，阐明社会历史的发展是一个由低级到高级的前进上升运动。他指出："大体说来，亚细亚的、古代的、封建的和现代资产阶级的生产方式可以看作是经济的社会形态演进的几个时代。"① 并指出，资产阶级的生产关系是社会生产过程中的最后一个对抗形式。这种对抗是从个人的社会生活条件中生长出来的。而在资产阶级社会的胎胞里发展的生产力，同时又创造着解决这种对抗的物质条件。因此，人类社会的史前时期就以这种社会形态而告终，代之而起的将是以生产资料公有制为基础的，消除社会对抗的共产主义社会。

在上述概括中，马克思不仅用比以往著作更为精确、清晰的语言表述了历史唯物主义的基本原理，而且也丰富、发展了它的内容。

（1）在这里，阐明了社会经济结构、上层建筑和社会意识形态三个结构层次及其内在联系，还第一次作出"物质生活的生产方式制约着整个社会生活、政治生活和精神生活的过程"的论断。这两者本质上是一致的，但后者对前者又是必要的补充，有些社会现象如民族组织及其关系、生活方式等，并不属于经济基础或上层建筑，但属于社会生活领域；"社会意识形式"是精神生活的主导方面，但并不是它的全部内容，除此之外，还包括社会心理等等。可以说，前者突出了社会结构的决定方面，后者则包含着更为丰富的社会内容。

（2）《序言》首次提出"社会经济形态"的概念。在《德意志意识形态》中，是用"所有制形式""社会形式"等来区分社会发展的不同阶段的；在《雇佣劳动和资本》中，马克思谈到了"生产关系总合起来就构成为所谓社会关系，构成所谓社会，并且是构成一个处于一定历史发展阶段上的社会，具有独特的特征的社会"②。到了1857—1858年的《政治经济学批判》手稿中，开始采用"社会形态"的概念。"社会经济形态"是这些概念、术语的进一步深化和完善，更为科学地、准确地表明了社会的本质特征。

（3）对一些原已制定的历史唯物主义的基本范畴，进一步明确了它们的含义以及在唯物史观范畴体系中的地位。"社会存在"这个术语，最

---

① 《马克思恩格斯选集》第 2 卷，人民出版社 1995 年版，第 33 页。
② 《马克思恩格斯文集》第 1 卷，人民出版社 2009 年版，第 724 页。

初出现在《共产党宣言》中①，而在《序言》中已作为历史唯物主义的基本范畴确定下来。"经济基础"的概念，在《德意志意识形态》中就已提出，但当时还没有赋予它以严格的科学含义，在这里则进一步明确规定，经济基础是社会发展一定阶段的"生产关系的总和"。

（二）《资本论》在验证唯物史观中的独特作用

唯物史观是人类思想史上最重要的成果之一。它同任何科学学说一样，也有其创立和证明的过程。如果说，《德意志意识形态》是唯物史观形成的标志，那么对它的系统检验和证明则是在《资本论》中实现的。列宁说："自从《资本论》问世以来，唯物主义历史观已经不是假设，而是科学地证明了的原理。"②

在《政治经济学批判》的序言中，马克思把他概括的唯物史观基本原理称为"我所得到的、并且一经得到就用于指导我的研究工作的总的结果"③。《资本论》正是一部以唯物史观为指导，深入剖析资本主义社会经济形态，揭示资本主义发生、发展和灭亡的客观规律，同时又用资产阶级社会的全部丰富材料验证了唯物史观的伟大著作。这也是它对唯物史观的一个独特贡献。

唯物史观是在19世纪40年代创立的，为什么说到《资本论》的问世才证明了它是科学原理呢？

从马克思开始转向唯物主义到唯物史观的形成，其思想发展大体上是：通过对黑格尔关于国家和法的唯心主义原则的批判研究，得出市民社会决定国家的结论；从《1844年经济学哲学手稿》开始，转向对"市民社会"的剖析，发现了生产劳动是社会历史发展的基础；在《神圣家族》中，得出了接近于社会的生产关系的思想；到《德意志意识形态》中，把交往形式（生产关系）理解为整个历史的基础，把生产力与交往形式的矛盾看做是一切历史冲突的根源和动力。这是一个透过直接呈现在人们面前的社会现象，一步步地深入揭示社会生活本质，发现历史发展一般规律的过程，也是依据大量历史材料和经验事实，得出一般社会历史理论的

---

① 《马克思恩格斯文集》第2卷，人民出版社2009年版，第51页。
② 《列宁选集》第1卷，人民出版社2012年版，第10页。
③ 《马克思恩格斯选集》第2卷，人民出版社1995年版，第32页。

过程。这种理论是否正确，是否适用于各个社会形态，理论本身是无法回答的，需要通过社会发展的实际过程加以检验和证明。在这个意义上说，唯物史观还只是一种假设。当然，这种"假设"不是无根据的主观臆想，而是依据对客观事实的分析，并批判地汲取了前人合理思想的基础上得出的结果，因而它是一种科学的假设。因此，列宁又指出，在唯物史观刚刚形成的时候，它"暂且还只是一个假设，但是，是一个第一次使人们有可能以严格的科学态度对待历史问题和社会问题的假设"①。那种把科学的假设等同于主观的先验假定，进而贬低和否定唯物史观的看法，是完全站不住脚的。

在上一章中我们已经指出，对唯物史观的证明并不是从《资本论》才开始的。在总结 1848 年欧洲革命经验的过程中，马克思就曾用法国的革命事变验证了唯物史观，并取得辉煌的成果。不过，这种检验还只是局部的检验，这同《资本论》用对整个社会经济形态的解剖来进行的系统检验是不同的。而且对于唯物史观这样一种理论体系来说，这种检验也是不够的，因为唯物史观所揭示的是社会历史发展的一般规律，一种社会形态到另一种社会形态的过渡。因而对它的检验、证明不能只考察某一社会形态中的某个方面，而必须研究它的整体。马克思的《资本论》的重要意义，正在于他"从各个社会经济形态中取出一个形态（即商品经济体系）加以研究，并根据大量材料（他花了不下 25 年的工夫来研究这些材料）把这个形态的活动规律和发展规律做了极其详尽的分析"②。因而它对唯物史观的验证也不只是运用某个历史事件、某个历史片段的材料，而是运用人类历史上整整一个时代，一个最复杂的社会经济形态的材料来加以验证。

资本主义社会经济形态只是人类历史上的社会经济形态之一。对这一形态的解剖之所以能够证明作为社会发展一般规律的唯物史观，还有其特殊的条件。按照马克思的说法，"人体解剖对于猴体解剖是一把钥匙"③。低等动物身上表露的高等动物的征兆，反而只有在高等动物本身已被认识之后才能理解。社会领域也是如此，"资产阶级社会是最发达的和最多样

① 《列宁选集》第 1 卷，人民出版社 2012 年版，第 7 页。
② 同上书，第 9 页。
③ 《马克思恩格斯文集》第 8 卷，人民出版社 2009 年版，第 29 页。

性的历史的生产组织。因此，那些表现它的各种关系的范畴以及对于它的结构的理解，同时也能使我们透视一切已经覆灭的社会形式的结构和生产关系"①。同时，资产阶级的生产关系是社会生产过程中的最后一个对抗形式，而在资产阶级社会胎胞里发展的生产力，又创造着解决这种对抗的物质条件。因此，对资本主义社会经济形态的解剖，不仅能够正确地了解过去，而且有可能科学地预测未来，从而认识和把握社会历史发展的一般规律，这种解剖所证明的也就不限于资本主义社会发展规律本身。

事实上，马克思在《资本论》中所考察的也大大超过了资本主义社会经济形态的范围。为了阐明资本主义社会经济形态发生、发展到灭亡的过程，他不仅研究了前资本主义的历史，而且也预测了它的未来发展趋势。在这个意义上说，《资本论》不仅用资产阶级社会的实践，而且也是用人类全部历史的丰富材料验证了唯物史观。列宁说："既然运用唯物主义去分析和说明一种社会形态就取得了这样辉煌的成果，那么，十分自然，历史唯物主义已不再是什么假设，而是经过科学检验的理论了；十分自然，这种方法也必然适用于其余各种社会形态，虽然这些社会形态还没有经过专门的实际研究和详细分析，正像已为充分事实所证实了的种变说思想应用于整个生物学领域一样，虽然对某些动植物种来说，它们变化的事实还未能确切探明。"②

（三）《资本论》对唯物史观的验证和发展

《资本论》的任务不是要阐述历史唯物主义的基本原理，而是以历史唯物主义的观点和方法为指导，阐明资本主义经济运动的规律。在这里，把唯物史观应用于资本主义社会的过程，同时也就是对它的证明的过程。正是在对资本主义社会的历史发展及其运动规律的研究中，马克思对历史唯物主义的基本范畴和规律作了严格的考察和验证，并探讨和深化了它们的内容。

《资本论》对唯物史观的验证是系统的、全面的。就其主要内容来说，大体上可分为两个方面：一是通过深入考察资本主义社会的物质生产、政治生活和精神生活的各自的本质特征及其相互关系，揭示了资本主

---

① 《马克思恩格斯文集》第8卷，人民出版社2009年版，第29页。
② 《列宁选集》第1卷，人民出版社2012年版，第13页。

义社会是一个以其物质生产方式为基础的有机体；二是通过对资本主义社会经济形态的历史考察，阐明它从发生、发展到走向灭亡是一种自然历史过程，从而检验和证明了唯物史观的基本原理。

　　1. 资本主义社会经济形态是一个有机联系的整体。

　　按照唯物史观，与一定的生产力水平相适应的生产关系是一切社会的现实基础，并决定着社会的变迁。如果说马克思发现唯物史观曾有一个从思想关系、政治关系再到物质生产方式的过程，那么，《资本论》对资本主义社会形态的解剖，对唯物史观的验证，在考察的顺序上正好相反，即从最基本的经济关系——生产关系入手，一步步揭示出资本主义社会的全部生活内容，从而具体再现了资本主义社会的有机联系的整体。马克思认为，后者是一项比前者更为艰巨、更为复杂的工作。因为"事实上，通过分析找出宗教幻象的世俗核心，比反过来从当时的现实生活关系中引出它的天国形式要容易得多"①。

　　由于生产力决定生产关系，生产力又是生产关系的物质内容，因此，马克思在研究生产关系时首先考察了生产力的构成及其作用。

　　一般说来，生产力是由生产过程中所使用的生产资料（劳动资料和劳动对象）和具有一定生产经验和劳动技能的劳功者所构成的，它表明某一社会的人们控制和征服自然的能力。马克思说："劳动过程的简单要素是：有目的的活动或劳动本身，劳动对象和劳动资料。"② 但这只是生产力的基本要素，而不是它的全部，而且生产力中物的因素和人的因素是发展变化的。马克思在考察资本主义时代的生产力时指出："劳动生产力是由多种情况决定的，其中包括：工人的平均熟练程度，科学的发展水平和它在工艺上应用的程度，生产过程的社会结合，生产资料的规模和效能，以及自然条件。"③

　　在生产力的诸因素中，劳动资料，尤其是其中生产工具的性质，占有最主要的地位。它不仅是衡量人类劳动力发展的测量器，而且是表明社会经济形态发展阶段的指示器。马克思说："动物遗骸的结构对于认识已经绝迹的动物的机体有重要的意义，劳动资料的遗骸对于判断已经消亡的经

---

①　《马克思恩格斯文集》第 5 卷，人民出版社 2009 年版，第 429 页注。
②　同上书，第 208 页。
③　同上书，第 53 页。

济的社会形态也有同样重要的意义。各种经济时代的区别，不在于生产什么，而在于怎样生产，用什么劳动资料生产。"①

　　生产力中人的因素即劳动者占有特殊重要的地位。劳动者是生产过程中的主体和构成社会生产力的基础，人是劳动工具的创造者和使用者，物质要素只有被人所掌握，只有和劳动者结合起来才成为现实的生产力。机器不在劳动过程中服务就没有用。不仅如此，它还会由于自然界物质变换的破坏作用而解体。铁会生锈，水会腐朽。纱不用来织或编，会成为废棉。但是人本身的状况，他作为劳动力的状况，又是受客观的社会条件所制约的。只有不断改变一切对人发生影响的客观条件，使人的身体中的潜力不断地开发出来，才能使人在生产中的作用得到越来越大的发挥。因而在不同的历史条件下，人作为生产力的因素所起的作用是不同的。马克思说："人本身是他自己的物质生产的基础，也是他进行的其他各种生产的基础。因此，所有对人这个生产主体发生影响的情况，都会在或大或小的程度上改变人的一切职能和活动。在这个意义上，确实可以证明，所有人的关系和职能，不管它们以什么形式和在什么地方表现出来，都会影响物质生产，并对物质生产发生或多或少的作用。"②

　　在生产力的物的因素和人的因素的发展中，科学技术起着日益重要作用。特别是随着机器大工业的发展，越来越多地把巨大的自然力和自然科学并入生产过程，大大地提高了劳动生产力。"机器生产的原则是把生产过程分解为各个组成阶段，并且应用力学、化学等等，总之就是应用自然科学来解决由此产生的问题。"③ 同时，通过学习和教育，自然科学日益广泛地被劳动者所掌握并转变为劳动者的经验和技能，从而在生产中创造出更高的劳动生产率。因此，马克思明确指出："生产力中也包括科学。"④

　　马克思还认为，随着自然科学被日益广泛地应用于生产，人们对自然条件的利用率也扩大了。比如"机器的改良，使那些在原有的形式上本来不能利用的物质，获得一种在新的生产中可以利用的形式；科学的进

① 《马克思恩格斯文集》第 5 卷，人民出版社 2009 年版，第 210 页。
② 《马克思恩格斯全集》第 33 卷，人民出版社 2004 年版，第 350 页。
③ 《马克思恩格斯文集》第 5 卷，人民出版社 2009 年版，第 530 页。
④ 《马克思恩格斯文集》第 8 卷，人民出版社 2009 年版，第 188 页。

步，特别是化学的进步，发现了那些废物的有用性质"①。

在决定生产力的因素中，还包括"生产过程的社会结合"，也就是生产过程中劳动者的协作形式和生产资料的合理使用问题。马克思指出，初期资本主义生产比行会手工业所显示的巨大生产力，主要来自生产过程的劳动结合，即劳动者之间的协作。"问题不仅是通过协作提高了个人生产力，而且是创造了一种生产力，这种生产力本身必然是集体力。"② 这种集体力形成，一方面是由于社会接触而引起的竞争心和特有的精神振奋，从而提高了每个人的工作效率；另一方面，劳动者在有计划地同别人共同工作中，摆脱了个人的局限性，并发挥出他的种属能力。为了把这种由协作而产生的社会劳动生产率发挥出来，一切较大的共同劳动都需要统一的指挥，以协调个人的活动。因此，对生产过程的科学管理对于提高劳动生产率就具有重大意义。在马克思看来，生产过程的科学管理"是一种由社会劳动过程的性质产生并属于社会劳动过程的特殊职能"。它的存在并不是由生产的资本主义性质所引起的，而是由劳动生产力发展的客观进程所决定的。

马克思指出："发展社会劳动的生产力，是资本的历史任务和存在理由。资本正是以此不自觉地创造着一种更高级的生产形式的物质条件。"③ 就是说，在资本主义的历史时期，社会生产力确实获得了迅速而巨大的发展。但是，由其内在的矛盾所决定，这种发展不是无限的。它将不可避免地为更高级的生产形式所代替。为了说明这个问题，马克思对资本主义的生产关系进行了深入的考察。

在马克思看来，生产关系就是人们借以进行生产的社会关系，这些关系的总和，就是"从社会经济结构方面来看的社会"④。生产关系是随着生产力的发展和变化而历史地改变着的，一定社会的生产关系的总和就构成一个特殊的历史发展阶段。资本主义生产关系是随着生产力的发展而在封建生产关系崩溃的基础上产生的。其主要特征是：第一，商品生产占统治地位，工人的劳动力也成为商品，因而劳动就表现为雇佣劳动，雇佣工人是劳动的体现者，而资本家则占有一切生产资料，是人格化的资本。这

① 《马克思恩格斯文集》第 7 卷，人民出版社 2009 年版，第 115 页。
② 《马克思恩格斯文集》第 5 卷，人民出版社 2009 年版，第 378 页。
③ 《马克思恩格斯文集》第 7 卷，人民出版社 2009 年版，第 288 页。
④ 同上书，第 927 页。

就是说，资本主义的生产关系是以资本主义的生产资料私有制为基础的雇佣劳动制，资本和雇佣劳动的关系是剥削与被剥削的关系，资本家和雇佣工人是两个对立的阶级。第二，"剩余价值的生产是生产的直接目的和决定动机。资本本质上是生产资本的，但只有生产剩余价值，它才生产资本"①。剩余价值的生产，是资本主义剥削方式区别于已往的剥削方式的标志。资产阶级及其他剥削阶级共同瓜分无产阶级所创造的剩余价值，而无产阶级则只能得到与其劳动力价值相当的一部分生活资料。

生产力和生产关系处于不可分割的联系之中，两者的辩证统一构成社会生产方式。在《资本论》中，马克思具体地论证了生产关系怎样随着生产力的不断发展而发展，同时又反过来成为生产力发展的强大推动力。他指出，劳动力转化为商品，商品转化货币，货币转化为资本，每一步都是生产和交换发展的结果。商品、货币和资本既代表着生产关系发展的不同阶段，也标志着生产力发展的不同水平。如当货币转化为资本、劳动力转化为商品时，商品才得到充分地发展，成为普遍的典型的形式。新的生产关系一经出现，就成为生产进一步发展的推动力量。商品生产一经出现，价值规律就成为支配生产的杠杆，竞争促使生产者把提高劳动生产率当作首要的事情。货币的出现，克服了物物交换的困难，推动了商品生产的发展和交换的扩大。而当简单商品生产转化为资本主义的商品生产时，剩余价值的生产就成为资本主义生产的唯一目的和动力。在工人为缩短工作日而进行的斗争使资本家不能单用延长工作日的办法来增加剩余价值的生产之后，资本家就不得不用提高劳动生产率的办法来达到这一目的。

资本主义生产关系不仅随着生产力的发展而产生，而且是随着生产力的发展而变化的。那么，这是否意味着资本主义生产方式可以继续永存呢？不是的。问题在于资产阶级生产方式是建立在生产社会化和资本主义私人占有制的矛盾基础之上的。无论它经历怎样的变化，资本主义生产的唯一目的都是追求剩余价值，即榨取工人的剩余劳动。马克思说："资本主义生产的限制，是工人的剩余时间。社会所赢得的绝对的剩余时间，与资本主义生产无关。生产力的发展，只是在它增加工人阶级的剩余劳动时间，而不是减少物质生产的一般劳动时间的时候，对资本主义生产才是重

---

① 《马克思恩格斯文集》第 7 卷，人民出版社 2009 年版，第 997 页。

要的;因此,资本主义生产是在对立中运动的。"① 资本主义生产方式的发展,一方面导致了无产阶级和资产阶级矛盾的尖锐化;另一方面是个别企业的有组织性和整个社会生产无政府状态对立的加剧,导致周期性经济危机的爆发。这表明,资本主义生产关系已经与生产力的发展不能相容,资本主义制度被适应生产力进一步发展要求的共产主义制度所代替就成为历史的必然。

《资本论》是紧紧抓住生产关系来说明问题的。但是"马克思并不以这个骨骼为满足,并不仅以通常意义上的'经济理论'为限;虽然他完全用生产关系来说明该社会形态的构成和发展,但又随时随地探究与这种生产关系相适应的上层建筑,使骨骼有血有肉"②。在这里,马克思通过对资本主义社会的国家和法等政治上层建筑以及意识形态的考察,不仅验证了唯物史观关于经济基础和上层建筑、社会存在和社会意识关系的原理,并进一步丰富和发展了它们的内容。

马克思说:"从直接生产者身上榨取无酬剩余劳动的独特经济形式,决定了统治和从属的关系,这种关系是直接从生产本身中生长出来的,并且又对生产发生决定性的反作用。但是,这种从生产关系本身中生长出来的经济共同体的全部结构,从而这种共同体的独特的政治结构,都是建立在上述的经济形式上的。任何时候,我们总是要在生产条件的所有者同直接生产者的直接关系——这种关系的任何当时的形式必然总是同劳动方式和劳动社会生产力的一定的发展阶段相适应——当中,为整个社会结构,从而也为主权关系和依附关系的政治形式……发现最隐蔽的秘密,发现隐藏着的基础。不过,这并不妨碍相同的经济基础——按主要条件来说相同——可以由于无数不同的经验的情况,自然条件,种族关系,各种从外部发生作用的历史影响等等,而在现象上显示出无穷无尽的变异和色彩差异,这些变异和差异只有通过对这些经验上已存在的情况进行分析才可以理解。"③

这段精彩的论述精辟而全面地说明了资本主义社会的经济基础和上层建筑(特别是国家)的关系,是马克思对它们进行了深刻的考察和研究

---

① 《马克思恩格斯文集》第 7 卷,人民出版社 2009 年版,第 293 页。
② 《列宁选集》第 1 卷,人民出版社 2012 年版,第 9 页。
③ 《马克思恩格斯文集》第 7 卷,人民出版社 2009 年版,第 894—895 页。

的结果。它说明：第一，资本主义社会中统治和被统治关系是由资本榨取雇佣劳动者的无酬剩余劳动这一独特的经济形式决定的；第二，这种统治和被统治的关系是直接从生产本身产生的，反过来它又对生产发生"决定性的反作用"；因此第三，无论什么时候，对于任何独特的国家形式，都应从当时的生产条件所有者同直接生产者的直接关系即生产关系中，去找出它的"最深的秘密"和"隐蔽的基础"；但是第四，对此也不能从机械的、单一的因果关系上去理解，而必须注意到除经济基础外，由于无数不同的"经验事实"、自然条件、种族关系、各种从外部发生作用的历史影响等等，都会使上层建筑领域显示出无穷无尽的变异和程度差别。比如，同是在资本主义经济基础上建立的国家，就有君主立宪制、共和制等等；就是在同一个国家内，在经济基础没有发生重大变革的情况下，国家形式也可以有差别。在法国，从 1789 年资产阶级革命以来，就曾出现过"共和"和"帝制"的多次反复。如果单从经济基础出发而忽视有关的"经验事实"，就不可能对这些差异和变化作出科学的解释。

　　资本主义的经济基础决定资本主义的上层建筑，但是，上层建筑对经济基础又有巨大的反作用。马克思在考察资产阶级如何利用国家政权来确立和巩固资本主义生产关系服务时指出，在原始资本积累时期，资产阶级是借助国家暴力，颁布各种惩治被剥夺者的血腥法律，来迫使劳动者转为雇佣劳动者。大批被剥夺了土地的农民，由于不能一下子为新兴的工场手工业所吸收，由于不能立即适应资本主义剥削制度的纪律，而成为流浪者。统治者就采用极其残酷的手段来惩治这些无产者，把他们强行驱赶到资本的压榨下，变成雇佣工人。"这样，被暴力剥夺了土地、被驱逐出来而变成流浪者的农村居民，由于这些古怪的恐怖的法律，通过鞭打、烙印、酷刑，被迫习惯于雇佣劳动制度所必需的纪律。"① 此外，货币财富的积累是通过推行殖民制度，国债制度，现代税收制度和保护关税制度等方法进行的。所有这些方法都是利用国家权力，来促进从封建生产方式向资本主义生产方式的转变过程。因此，"暴力是每一个孕育着新社会的旧社会的助产婆。暴力本身就是一种经济力"②。在资本主义制度建立以后，资产阶级国家也总是采取种种措施来镇压劳动人民对资本家的任何反抗，

---

① 《马克思恩格斯文集》第 5 卷，人民出版社 2009 年版，第 846 页。
② 同上书，第 861 页。

以维持资产阶级的统治。当然，资产阶级国家也常常制定一些立法措施以缓和劳资对立，这是工人阶级有组织斗争的结果，以不损害资产阶级的根本利益为限度的。

马克思在考察资本主义社会的法权关系时指出，法权关系是一种反映着经济关系的意志关系。法权关系或意志关系的内容是由经济关系决定的。① 在历史上，每一种生产方式都产生出它所特有的法权关系。资产阶级所标榜的权利的平等和公平，也不是超现实、超历史的东西，而是商品生产关系的反映。劳动决定商品价值，劳动产品按照这个价值尺度在商品所有者之间的自由交换，就是资产阶级法权观念的现实基础。这种法权观念比起封建的法权观念无疑具有历史进步性，但又必须看到资产阶级所主张的权利平等事实上掩盖着权利的不平等。比如在资本和劳动的交换中，从表面看，资本家和雇佣劳动者作为享有意志自由的立约双方，权利是完全平等的。但在实际上这只是属于流通领域的一种表面现象。正如马克思所指出的，"劳动力的不断买卖是形式。其内容则是，资本家用他总是不付等价物而占有的他人的已经对象化的劳动的一部分，来不断再换取更大量的他人的活劳动……现在，所有权对于资本家来说，表现为占有他人无酬劳动或它的产品的权利，而对于工人来说，则表现为不能占有自己的产品"②。

马克思还深刻地揭示了资产阶级所鼓吹的"天赋人权"观念的经济根源和阶级实质。早在《神圣家族》中，马克思就曾引述黑格尔的话："'人权'不是天赋的，而是历史地产生的。"③ 而鲍威尔等人所主张的"自由的人性"，不过是要承认构成现代市民生活内容的那些精神因素和物质因素的不可抑制的运动。"因此，人权并没有使人摆脱宗教，而只是使人有信仰宗教的自由；人权并没有使人摆脱财产，而是使人有占有财产的自由；人权并没有使人放弃追求财富的龌龊行为，而只是使人有经营的自由。"④ 在《资本论》中，马克思进一步指出，资产阶级一方面把人的意志自由等等"天赋观念"捧上了天，另一方面却又把无产者和机械或代劳家畜或商品并列，把他们当作商品来购买和使用。然而，在资产阶级

①　参见《马克思恩格斯文集》第 5 卷，人民出版社 2009 年版，第 103 页。
②　同上书，第 673—674 页。
③　《马克思恩格斯全集》第 2 卷，人民出版社 1957 年版，第 146 页。
④　同上书，第 145 页。

看来，这同他们所宣扬的自由、平等、博爱等天赋人权是毫不相悖的。因为他们正是在劳动力的买卖中实现了天赋人权的乐园。马克思说："这个领域确实是天赋人权的真正伊甸园。那里占统治地位的只是自由、平等、所有权和边沁。自由！因为商品例如劳动力的买者和卖者，只取决于自己的自由意志。他们是作为自由的、在法律上平等的人缔结契约的。契约是他们的意志借以得到共同的法律表现的最后结果。平等！因为他们彼此只是作为商品所有者发生关系，用等价物交换等价物。所有权！因为每一个人都只支配自己的东西。边沁！因为双方都只顾自己……正因为人人只顾自己，谁也不管别人，所以大家都是在事物的前定和谐下，或者说，在全能的神的保佑下，完成着互惠互利、共同有益、全体有利的事业。"①

《资本论》对资产阶级的心理活动，也从物质根源上作了批判的分析。比如，在谈到资本家的挥霍、奢侈时，马克思指出，"在一定的发展阶段上，已经习以为常的挥霍，作为炫耀富有从而取得信贷的手段，甚至成了'不幸的'资本家营业上的一种必要。奢侈被列入资本的交际费用"②。马克思还引用了《工联和罢工》一书作者登宁的一段话，生动地揭露了资本家的贪婪本性和心理特征："资本害怕没有利润或利润太少，就像自然界害怕真空一样。一旦有适当的利润，资本就胆大起来。如果有10%的利润，它就保证到处被使用；有了20%的利润，它就活跃起来；有了50%的利润，它就铤而走险；有了100%的利润，它就敢践踏一切人间法律；有了300%的利润，它就敢犯任何罪行，甚至冒绞首的危险。"③

在《资本论》中，马克思还深刻地揭示了资本主义社会拜物教的秘密。"拜物教"是指人们把某种物当作神来崇拜的一种宗教迷信。在古代由于实践、水平的限制和科学知识的缺乏，对于自然界的许多现象（如森林起火、河川泛滥等等）无法理解。就把某些自然物神化。赋予它们以超自然的、支配人的命运的力量，把它们当作神来崇拜。在以私有制为基础的商品生产条件下，特别是在资本主义社会中，同样存在类似的拜物教观念，这就是商品拜物教以及货币拜物教和资本拜物教。

马克思指出，资本主义社会的拜物教是由商品经济的发展而产生的。

---

① 《马克思恩格斯文集》第5卷，人民出版社2009年版，第204—205页。
② 同上书，第685页。
③ 同上书，第871页注。

在商品世界中，劳动产品的社会性是作为商品通过市场交换来实现的。商品生产者之间的互换关系，表现为物与物之间的关系；而且作为彼此独立经营的商品生产者，他的商品能否卖出并以何种价格卖出，给他带来的是盈利还是亏损，是幸福还是苦难，这是由他所不能控制的商品生产和交换的规律所支配的。这样，商品的命运就决定着它的生产者的命运。市场的盲目自发势力就成为一种神秘的力量统治着商品生产者。这就是产生商品拜物教的根源。货币拜物教是商品拜物教的发展形态。货币是充当一般等价物的特殊商品。货币的出现，进一步用物的关系掩盖了商品生产的社会关系，原来商品生产者的命运取决于商品能不能顺利交换，现在则取决于能不能换成货币，原来是商品支配人，现在变成货币支配人。"钱能通神""有钱能使鬼推磨"，似乎货币是天然地具有支配人的命运的神秘力量。在它面前，任何力量都得甘拜下风。"因此，货币拜物教的谜就是商品拜物教的谜，只不过变得明显了，耀眼了。"① 资本拜物教就是把资本的价值增值看作是物本身具有的魔力的一种错误观念。本来，资本是增值价值的价值，它反映了资本家和雇佣工人之间的剥削和被剥削的关系。但在资本运动过程中，它采取了生产资料、商品、货币等物质形态，于是就给人以错觉，似乎这些物天然就是资本，它本身就具有增值价值的魔力，特别是生息资本，从表面上看来，更直接地表现为资本自身的增值能力。所以马克思说："在生息资本的形式上，资本拜物教的观念完成了。"②

总的来说，这些拜物教的特点，就是"把物在社会生产过程中像被钉上烙印一样获得的社会的经济的性质，变为一种自然的、由这些物的物质本性产生的性质"③，用物与物的关系来掩盖人与人的社会关系，掩盖资本对雇佣劳动的剥削，因而资产阶级总是竭力宣扬这种拜物教观念，为剥削制度的合理性辩护。

马克思还对资产阶级社会的道德的本质作了批判性的考察。指出，资产阶级在道德上表现的利己主义本性，如为了榨取剩余价值而不顾工人的健康和生命安全，生产上的掺假，交易中的欺骗，等等，并不取决于资本家的个人品质，而是根源于资本主义的经济关系及其运动规律。马克思对

---

① 《马克思恩格斯文集》第 5 卷，人民出版社 2009 年版，第 113 页。
② 《马克思恩格斯文集》第 7 卷，人民出版社 2009 年版，第 449 页。
③ 《马克思恩格斯文集》第 6 卷，人民出版社 2009 年版，第 251 页。

资产阶级的道德观念作了生动的描绘：在每次证券投机中，每个人都知道暴风雨总有一天会到来，但是每个人都希望暴风雨在自己发了财并把钱藏好以后落到邻人的头上。"我死后哪怕洪水滔天！"这就是每个资本家和每个资本家国家的口号。同时又指出：不过总的说来，这也并不取决于个别资本家的善意或恶意。而是"自由竞争使资本主义生产的内在规律作为外在的强制规律对每个资本家都起作用"①。

以上是马克思在《资本论》中考察资本主义社会形态的部分内容。但也可以看出马克思已经揭示了资本主义社会是一个以其生产关系为基础的有机体，资本主义的生产方式制约着整个社会生活、政治生活和精神生活的过程。从而证明了唯物史观关于社会结构的理论。

2. 社会经济形态的发展是一种自然历史过程。

马克思在《资本论》第 1 卷第 1 版序言中说："我的观点是把经济的社会形态的发展理解为一种自然史的过程。"② 这一论断，高度地概括了唯物史观的本质特征，指明了社会历史发展过程的客观性和辩证性。这是马克思深入考察资本主义经济运动规律得出的科学结论，也是对唯物史观科学证明的重要表现。

马克思指出，私有制作为公共的、集体所有制的对立物，只是在劳动资料和劳动的外部条件属于私人的地方才存在。而私有制的性质又依这些私人是劳动者还是非劳动者而有所不同。

劳动者对生产资料的私有权是小生产的基础。在这种小规模的生产方式下，生产资料是分散的，它排斥协作和生产过程的内部分工，排斥社会生产力的自由发展。这种生产方式发展到一定程度，就造成消灭它自身的物质手段。从这时起，社会内部感受到它的束缚的力量和激情，就会活动起来。它的消灭，意味着分散的生产资料转化为社会集中的生产资料，多数人的小财产转化为少数人的大财产，广大人民群众被剥夺了土地、生活资料、劳动工具等，从而使生产者同生产资料相分离，其结果，一方面把社会的生产资料、生活资料集中和积累起来，转化为资本；另一方面又把直接生产者转化为雇佣劳动者。资本主义生产方式的产生，就是在生产力发展的基础上，资产阶级通过暴力手段剥夺直接生产者，强迫他们同生产

---

① 《马克思恩格斯文集》第 5 卷，人民出版社 2009 年版，第 312 页。
② 同上书，第 10 页。

资料相分离的过程。

　　资本主义生产关系作为一种新的、进步的生产关系产生后，它是适合生产力发展的。在它的稳定发展时期，曾显示出空前强大的生命力。"资产阶级在它的不到100年的阶级统治中所创造的生产力，比过去一切世代创造的全部生产力还要多，还要大。"① 资产阶级学者只看到资本主义生产关系的这一面，因而鼓吹它是美好的、永恒的。而马克思则运用唯物史观深入地揭示了资本主义生产方式的实质是资本无限榨取工人的剩余价值，这就决定了资本主义社会两个阶级的物质利益的根本对抗性。同时，在资本主义生产发展过程中，由于资本受剩余价值规律的支配和竞争规律的作用，资本不仅剥夺小生产者，而且在资本家之间也互相吞并，"一个资本家打倒许多资本家"，使生产资料日益集中到少数大资本家手中。这种资本集中的结果，导致资本主义的生产社会化和资本家私人占有制之间的矛盾日益尖锐。一方面，规模不断扩大的劳动过程和协作形式日益发展，科学技术日益被自觉地应用于生产，一切生产资料日益被当作结合的生产资料来利用，各国人民被卷入世界市场网络，资本的国际联系日益加强，这一切都使得劳动过程不断社会化，但另一方面，掠夺和垄断这一转化过程中的全部利益的资本巨头却不断减少。其结果，"资本的垄断成了与这种垄断一起并在这种垄断之下繁盛起来的生产方式的桎梏。生产资料的集中和劳动的社会化，达到了同它们的资本主义外壳不能相容的地步。这个外壳就要炸毁了。资本主义私有制的丧钟就要响了。剥夺者就要被剥夺了"②。

　　资本主义生产方式的产生、发展的过程表明，资本主义私有制是对以个人劳动为基础的私有制的否定。随着资本主义生产的发展，又必然引起对资本主义私有制自身的否定。这是否定的否定，后一个否定并不是重新建立私有制，而是在资本主义所造成社会化大生产的基础上，建立起生产资料公有制的社会。

　　这样，马克思就以资本主义社会的经验材料证明，社会经济形态不是永恒不变的，而是有其发生、发展到灭亡的过程的，这一过程归根到底是由生产力和生产关系的矛盾运动引起的。因而是客观的，不依人们意志为

---

① 《马克思恩格斯文集》第2卷，人民出版社2009年版，第36页。
② 《马克思恩格斯文集》第5卷，人民出版社2009年版，第874页。

转移的。

马克思强调社会经济形态的发展是一种自然历史过程，并不意味着忽视人的创造活动。恰恰相反，只有从这一基本观点出发，才能正确说明人在历史发展中的作用和如何创造历史。马克思在《资本论》第 1 卷第 1 版序言中说："一个社会即使探索到了本身运动的自然规律——，本书的最终目的就是揭示现代社会的经济运动规律——它还是既不能跳过也不能用法令取消自然的发展阶段。但是它能缩短和减轻分娩的痛苦。"① 这就是说，第一，社会的发展同自然界一样是有规律的，这种规律是客观的、必然的、不依人的意志为转移的。当然，和自然界不同，在社会历史过程中活动的人都是有意识、有目的，但这些活动不能摆脱客观规律，随意跳过或取消历史发展阶段。正如奴隶社会不可能跳过封建社会而直接进入资本主义社会一样，封建社会也不能跳过资本主义社会而直接进入共产主义社会。第二，人在客观规律面前不是无能为力的，人们可以创造条件改变规律借以发挥作用的形式，使规律朝着有利于自己的方向发展，从而"缩短和减轻分娩痛苦"。正如封建社会代替奴隶社会是历史发展的必然趋势一样，社会主义代替资本主义也是历史发展的必然。但是社会主义何时"分娩"，如何"分娩"，人的能动作用发挥的程度具有重要的作用。由此可见，把唯物史观关于历史发展客观规律性的思想同发挥人的主体能动性对立起来，是不正确的。

三　《资本论》中的科学方法论

《资本论》的方法，从根本上说，就是唯物辩证法，它是在批判地吸取了黑格尔辩证法合理思想上建立起来的。恩格斯说："马克思过去和现在都是唯一能够担当起这样一件工作的人，这就是从黑格尔逻辑学中把包含着黑格尔在这方面的真正发现的内核剥出来，使辩证方法摆脱它的唯心主义的外壳，并把辩证方法在使它成为唯一正确的思想发展形式的简单形态上建立起来。马克思对于政治经济学的批判就是以这个方法作基础的，这个方法的制定，在我们看来是一个其意义不亚于唯物主义基本观点的

---

① 《马克思恩格斯文集》第 5 卷，人民出版社 2009 年版，第 10 页。

成果。"①

（一）《资本论》中的科学方法论与黑格尔的辩证法

黑格尔是德国古典哲学中集辩证法之大成者。"他第一个全面地有意识地叙述了辩证法的一般运动形式。"② 但是黑格尔是唯心主义者，在他那里，辩证法是头足倒置的。马克思唯物主义地改造了黑格尔的辩证法，从它的神秘外壳中剥离出合理内核，并丰富和发展了它的内容。

马克思对黑格尔辩证法的改造，早在 19 世纪 40 年代初参加青年黑格尔运动时就已开始。当时，他还是唯心主义者。但他用自我意识去改造黑格尔从绝对观念出发的辩证法，突出自我意识和人的地位，强调哲学在改造世界中的作用。这显然比黑格尔哲学更富有战斗力，更能适应马克思革命民主主义立场的需要。当马克思通过参加现实斗争和理论研究，并在费尔巴哈影响下转向唯物主义立场之后，他用人本主义去改造黑格尔辩证法，这突出表现在《1844 年经济学哲学手稿》中。在这里，马克思对黑格尔的"作为推动原则和创造原则的否定性辩证法"给予很高的评价，并且作为异化劳动理论的哲学依据之一加以改造和吸收，同时也批判了黑格尔辩证法的神秘性和保守性。1845—1846 年，马克思写的《关于费尔巴哈的提纲》、与恩格斯合著的《德意志意识形态》，标志着马克思主义世界观的产生，同时也是马克思从彻底唯物主义立场出发，改造了黑格尔辩证法的起点。此后写出的《哲学的贫困》《共产党宣言》，都是马克思和恩格斯 40 年代改造黑格尔辩证法的重要著作。

从内容上看，马克思对黑格尔辩证法的意义的认识，也有一个深化的过程。在黑格尔那里，辩证法、认识论和逻辑学是同一而不可分割的。而马克思对黑格尔哲学意义的理解，首先是在"本体论"方面。如《1844年经济学哲学手稿》中，马克思所注重的是否定之否定规律；在《哲学的贫困》中，批判了蒲鲁东对黑格尔辩证法的歪曲，重点研究了对立统一规律等，都是如此。这同马克思理论活动的重点——探索历史运动的一般规律，有密切关系。

50 年代以后，马克思集中主要精力研究政治经济学，深入解剖资本

---

① 《马克思恩格斯选集》第 2 卷，人民出版社 1995 年版，第 42—43 页。
② 《马克思恩格斯文集》第 5 卷，人民出版社 2009 年版，第 22 页。

主义生产方式。这时，他对黑格尔辩证法的改造有了进一步加强，在内容上日益重视黑格尔辩证法在作为认识方法和逻辑方法方面的意义。特别是在《资本论》中，唯物辩证法首先是作为科学方法论来应用的。这是自然的。因为这时马克思已在研究资产阶级社会中，积累了"堆积如山"的材料，要对它们进行加工、整理，按照逻辑系统的要求，形成严整的科学理论体系，没有科学方法是难以奏效的。这从马克思本人的有关论述中也可以清楚地看出来。

1858 年初，马克思正在从事《1857—1858 年经济学手稿》（即《资本论》第 1 稿）写作的时候，在给恩格斯的信中说："我又把黑格尔的《逻辑学》浏览了一遍，这在材料加工的方法上帮了我很大的忙。如果以后再有工夫做这类工作的话，我很愿意用两三个印张把黑格尔所发现、但同时又加以神秘化的方法中所存在的合理的东西阐述一番，使一般人都能够理解。"①

1868 年 5 月，马克思在给约·狄慈根的信中又重申了这个志愿。他说："一旦我卸下经济负担，我就要写《辩证法》。辩证法的真正规律在黑格尔那里已经有了，当然是具有神秘的形式。必须去除这种形式。"②

1873 年，马克思在《资本论》第 1 卷第 2 版的《跋》中又讲到："将近 30 年以前，当黑格尔辩证法还很流行的时候，我就批判过黑格尔辩证法的神秘方面。但是，正当我写《资本论》第 1 卷时，今天在德国知识界发号施令的、愤懑的、自负的、平庸的模仿者们，却已高兴地像莱辛时代大胆的莫泽斯·门德尔松对待斯宾诺莎那样对待黑格尔，即把他当做一条'死狗'了。因此，我公开承认我是这位大思想家的学生，并且在有关价值理论的一章中，有些地方我甚至卖弄起黑格尔特有的表达方式。"③

鉴于人们对《资本论》所应用的方法理解得很差，一些资产阶级学者更是把《资本论》的方法诬蔑为"黑格尔的诡辩"等等，马克思也旗帜鲜明地论述了自己的辩证法与黑格尔辩证法的本质区别。1867 年，杜林在其所写的《资本论》第 1 卷的书评中，把马克思的辩证方法同黑格

① 《马克思恩格斯文集》第 10 卷，人民出版社 2009 年版，第 143 页。
② 同上书，第 288 页。
③ 《马克思恩格斯文集》第 5 卷，人民出版社 2009 年版，第 22 页。

尔的辩证方法混为一谈。马克思驳斥说：“我的阐述方法不是黑格尔的阐述方法，因为我是唯物主义者，而黑格尔是唯心主义者。黑格尔的辩证法是一切辩证法的基本形式，但是，只有在剥去它的神秘的形式之后才是这样，而这恰好就是我的方法的特点。”① 在 1873 年写的《资本论》第 1 卷第 2 版的《跋》中，马克思进一步指出：“我的辩证方法，从根本上来说，不仅和黑格尔的辩证方法不同，而且和它截然相反。”② 在黑格尔看来，思维过程即概念是独立的主体，而且是现实事物的创造主，而现实事物只是思维过程的外部表现。而马克思的看法则相反，观念的东西不外是移入人的头脑并在人的头脑中改造过的物质的东西而已。简言之，黑格尔的辩证法是唯心主义辩证法，而马克思的辩证法是唯物主义辩证法。其次，黑格尔的辩证法是资产阶级的世界观和方法论，而马克思主义的辩证法则是无产阶级的世界观和方法论。正因为如此，“辩证法，在其神秘形式上，成了德国的时髦东西，因为它似乎使现存事物显得光彩。辩证法，在其合理形态上，引起资产阶级及其空论主义的代言人的恼怒和恐怖，因为辩证法在其对现在事物的肯定的理解中同时包含对现存事物的否定的理解，即对现存事物的必然灭亡的理解；辩证法对每一种既成的形式都是从不断的运动中，因而也是从它的暂时性方面去理解；辩证法不崇拜任何东西，按其本质来说，它是批判的和革命的”③。

（二）《资本论》中科学方法论的主要内容

列宁在概括《资本论》的方法论时指出：马克思在这一著作中，首先分析了资产阶级社会里“最简单、最普遍、最基本、最常见、最平凡、碰到亿万次的关系——商品交换”④。商品是资产阶级社会的“细胞”，它已经包含着资产阶级社会“一切矛盾的胚芽”，“已经包含着资本主义的尚未展开的一切主要矛盾”，由此出发，马克思一步一步深入地、详细地分析，揭示出这些矛盾以及这个社会的各部分的复杂关系和自始至终的矛盾发展过程。⑤

---

① 《马克思恩格斯文集》第 10 卷，人民出版社 2009 年版，第 280 页。
② 《马克思恩格斯文集》第 5 卷，人民出版社 2009 年版，第 22 页。
③ 同上。
④ 参见《列宁全集》第 38 卷，人民出版社 1959 年版，第 409 页。
⑤ 参见同上书，第 190 页。

列宁的这段概括说明，马克思在《资本论》中所应用的辩证方法，主要有以下特点：一是把反映资本主义社会现实的概念、范畴的推移、转化看成是由于内在矛盾而不断发展的过程，这就是矛盾分析的方法；二是把这些概念、范畴的推移、转化看成是由简单到复杂的发展过程，也就是由抽象上升到具体的方法；三是矛盾分析的方法和由抽象上升到具体的方法，都必须以现实的历史进程为基础，这就是逻辑和历史相统一的方法。

1. 矛盾分析的方法。

政治经济学研究的不是物，而是人与人之间的关系。可是这些关系总是同物结合着，而且是作为物出现的。过去的经济学家虽然在个别场合也曾察觉到这种联系，但总的来说，他们是见物不见人，不能透过物的关系揭示人和人的关系。只有马克思才运用唯物辩证法首先是矛盾分析方法，第一次系统地揭示了资本主义经济运动的客观规律，澄清了经济学研究中的混乱。恩格斯说：马克思对政治经济学的研究，是从历史上和实际上摆在我们面前的、最简单的经济关系出发的。"既然这是一种关系，这就表示其中包含着两个相互关联的方面。我们分别考察每一个方面；由此得出它们相互关联的性质，它们的相互作用。于是出现了需要解决的矛盾……这些矛盾也是在实践中发展着的，并且可能已经得到了解决。我们考察这种解决的方式，发现这是由建立新关系来解决的，而这个新关系的两个对立面我们现在又需要展开说明，等等。"① 这也是对《资本论》中的矛盾分析方法的说明。

在马克思看来，辩证的矛盾是对立物的统一。它存在于一切事物的发展过程之中，也贯穿于资本主义发展的始终。因此，要认识和研究资本主义社会及其发展规律，也必须分析资本主义经济的内在矛盾，分析矛盾如何从一开始的萌芽状态一步步扩大和发展成为尖锐对立状态，找出解决矛盾的途径。马克思正是运用这种矛盾分析的方法，揭示出资本主义从发生、发展到必然灭亡的客观辩证法的。

商品是资本主义生产的最单纯的要素。在《资本论》中马克思从分析商品的内在矛盾开始的。他指出，商品具有两重性，是使用价值和交换价值的对立统一。使用价值为具体劳动所创造，交换价值为抽象劳动所创造，使用价值和交换价值这个矛盾，是以劳动的两重性——具体劳动和抽

① 《马克思恩格斯选集》第2卷，人民出版社1995年版，第44页。

象劳动的对立统一为基础的。而在私有制社会中，具体劳动和抽象劳动的矛盾，又是由商品生产者的私人劳动和社会劳动之间的矛盾引起的。

随着商品交换过程的扩大和加深，出现了货币。货币是充当一般等价物的特殊商品。在它出现以后，各种具有不同使用价值的商品通过货币的媒介作用，实现全面的互相交换，这就解决了物物交换过程中遇到的困难。但是货币的出现，又使商品内在矛盾以新的形式扩大了。以前是商品和商品的对立，现在是商品和货币的对立。原来以商品和商品交换的过程（商品—商品），现在则分裂为"商品—货币"和"货币—商品"两个过程，即分裂成为卖和买两种行为。商品和货币的矛盾表现为：一方面，商品所有者可能遇到商品卖不出去，也即商品不能转化为货币的情况；另一方面，货币持有者也有可能等待时机而不立即购买商品。这样，商品内在的使用价值和价值的矛盾，具体劳动和抽象劳动、私人劳动和社会劳动的矛盾就成为更发展的运动形式。在这里，已包含着买卖脱节、导致危机的可能性。

当货币由流通手段发展成为能够产生剩余价值的时候，货币就转化为资本。马克思说："有了商品流通和货币流通，决不是就具备了资本存在的历史条件。只有当生产资料和生活资料的占有者在市场上找到出卖自己劳动力的自由工人的时候，资本才产生。"① 因此，货币转化为资本的决定性条件是劳动力成为商品。作为商品的劳动力，和其他一切商品一样，也是价值和使用价值的对立统一。它的价值就是生产劳动力的劳动时间，即生产和维持工人自身及其家庭的生活资料的必要时间，表现形式为工资。而劳动力的使用价值就在于，在其使用过程中所创造的价值大于劳动力本身的价值，这就是被资本家所占有的剩余价值。资本不是物自身，而是资本剥削雇佣劳动的关系。这样，商品和货币的矛盾在资本主义生产中就发展成为资本的矛盾，即资本家和雇佣工人的矛盾。

马克思指出，资本主义的生产过程，是资本主义的商品生产过程，是劳动过程与价值增值过程的对立统一。劳动过程是使用价值的生产过程，价值增值是剩余价值的生产过程，资本主义生产的目的在于生产剩余价值。剩余价值的两种形式：绝对剩余价值和相对剩余价值。绝对剩余价值是靠延长工人工作日的时间而产生的剩余价值。资本家总是尽可能延长工

---

① 《马克思恩格斯文集》第 5 卷，人民出版社 2009 年版，第 198 页。

人的工作日时间，而工人则为缩短工作日时间而斗争，从而使无产阶级和资产阶级矛盾激化。相对剩余价值是借助提高劳动生产率以减少必要的劳动时间，从而相对地增加剩余劳动时间而产生的剩余价值。正是相对剩余价值的生产，推动着资本家不断地改革技术、改进企业的经营管理，从而提高劳动生产率。所以马克思说："相对剩余价值的生产使劳动的技术过程和社会组织发生彻底的革命。"① 相对剩余价值生产是一种更为隐蔽的剥削方式，它是通过降低劳动力价值来实现的。

资本家从工人那里剥削得来的剩余价值有两条出路：一条是全部用于资本家的消费，在这种情况下，资本家再生产的规模不变，这是简单再生产；另一条是用来扩大生产规模的，也就是把剩余价值转化为资本，使原有资本增加，这就是扩大再生产或资本积累。这后一条出路是资本家所追求的。随着扩大再生产或资本积累的发展，生产的社会化和资本主义私人占有制之间的矛盾、单个企业内部生产有组织性和整个社会生产的无政府状态之间的矛盾、无产阶级和资产阶级之间的矛盾也在发展着。这些矛盾发展到一定阶段，就不可避免地出现生产过剩的经济危机。原先在简单商品生产和流通中潜伏着的危机的可能性，现在已经完全变为现实，资产阶级社会的经济"细胞"——商品交换中孕育着的资本主义的"一切矛盾的萌芽"，现在已充分地展开。经济危机表明生产资料的集中和劳动的社会化已达到了同它们的资本主义外壳不能相容的地步。这个矛盾是资本主义制度本身所不能解决的，用适合生产力发展要求的社会主义公有制代替资本主义私有制就成为历史的必然。

这样，马克思就通过矛盾分析的方法，揭示了资本主义发生、发展和灭亡的客观规律。列宁在评价马克思所运用科学方法时认为，"一般辩证法的阐述（以及研究）方法也应当如此（因为资产阶级社会的辩证法在马克思看来只是辩证法的局部情况）"②。毛泽东在《矛盾论》中也指出："这是研究任何事物发展过程所必须应用的方法。"③

2. 从抽象上升到具体的方法。

从抽象上升到具体的方法，是黑格尔首先提出来的，是他用以构造其

---

① 《马克思恩格斯文集》第 5 卷，人民出版社 2009 年版，第 583 页。

② 《列宁选集》第 38 卷，人民出版社 1959 年版，第 409 页。

③ 《毛泽东选集》第 1 卷，人民出版社 1991 年版，第 307 页。

哲学体系的基本方法之一。黑格尔《逻辑学》中的全部范畴，认识运动要从最简单的现象开始，然后一步一步进行复杂的、关于认识对象的整体的认识。也就是说，这是一个在思维中把认识对象作为一个具体的整体完整地再现出来的方法。在《资本论》中，马克思批判地吸取了黑格尔的合理思想，提出了辩证唯物主义的从抽象上升到具体的方法。

马克思指出，科学认识的对象，首先总是表现为某种发展过程的结果，因而也总是由各方面、各部分结合而成的整体。在客观的具体事物面前，人们首先是通过感性直观，认识事物的表面现象，或者用马克思的话来说，还只是这个具体事物的"混沌的表象"。这时所达到的认识还是空洞的、肤浅的。为了深入认识这个事物，必须对感性直观中所得到的关于整体的混沌表象加以分析，把它分解为个别的、简单的部分或方面，逐一地、单独地加以考察。随着认识活动的进行，我们就会达到"越来越简单""越来越抽象"的规定和概念。但是认识还不能仅仅停留在这个阶段，因为任何一个具体事物都不是一些简单规定的机械的堆砌，而是作为多样性的统一整体而存在的。如果停留在这个阶段上，那就会使各个规定和方面脱离该事物的整体，使它们成为孤立的、静止的东西。古典政治经济学家的错误之一，正是在于他们采用了这种形而上学的方法。

为了能够把握事物的整体，在把认识对象分解为一些抽象的简单的规定之后，认识的行程就要"倒过头来"，通过综合，抽象的、简单的规定结合起来，把具体事物的整体在头脑中再现出来。这时认识所达到的整体的认识，已经不再是"混沌的表象"，而是一个复杂的整体，是一个"具有许多规定和关系的丰富的总体了"①。由此可见，整个认识过程是由两条相反的道路组成的。第一条道路的主要特点是分析，即把"完整的表象蒸发为抽象的规定"；第二条道路的主要特点是综合，即"抽象的规定在思维行程中导致具体的再现"②。作为从抽象上升为具体的方法，指的是第二条道路，但它以第一条道路为前提。

黑格尔在谈到从抽象上升到具体这一辩证方法时曾说过，"认识是从内容进展到内容。首先这个前进运动的特征就是：它从一些简单的规定性开始，而在这些规定性之后的规定性就愈来愈丰富，愈来愈具体。因为结

---

① 《马克思恩格斯选集》第2卷，人民出版社1995年版，第18页。
② 同上。

果包含着自己的开端，而开端的运动用某种新的规定性丰富了它。……在继续规定的每一个阶段上，普遍的东西不断提高它以前的全部内容，它不仅没有因其辩证的前进运动而丧失了什么，丢下了什么，而且还带着一切收获物，使自己的内部不断丰富和充实起来"①。这就是说，在认识"具体概念"的开始阶段，只能得到一些抽象的"简单的规定"；随着认识的前进，愈是在后面的概念包含的内容愈丰富、愈具体，因为它不是把前面的环节丢在一边，而是把前面各个环节都作为"收获物"包含在内，同时又用某种新的规定丰富了它。这个过程也就是黑格尔所说的从简单范畴的辩证活动增殖为思想群，从思想群增殖为思想系列，从思想系列增殖为整个体系的过程。②

　　黑格尔的思想是建立唯心主义基础之上的。因为他"陷入幻觉，把实在理解为自我综合、自我深化和自我运动的思维的结果"③。但他对范畴运动的辩证性的理解是合理的。马克思吸收了黑格尔的合理思想，并把它运用于政治经济学的研究，成为《资本论》的逻辑的重要组成部分。

　　《资本论》对于资本主义社会这一具体事物的认识，是从商品这个简单的、抽象的规定开始的，然后进入较为具体的货币概念。货币是一种特殊商品，它担负着其他商品所不能担负的职能，包括的内容比商品更复杂，因而是一个比商品具有更多规定性的概念。货币因剥削工人的剩余价值而增值时，才成为资本。资本这个概念不仅包含着货币，而且也包含着劳动力变为商品、资本家剥削工人剩余价值等方面的内容，因此资本这个概念比起货币来其内容更为复杂，也是更为具体的概念。在考察了资本的特点，确定了资本主义生产是剩余价值生产，以及剩余价值形式（绝对剩余价值和相对剩余价值）之后，马克思进一步谈到了资本的积累。资本积累是《资本论》第1卷所论述的最复杂的也是最具体的概念，它包含着在此以前的一切概念的内容，是这一卷一系列概念的总结。

　　《资本论》第1卷所考察的还只是资本主义生产过程这一个侧面。资本的流通过程这个侧面暂时被撇开了。而事实上在资本主义生产中，生产过程和流通过程是结合在一起，统一在一起的。第1卷最后所讲的"资

---

① 参见《列宁全集》第38卷，人民出版社1959年版，第249—250页。
② 参见《马克思恩格斯文集》第1卷，人民出版社2009年版，第601页。
③ 《马克思恩格斯选集》第2卷，人民出版社1995年版，第18—19页。

本的积累"，就其实际过程来说，就经历了资本流通的三个阶段：货币资本转化为生产资本要素，即资本家用货币购买生产资料和劳动力等商品；资本家使购买来的生产资料和劳动力结合，进行生产，从事生产的消费，资本家出售的商品，换回货币。这三个阶段也就是《资本论》第2卷的考察对象。这里所涉及的概念要比第1卷的更为丰富和具体。《资本论》第3卷的总标题是"资本主义生产的总过程"。在这里，资本主义生产这个具体的事物，已经作为"一个具有许多规定和关系的丰富整体"而呈现出来，作为第1卷所研究的"资本的生产过程"和第2卷所研究的"资本的流通过程"两者的统一物而呈现出来。所以马克思说，第3卷所要找出和说明的，是资本的运动过程当作一个总体来看时所产生的各种具体形态。也正因为如此，在这一卷中所提出的经济概念，如价格、利润、利息、地租等等，都是生产过程和流通过程统一的产物，都是反映了资本主义这一具体事物的各种复杂矛盾关系的具体概念。

任何一门科学，都是通过特定概念和范畴来把握认识对象的，因而也都是按照一定逻辑顺序来展开的概念、范畴体系。在马克思看来，科学对象本身是一个运动着的有机联系的整体。因此，作为反映对象的科学理论体系，在其概念、范畴的排列上也不应当是任意的、无联系的组合，而应当是按照对象本身所固有的内在联系和运动规律，从简单到复杂、从抽象到具体，一步步地展现出概念、范畴的发展层次，再现对象本身的客观逻辑。在《资本论》中，反映资本主义经济关系及其辩证运动的经济范畴，正是按照这种顺序来安排的。从商品到货币，从货币到资本……高一级的范畴立于低一级范畴的基础之上，同时又是更高一级范畴的基础。从内容上说，只有考察了前一种范畴，才能说明后一种范畴，如只有考察了商品，才能说明货币，只有考察了货币才能说明资本……各个范畴之间的逻辑顺序不能跳跃，更不能颠倒，从整个范畴体系中抽掉任何一个中间环节，后面的范畴就是难以理解的。

这种范畴之间的逻辑顺序，看起来似乎是先验的。其实，它是以对大量材料的研究为基础，是对资本主义生产方式的内部结构及其发展的客观逻辑的反映。马克思说："当然，在形式上，叙述方法必须与研究方法不同。研究必须充分地占有材料，分析它的各种发展形式，探寻这些形式的内在联系。只有这项工作完成以后，现实的运动才能适当地叙述出来。这点一旦做到，材料的生命一旦在观念地反映出来，呈现在我们面前的就好像是一个先验的结构了。"①

3. 逻辑和历史相统一的方法。

逻辑和历史相统一（亦叫逻辑的东西和历史的东西相一致），马克思在《资本论》中所运用的原则和方法之一。所谓历史，仅是指客观现实的历史发展过程，而且也包括反映客观现实的人类认识的历史发展过程。所谓逻辑，就是指人的思维对上述历史发展过程的概括反映，也即历史在理论思维中的再现。逻辑与历史相统一，就是指思维的逻辑与客观现实的历史，以及思维的历史相一致。

逻辑和历史相统一的思想，首先是由黑格尔提出来的。黑格尔认为，逻辑概念的发展与历史上哲学体系的发展是一致的。但是，在他看来，历史上的每一种哲学体系不过是绝对理念发展的特殊阶段。因此，黑格尔所谓的逻辑和历史的统一，不仅局限于思想领域，而是建立在唯心主义基础之上的，马克思和恩格斯对黑格尔的这一原则进行了批判的改造，使之成为辩证唯物主义法则，并扩展了它的内容。

马克思在《资本论》中运用逻辑和历史相统一的方法，同从抽象上升到具体的方法有着密切的联系。这就是：从抽象上升到具体的逻辑进程，在逻辑的内容上应当是和历史相统一的。

恩格斯在概括逻辑和历史相统一的方法时指出："历史从哪里开始，思想进程的进一步发展不过是历史进程在抽象的、理论上前后一贯的形式上的反映；这种反映是经过修正的，然而是按照现实的历史过程本身的规律修正的，这时，每一个要素可以在它完全成熟而具有典范形式的发展点上加以考察。"这就是说，第一，理论的逻辑的起点和进程都应与客观现实的历史发展进程相一致。例如在《资本论》中对于从商品到货币，再到资本的发展过程的逻辑展开，就是现实历史中先有商品交换，进而在发展中出现作为商品交换的一般等价物的货币，随后到了资本主义生产条件具备时货币又转化为资本的现实过程在理论上的反应。第二，逻辑和历史的统一，是在总的发展趋势上的统一，如两者都是从低级到高级、从简单到复杂的发展过程等。但是这种统一是包含着差别的统一。这是因为，历史的发展常常包含着无数的细节和偶然的因素，甚至是通过迂回曲折的道路来表现其规律性的。如果一定要对历史跟踪不失，势必使科学研究工作

---

① 《马克思恩格斯文集》第 5 卷，人民出版社 2009 年版，第 22 页。

漫无边际，如坠入烟海，难以达到揭示历史发展规律的目的。思维逻辑的任务在于对历史作出理论的概括和总结，它撇开历史发展中的各种细节和偶然因素，以"纯粹"的理论形态把握历史发展的规律。因此，逻辑对历史的反映是"经过修正的"。

那么，在研究经济范畴的发展时，是否无条件地都要以研究对象在历史上出现的先后为顺序呢？不是的。例如马克思指出，在研究资本主义的经济范畴时，从地租开始，从土地所有制开始，似乎是再自然不过的了，因为它是同土地，即同一切生产和一切存在的源泉结合着的，并且它又是同一切多少固定的社会的最初的生产形式，即同农业结合着的。但是，这是最错误不过的了。[①] 为什么是错误的呢？马克思指出，这是因为"在一切社会形式中都有一种一定的生产决定其他一切生产的地位和影响……这是一种普照的光，它掩盖了一切其他色彩，改变着它们的特点"[②]。在古代社会和封建社会，耕作居于支配的地位，那里连工具、工业的组织以及与工业相应的所有制形式都多少带着土地所有制的性质，"在中世纪，甚至资本——不是指纯粹的货币资本——作为传统的手工工具等等，也具有这种土地所有制的性质"[③]。而在资产阶级社会中情况正好相反。农业越来越变成仅仅是一个工业部门，完全受资本支配。地租也是如此。在土地所有制居于支配地位的社会形式中，自然联系还占优势。在资本居于支配地位的社会形式中，社会、历史所创造的因素占优势。不懂资本便不能懂地租，不懂地租却完全可以懂资本。资本是资产阶级社会支配一切的经济权力，因而必须放在土地所有制之前来说明。

因此，把经济范畴按它们在历史上起决定作用的先后次序来安排是不行的，错误的。它们的次序是由它们在现代资产阶级社会中的相互关系决定的。"问题不在于各种经济关系在不同社会形式的相继更替的序列中在历史上占有什么地位……而在于它们在现代资产阶级社会内部的结构。"[④]

由此可见，在马克思看来，逻辑顺序和现实历史过程既相一致，又有区别。这里的关键在于简单的范畴在比较具体的范畴以前是否有一种独立的历史存在或自然存在，在于它与占支配地位的范畴之间的关系。马克思

① 参见《马克思恩格斯选集》第 2 卷，人民出版社 1995 年版，第 24 页。
② 同上书，第 20 页。
③ 同上书，第 25 页。
④ 同上。

说："比较简单的范畴可以表现一个比较不发展的整体的处于支配地位的关系或者一个比较发展的整体的从属关系，这些关系在整体向着以一个比较具体的范畴表现出来的方面发展之前，在历史上已经存在。在这个限度内，从最简单上升到复杂这个抽象思维的进程符合现实的历史过程。"①例如，在资本之前，货币在历史上早已存在，而资本这种在资产阶级社会中占支配地位的生产和关系，又是在经济运动中从货币转化而来的。所以，从分析货币进入分析资本，与历史顺序是一致的。而地租虽然也先于资本而存在，但资本并非由地租转化而来，相反，正是资本的出现而改变了地租原有的性质，受资本的支配。因此，地租只有在分析资本之后才能加以说明。

（三）《资本论》中关于辩证法、认识论、逻辑学三者同一的思想

在哲学史上，辩证法、认识论、逻辑学三者同一的思想首先在黑格尔哲学中得到体现。在黑格尔那里，辩证法、认识论、逻辑学是"三位一体"的。在他看来，绝对观念是按辩证规律运动、发展和变化的，黑格尔的辩证法也就是绝对观念运动、发展、变化的一般规律。而绝对观念的发展过程，同时又是它自我认识的过程，从这方面来说，它也是认识论。绝对观念对自己的认识是通过逻辑体系展开的，是从一个概念到另一个概念的逻辑推演过程，因而又是逻辑学。所以，在黑格尔哲学中，辩证法、认识论、逻辑学是"同一"而不可分割的。当然，黑格尔的"三者同一"的思想是建立在唯心主义基础上的，而且由于构造体系的需要，其中，还包含着一些牵强附会的东西。

在《资本论》中，马克思批判地吸取了黑格尔的合理思想，给以唯物主义的改造，并贯彻运用于对资本主义生产方式的解剖，建立了"三者同一"的"《资本论》的逻辑"。列宁曾指出："虽说马克没有遗留下'逻辑'（大写字母的），但他遗留下《资本论》的逻辑，应当充分地利用这种逻辑来解决这一问题。在《资本论》中，唯物主义的逻辑、辩证法和认识论〔不必要三个词：它们是同一个东西〕都应用于同一门科学，这种唯物主义从黑格尔那里吸取了全部有价值的东西并发展了这些有价值

---

① 《马克思恩格斯选集》第2卷，人民出版社1995年版，第20页。

的东西。"① 列宁这段话，既说明了"《资本论》的逻辑"的基本特征和重大意义，也说明了它与黑格尔哲学的关系。

列宁说，在《资本论》中，唯物主义的逻辑学、辩证法和认识论应用于同一门科学，并强调指出"不必要三个词：它们是同一个东西"。也就是说，"《资本论》的逻辑"作为一个整体，既是资本的辩证法，也是资本的认识论，又是资本的逻辑学。它们不是组成"《资本论》的逻辑"的三个独立部分，而是这同一整体所体现的三个方面。

第一，"《资本论》的逻辑"深刻地揭示了资本主义产生、发展到必然灭亡的客观规律，是一部逻辑地再现资本主义发展过程的辩证法，它的全部经济范畴的运动都是按辩证规律进行的。它的四大基本范畴——商品、货币、资本、地租从整体上再现了资本主义的历史发展：商品和货币范畴的矛盾运动，再现了资本主义产生的历史前提；资本这个中心范畴，再现了资本主义生产的本质和阶级对抗的根源；地租范畴的分析，再现了资本的发展导致农业的资本主义化。对"简单协作""分工和工场手工业""机器和大工业"的分析，则再现了资本主义发展的三个基本历史阶段及其基本特征。通过对资本积累的分析，再现了资本从原始积累到现代殖民地的不断增殖过程，不仅揭示了资产阶级血腥起家的真相，指出"资本来到世间，从头到脚，每个毛孔都滴着血和肮脏的东西"②，而且也揭示了资本积累的历史趋势，得出资本主义生产方式由于其内在矛盾运动必然走向灭亡，"剥夺者就要被剥夺了"的革命结论。

第二，"《资本论》的逻辑"又是资本的认识论。这首先表现在它揭示了科学认识资本的一般规律。贯穿在对资本主义经济范畴分析始终的矛盾分析方法，从抽象上升为具体及其先行过程（即"从完整的表象蒸发为抽象的规定"），逻辑内容要符合历史的现实过程，又是"经过修正"的反映等等，既是科学的逻辑方法，又是科学的认识方法，它们都是辩证唯物主义认识论在"《资本论》的逻辑"中的体现。其次，它概括和总结了人类认识资本的历史进程。如流行于16—17世纪的重商主义，是欧洲资本原始积累时期代表商业资产阶级利益的一种经济学说，是资产阶级对资本主义生产方式最初的理论考察，按其内容来说是封建社会末期商业资

---

① 《列宁全集》第 55 卷，人民出版社 1990 年版，第 290 页。
② 《马克思恩格斯文集》第 5 卷，人民出版社 2009 年版，第 871 页。

产阶级和封建国家狂热追求金银货币的要求在理论上和政策上的反映
（故而也叫"货币主义"）。随后在 18 世纪出现于法国的重农主义，是最
早系统研究资本主义生产方式的经济学说。尽管它还具有封建的外观，实
质上却反映了积极为自己的发展开辟道路的资产阶级的要求。重农主义者
提出"自由放任"的原则，坚决反对重商主义者奉行的国家干预经济生
活的主张，他们虽然还没有提出剩余价值理论，但强调"纯产品"（实际
上是指剩余价值）只能在生产领域里才能创造出来，因而"把剩余价值
起源的研究转到了直接的生产领域，这样就为分析资本主义生产奠定了基
础"①。19 世纪初以亚当·斯密和大卫·李嘉图为代表的英国古典经济学
说，反映了较为发达的资本主义社会的经济关系，把资产阶级经济学大大
向前推进了。其中斯密的理论是同从工场手工业向机器大工业过渡时期的
经济状况相适应的；而李嘉图的理论则是同资本主义大工业的发展相适
应，反映了资产阶级上升时期在发展生产力中的历史进步作用。这些情况
表明，资产阶级经济学说的发展过程，反映了资本主义经济的发展过程，
也是人类对资本主义的认识不断深化的过程。此外，《资本论》还深刻地
分析了资产阶级经济学家陷入形而上学的阶级根源和认识论根源。

　　第三，"《资本论》的逻辑"，又是资本的逻辑学。它按照从抽象上升
到具体方法，构成了关于资本的辩证逻辑的范畴体系。其中贯穿着辩证逻
辑的一系列规律，特别是对立统一这个辩证逻辑的基本规律。它不仅反映
了资本主义经济关系之间的相互区别，而且也反映了它们之间的相互关
系；不仅反映了它们的相对静止，而且也反映了它们的绝对运动；因而它
不是封闭的、固定范畴的静态逻辑，而是开放的、流动范畴的动态逻辑；
而反映资本主义现实的范畴的内在矛盾，则是这些范畴辩证运动和转化的
根本动力。

　　总之，在《资本论》中，唯物主义的逻辑学、辩证法、认识论，并
不是机械地、外在地汇总在一起，而是融合为一个严整的体系，三者是浑
然一体、不可分割的。作为辩证法，它揭示了资本运动的普遍规律；作为
认识论，它揭示了人类对资本的科学认识运动的普遍规律，并概括和总结
了人们对资本的认识史；作为逻辑学，它是由经济范畴构成的从抽象上升
为具体的逻辑体系，并揭示了辩证思维的一般规律。

---

　　① 《马克思恩格斯全集》第 33 卷，人民出版社 2004 年版，第 6 页。

当然，"三者同一"并不等于三者毫无区别。如果三者绝对等同，毫无区别，那就不仅会否定认识论和逻辑学有存在之必要，而且也取消了它们的相互关系问题。但是三者的差异并不在于它们是三门科学或三个独立部分，而是表现在它们功能上的差异。

四　《资本论》对唯物辩证法
一般原理的阐发

在《资本论》中，唯物辩证法首先是作为认识方法和逻辑方法来运用的。同时，在对资本主义生产方式的研究中，也对唯物辩证法的一般原理作了重要的发挥。

（一）关于对立统一规律

唯物辩证法的基本规律，首先是对立统一规律，在《资本论》及其有关手稿中，占有重要的地位。

在马克思看来，矛盾就是对立的统一。他通过对大量事实材料的具体分析，论证了在现实生活中，任何事物都包含着两个方面、两个"极端"，具有"二重性"，这两个方面既相互依存、互为条件，又相互对立、相互排斥，推动着事物的变化和发展。马克思批评了资产阶级经济学家只见对立不见统一，或只见统一不见对立的形而上学观点。例如他们割裂生产和分配、交换、消费的内在联系，把资本主义生产看作永恒不变的"一般生产"。马克思在批评这种错误的同时，精辟地分析了生产、分配、交换、消费之间的对立统一关系，并得出一般的结论："不同要素之间存在着相互作用。每一个有机整体都是这样。"① 又如穆勒在分析价值和交换价值、商品和货币的关系时，往往用它的统一来否定它们的对立。马克思在批评这种错误观点时指出："在经济关系——因而表示经济关系的范畴——包含着对立的地方，在它是矛盾，也就是矛盾统一的地方，他就强调对立的统一因素，而否定对立。他把对立的统一变成了这些对立的直接等同。"② 在考察买和卖、需求和供给的关系时，穆勒也采取把它们直接

① 《马克思恩格斯文集》第8卷，人民出版社2009年版，第23页。
② 《马克思恩格斯全集》第26卷第3册，人民出版社1974年版，第91页。

等同起来的形而上学的观点。马克思说，在穆勒看来，"如果某种关系包含着对立，那它就不仅是对立的，而且是对立的统一。因此它就是没有对立的统一。这就是穆勒用来消除'矛盾'的逻辑"①。

马克思指出，对立统一是客观事物本身所固有，事物的发展过程，也就是其内在矛盾运动的过程。例如，商品的两重性是一切商品自身所固有的。这种矛盾的发展导致了作为特殊商品的货币的产生。货币和商品之间的矛盾似乎是纯外在的，其实这种外在矛盾不过是商品内在矛盾的外在表现。在马克思看来，不仅商品、货币包含着矛盾，而且任何一种经济范畴，如分工、协作、竞争、垄断、资本积累、股份公司等等，"全都是对立的统一形式，而统一又引起对立本身"②。矛盾是事物发展的源泉和动力，事物的发展过程，也就是其内在矛盾运动的过程。在《资本论》中，马克思是把资本作为"处于过程中的矛盾"③来考察和阐述的。他在谈到资本主义生产的矛盾运动时说，甚至经济学家西斯蒙第都已"深刻地感觉到，整个资本主义生产是自相矛盾的，一方面，它的形式——它的生产关系——促使生产力和财富不受拘束地发展；另一方面，这种关系又受到一定条件的限制，生产力愈发展，这种关系所固有的使用价值和交换价值、商品和货币、买和卖、生产和消费、资本和雇佣劳动等等之间的矛盾就愈扩大"④。而资本主义危机就是这些内在矛盾的广泛的定期的根本爆发。正是通过对资本主义各种矛盾的深入分析，马克思提出一条历史辩证法的普遍原理："一种历史生产形态的矛盾的发展，是这种形式瓦解和新形式形成的唯一的历史道路。"⑤

马克思还论述了由于矛盾性质不同，解决矛盾的方法也就不同的思想。他说：在资本主义社会中，"有大量对立的社会统一形式，这些形式的对立性质决不是通过平静的形态变化就能炸毁的"。而在"资产阶级社会内部，产生出一些交往关系和生产关系，它们同时又是炸毁这个社会的地雷"⑥。显然，马克思这里所说的不能"通过平静的形态的变化"来解

①　《马克思恩格斯全集》第 26 卷第 3 册，人民出版社 1974 年版，第 106 页。
②　《马克思恩格斯文集》第 8 卷，人民出版社 2009 年版，第 53 页。
③　同上书，第 197 页。
④　《马克思恩格斯全集》第 26 卷第 3 册，人民出版社 1974 年版，第 55 页。
⑤　《马克思恩格斯文集》第 5 卷，人民出版社 2009 年版，第 562 页。
⑥　《马克思恩格斯文集》第 8 卷，人民出版社 2009 年版，第 54 页。

决的矛盾，首先是雇佣劳动和资本之间的对抗性矛盾，而无产阶级就是
"炸毁这个社会的地雷"。也就是说，无产阶级的解放，只有通过暴力革
命剥夺剥夺者，才能实现。但是，当矛盾不具有对抗性质的时候，解决的
方法也就不同了。例如，在商品和商品生产还不是对抗性矛盾的情况下，
"商品的发展并没有扬弃这些矛盾，而是创造这些矛盾能在其中运动的形
式。一般说来，这就是实际赖以得到解决矛盾的方法"①。货币成为流通
手段，就是使商品本身的矛盾能在其中运动的形式。

　　在《资本论》中，马克思还提出一个重要的思想，即矛盾是"一切
辩证法的源泉"②，指明了对立统一规律在辩证法中的地位。在马克思主
义哲学形成过程中，马克思虽然也曾对矛盾规律、质量互变规律的内容作
过论述，但总的看来，他还是沿袭了黑格尔的观点，更重视否定之否定规
律，而矛盾不过是其中的一个环节。这在他的《1844 年经济学哲学手稿》
中表现尤为明显。随着理论研究和对黑格尔哲学批判的深入，马克思越来
越认识到矛盾在事物发展中的作用，逐步认识到正是矛盾引起否定和否定
之否定，而质和量的关系也正是对立的统一。事实上，在《德意志意识
形态》《哲学的贫困》和《共产党宣言》中，矛盾规律已占主导地位。在
1851 年写的《中国革命和欧洲革命》一文中，马克思已把对立统一规律
称为"自然界的基本奥秘之一"，是"伟大而不可移易地适用于生活一切
方面的真理"，是"哲学家所离不开的定理"③。这说明，马克思在《资
本论》中提出矛盾是"一切辩证法的源泉"，并把矛盾分析方法作为研究
政治经济学的基本方法，是对上述思想的进一步发展。

（二）关于质量互变规律

　　在《资本论》中，马克思广泛地运用了质量互变规律，并进一步丰
富了它的内容。

　　马克思考察了商品、价值、劳动、货币、资本、工资、利润等等的质
和量的两个方面的规定以及它们间的相互关系，指出这种规定和关系的普
遍性和客观性。他在考察商品的使用价值和交换价值时说："每一种有用

① 《马克思恩格斯文集》第 5 卷，人民出版社 2009 年版，第 124 页。
② 同上书，第 688 页注。
③ 《马克思恩格斯文集》第 2 卷，人民出版社 2009 年版，第 607 页。

物，如铁、纸等等，都可以从质和量两个角度来考察。"就是说，使用价值的质和量的规定性是它自身所固有的，而"发现这些不同的方面，从而发现物的多种使用方式，是历史的事情"①。同样，交换价值也可以从质和量两个角度来考察，这就是价值实体和价值量。尽管它们是"纯社会的东西"，因而与使用价值即物的有用性有所不同，但它们同样具有"对象性"，即客观实在性。这些社会的属性是通过社会关系表现出来的，但是一物的属性不是由该物与它们的关系中产生，而只是在这种关系中表现出来。

在马克思看来，质的联系和量的联系是以复杂的方式交织在一起的。他在 1851 年写的一篇文章中指出："在消费者与实业家之间的买卖行为中，阶级的质的差别消失在量的差别中，消失在买主所支配的或多或少的货币中，而在同一阶级内部，量的差别又形成质的差别。这样就有了大资产阶级、中等资产阶级、小资产阶级的区分。"②

马克思还考察了资本主义经济关系发展中质量互变的过程。例如，只有当分工发展到足以使交换价值和使用价值的区分得以实现的一定量的水平上，劳动产品才会变成商品；只有商品的价值形式发展到一定量的水平上，才能出现作为一般等价物的货币："货币或商品的所有者，只有当他在生产上预付的最低限额大大超过了中世纪的最高限额时，才真正变为资本家。"③ 同样的，从协作到工场手工业再到机器大工业的发展过程也都说明，一定的量变导致事物的质变，反过来，质变又引起量的改变。从总体上说，在资本主义相对繁荣时期在它内部就已在积累着量的变化，为资本主义到社会主义的质的飞跃准备条件。更重要的还不在于《资本论》援引了多少质量互变的例证，而在于它对资本主义的全部分析都贯穿着把发展了解为量变引起质变的过程，并从中得出关于质量互变规律具有普遍性和客观的结论。马克思在 1867 年 6 月 22 日致恩格斯的信中说："我在那里④，在正文中引证了黑格尔所发现的单纯量变转化为质变的规律，并

① 《马克思恩格斯文集》第 5 卷，人民出版社 2009 年版，第 48 页。
② 《马克思恩格斯全集》俄文版第 44 卷，第 149 页。转引自 И. С. 纳尔斯基等编《19 世纪的马克思主义哲学》（上），金顺福、贾泽林等译，中国社会科学出版社 1984 年版，第 473—474 页。
③ 《马克思恩格斯文集》第 5 卷，人民出版社 2009 年版，第 358 页。
④ 指《资本论》第 1 卷第 9 章。

把它看作在历史上和自然科学上都同样有效的规律。"①

（三）否定之否定规律

马克思在考察资产本主义生产方式的发展过程中，对黑格尔提出的否定之否定规律也进行了唯物主义的改造，并进一步丰富了它的内容。

早在《1844 年经济学哲学手稿》中，马克思就曾给予黑格尔的否定性原则以很高的评价，同时也指出，由于黑格尔把否定想象为在思维中发生的东西，因而他的否定观不具有现实性。在《资本论》中，马克思通过考察价值形式的发展，资本的产生过程，整个资本主义制度的发生、发展到必然灭亡的历史，说明了否定之否定规律的客观性和普遍性。马克思分析了资本运动的总公式"G—W—G′"，说明从货币到商品不仅是自然形态的变化，而且在质上表现为"买"，这是第一个否定；从商品到货币，在质上表现为"卖"，其结果是带有增值的货币，这是否定之否定。为了揭示上述公式中货币增值的源泉，马克思进一步分析了产业资本运动的总公式"$G—W\begin{cases} A\cdots P\cdots W' \\ P_m \end{cases}—G'$"。这个公式是资本总公式的扩充，把生产过程加了进来。在这里，W 被分解为 A（劳动力）和 P_m（生产资料），P 表示生产过程，"…"表示流通过程的中断。当 W 进入生产过程时，流通过程暂时中断了；生产资料不增值价值，只是一次或多次地把自己的价值转移到新的商品中去；而劳动力的使用过程不仅再生产出自己的价值，而且还生产出超过这个价值的余额，也就是剩余价值，从而揭示了剩余价值的秘密。在这种运动过程中，使货币转化为资本，使价值增值为更多的价值，而其起点（开端）与终点、出发点和复归点都是货币，这是一个螺旋式的运动。

从整个资本主义的历史过程来看，前资本主义的个体所有制的小生产，由于自身的发展而造成消灭自身、否定自己的条件，从而被资本主义生产方式所代替。同样，资本主义生产方式自身的发展，也必将造成消灭自身、否定自己的条件，而被共产主义公有制所代替，这也是否定之否定的过程。马克思说："资本主义的私有制，是对个人的、以自己劳动为基础的私有制的第一个否定。但是资本主义生产由于自然过程的必然性，造

---

① 《马克思恩格斯文集》第 10 卷，人民出版社 2009 年版，第 264 页。

成了对自身的否定。这是否定的否定。这种否定不是重新建立私有制，而是在资本主义时代的成就的基础上，也就是说，在协作和对土地及靠劳动本身生产的生产资料的共同占有的基础上，重建个人所有制。"① 这里，第一个否定是"少数掠夺者剥夺人民群众"，第二个否定是"人民群众剥夺少数掠夺者"，从而形成螺旋式的上升运动。

（四）关于唯物辩证法的若干范畴

马克思在揭示资本主义的本质及其运动规律的过程中，对唯物辩证法的一系列范畴，如现象和本质、现实性和可能性、必然性和偶然性等作了深刻的说明。

资产阶级的庸俗经济学家总是竭力利用各种现象来掩盖资本主义的本质。与此相反，马克思认为自己的任务就是要拨开他们制造的种种迷雾，透过资本主义社会中错综复杂的现象，揭露资本主义的本质。他说，科学的任务在于把现象表面上出现的显著运动，还原为真正内部运动。在这里，他把现象规定为事物外部表面上的显著运动，把本质规定为事物的内部运动。马克思认为，现象可以为感官直接认识，而本质则不能为感官直接感受到。无论是对于天体运动，还是资本主义社会，只用感官是无法认识其本质的。

现象不仅与本质有区别，而且常常掩盖着本质。例如，资本家在市场上购买了劳动力这一特殊商品，他付给工人以工资，并把工资说成是工人的"劳动价值和价格"，就是说，这是他付给工人全部劳动的报酬，是工人全部劳动的价值。然而这仅仅是表面现象，实际上他付给工人的工资并不是劳动的价值，而是劳动力的价值，工人的劳动所创造的价值总是大于劳动价值，这个差额就是工人为资本家进行无偿劳动所创造的剩余价值。但是工资的形式掩盖了这一本质。资产阶级的庸俗经济学家也正是利用这一表面现象来掩盖事情的本质的。他们宣扬资本是利息的来源，土地是地租的来源，劳动是工资的来源，似乎资本家和雇佣工人之间根本不存在剥削和被剥削的关系。古典经济学家几乎接触到了事物的真相，但是没有，而且由于它的阶级局限性也不可能自觉地把它表述出来。马克思说："只

---

① 《马克思恩格斯文集》第 5 卷，人民出版社 2009 年版，第 847 页。

要古典政治经济学附着在资产阶级的皮上，它就不可能做到这一点。"①
只有马克思才第一次揭示出工资背后所隐藏的本质。他指出："'劳动的
价值和价格'或'工资'这个表现形式不同于它所表现的本质关系，即
劳动力的价值和价格而言，我们关于一切表现形式和隐藏在它们背后的基
础所说的话，也是适用的。"② 马克思强调指出，透过这一现象揭露其本
质，对于认识资本主义生产方式"具有决定性的重要意义"。因为"这种
表现形式掩盖了现实关系，正好显示出它的反面。工人和资本家的一切法
的观念，资本主义生产方式的一切神秘性，这一生产方式所产生的一切自
由幻觉，庸俗经济学家的一切辩护遁词，都是以这个表现形式为依据
的"③。

可能性和现实性也是马克思在考察资本主义经济运动时，广泛应用的
范畴之一。在马克思看来，可能性和现实性的关系是辩证的。二者既相互
依存，又相互排斥、相互转化。可能性可以转化为现实，但这种转化不是
任意的，无条件的，而是只有在一定的条件下才发生的。他指出，经济危
机的可能性在简单商品经济之中就已经存在。在商品交换中，卖（商
品—货币）与买（货币—商品）是两个独立的行动，当商品变为货币
（卖出）时，不是紧接着就发生与之对立的行为，即货币变为商品（买
进）。反之也是如此。这时已经包含了经济危机的可能性。但是这种可能
性在简单商品经济中还不可能变成现实。只有在资本主义生产和流通的历
史发展进程中，这种危机的可能性才变为现实性。④ 因此，马克思认为，
有些经济学家（如穆勒）想用简单商品经济中所包含的危机的可能性
（如买和卖的分离）来说明危机，是不正确的。因为"说明危机可能性的
这些规定，还远不能说明危机的现实性"⑤。

可能性不等于现实性，而当可能性变成现实时，也就意味着否定了它
自身，因为可能的东西已变成了现实的东西。但是现实本身又包含着新的
可能性。随着事物的发展，可能性与现实性也不断变化，具有新的形式和
内容。例如，商品本身包含着变为货币的可能性；当这种可能性变为现实

---

① 《马克思恩格斯文集》第5卷，人民出版社2009年版，第622页。
② 同上书，第621页。
③ 同上书，第619页。
④ 参见《马克思恩格斯全集》第26卷第Ⅱ册，人民出版社1973年版，第579—586页。
⑤ 同上书，第572页。

性的时候，货币本身有包含着变为资本的可能性。可能性和现实性的相互依存、相互排斥、相互转化，贯穿于事物发展的始终。

《资本论》的任务是要阐明资本主义经济运动的客观必然性。因此，马克思在这部著作中重视应用和探讨偶然性和必然性这对范畴是理所当然的。马克思说："分析经济形式，既不能用显微镜，也不能用化学试剂。二者都必须用抽象力来代替。"① 抽象力也就是通过分析、综合，从现象中排除次要的、非本质的、偶然的东西，发现主要的、本质的、必然的东西的思维活动。马克思通过资本主义社会的大量事实，说明偶然性和必然性既相互依存，又相互排斥，二者是辩证的统一。必然性以偶然性为自己的表现形式，并通过偶然性来打开自然的道路，但偶然性不等于必然性。例如，马克思在考察经济危机时指出，危机的爆发并不是偶然的，而是资本主义的基本矛盾即生产的社会化和资本主义私人占有制矛盾的必然产物。"一切现实的危机的最终原因，总是群众的贫穷和他们的消费受到限制，而与此相对比的是，资本主义生产竭力发展生产力，好像只有社会的绝对的消费能力才是生产力发展的界限。"② 资产阶级经济学家总是竭力用偶然性来否认必然性，来为资本主义制度辩护，把危机说成只是由偶然因素造成的。马克思在反驳了他们的种种错误观点，并指出："在世界经济危机中，资产阶级生产的矛盾和对立暴风雨似地表现出来。辩护学者不研究在大灾祸中所爆发出来的互相矛盾的因素是怎样成立的，却以如下的工作为满足，那就是否认大灾祸本身，不管他们有规律的同期性，顽固地硬说：生产如果照着教科书上所说的进行，就决不会有危机发生。"③

此外，《资本论》对唯物辩证法的其他范畴，如一般和个别、形式和内容、整体和局部、必然和自由等都有所阐发。

五　《资本论》中的系统性原则

作为一门独立科学的系统论，产生于20世纪40年代。一般认为，它是由美籍奥地利生物学家贝塔朗菲首倡的。但是作为科学研究中的一种重

---

① 《马克思恩格斯选集》第2卷，人民出版社1995年版，第99—100页。
② 《马克思恩格斯文集》第7卷，人民出版社2009年版，第548页。
③ 参见《剩余价值学说史》第2卷，人民出版社1978年版，第608页。

要的方法论原则——系统性原则，早已随着科学和思维方法的历史发展而逐渐发展起来。从 19 世纪开始，自然科学进入以辩证综合为主要特征的新阶段，系统观念和系统方法也在科学研究中不断得到加强。在这个时期建立起来的数学、天体演化学、物理学、化学、生物学和社会历史等基本理论，实质上就是对各种自然系统和社会系统所作的研究。尽管它们当时还没有使用系统论的专门概念和术语，但系统性的原则却已在不同程度上包含在它们的理论和方法中。如果说，达尔文的生物进化论是在自然科学领域中揭示生物界系统规律的杰出代表，那么，马克思和恩格斯所创立的唯物史观则是系统性原则在社会历史领域中最成功的运用。在一定意义上说，马克思是社会系统论的奠基人，历史唯物主义就是马克思主义的社会系统论。这已日益为国内外学者所承认。

当然，现代系统论是在吸收当代最新科学成果的基础上建立起来的。它已形成了一整套具体的方法理论，如定量化、信息化、最优化和功能模拟等等。产生于 19 世纪的科学理论（包括马克思主义）中的系统方法，自然不像它那么完备和具体。因此，我们在探讨马克思的理论中的系统思想和系统方法时，既不能把马克思主义"现代化"，也不应把它同现代系统论作机械的对照和类比，而是要从实际出发，对马克思论著中所实际体现的系统性原则作历史的、具体的考察。

在一般系统论中，系统是指"相互作用诸要素的复合体"。因此广义地说，世界上的一切事物都是系统存在，不过它们的组织程序和有序水平不同。系统之间也存在着物质、能量交换和交互作用，并从属于更大的系统。所谓系统方法，就是从整体出发，把客观对象看作一个系统，分析系统内部诸要素相互联系、相互作用的构成方式，通过这些不同的结构方式，获得整体或最佳功能。整体性观点、等级结构观点、系统内部要素相互作用观点、动态平衡和发展观点，就是系统方法的主要原则，即系统性原则。

系统性原则在历史唯物主义中的贯彻和应用，主要表现在：把社会系统作为一个整体，剖析了它的基本要素、结构层次及其相互作用的机制；揭示了社会系统存在和发展的基础和根本动力；阐明了社会整体的发展和动态平衡；论证了历史发展的规律性和阶段性。《资本论》是在唯物史观指导下，对人类历史发展中最复杂的一种社会形态即资本主义社会形态的深刻解剖，其中也贯穿着马克思和恩格斯在唯物史观中所应用的系统性原则，并且使之具体化和深化了。这里就其中几个主要方面作些考察。

（一）整体性观点

在马克思看来，任何科学认识的对象，都是过程的结果，因而也是具体的整体（从系统观点来看，也就是系统存在）。《资本论》的研究对象——资本主义社会经济形态也是如此。马克思批判了资产阶级经济学家脱离社会关系和历史发展孤立地、片面地考察经济现象的形而上学观点，强调必须从整体和部分、部分和部分的联系中去考察整体内部的各个部分的性质和作用，因为部分"只能作为一个具体的、生动的既定整体的抽象的单方面的关系而存在"①。即使是最简单的经济范畴，如交换价值，也是以在一定关系中进行生产的人口、某种形式的家庭、公社或国家为前提的。"如果我，例如，抛开构成人口的阶段，人口就是一个抽象。如果我不知道这些阶级所依据的因素，如雇佣劳动、资本等等，阶级又是一句空话。而这些因素是以交换、分工、价格等等为前提的。比如资本，如果没有雇佣劳动、价值、货币、价格等等，它就什么也不是。"② 因此，离开整体和部分、部分和部分之间的联系，就不可能正确认识部分。同样，整体也不等于部分的简单相加。孤立地、片面地考察部分，也不可能正确地认识整体。只有从整体和部分的联系中，才能把握整体性质和功能。资产阶级经济学家由于脱离社会关系考察资本主义生产而得出的"一般生产"，不过是说明一切生产的要素，由此出发，他们就把资本看成永恒的自然关系，把资本主义生产的规律看成是永恒的自然规律。他们不了解，生产"总是指一定社会发展阶段上的生产——社会个人的生产"③，而且始终是一定的社会在或广或窄的由各生产部门组成的总体中活动着的。马克思说："一切生产阶段所共有的、被思维当作一般规定而确定下来的规定，是存在的，但是所谓一切生产的一般条件，不过是这些抽象要素，用这些要素不可能理解任何一个现实的历史的生产阶段。"④

正是从整体性的观点出发，马克思认为研究政治经济学应当采取"整体—部分—整体"的方法，即从一开始就把对象作为一个整体看待，

① 《马克思恩格斯选集》第 2 卷，人民出版社 1995 年版，第 19 页。
② 同上书，第 18 页。
③ 同上书，第 3 页。
④ 同上书，第 6 页。

从整体和部分的联系中探求部分，然后上升为对整体的认识。这也就是从完整的表象蒸发为抽象的规定，再使抽象的规定在思维的行程中具体整体的再现。这在马克思关于"从抽象上升到具体"的论述中充分地体现出来。

（二）　系统等级结构观点

系统等级结构是系统组织区别于非系统组织的一个重要标志。就是说，系统是一个等级结构，其中各个层次逐级结合在一期，系统内部的联系是有序的。

马克思关于系统等级结构的思想，在他的《政治经济学批判》序言中，得到了比较完整、明确的体现。在那里，他把人类社会当作一个大系统，生产力、生产关系、政治上层建筑、社会意识形态等等，是社会系统的要素，并依据这些要素的性质和作用，把社会系统结构划分为三大层次，这就是：受一定生产力制约的关系生产所构成的特定经济结构（生产方式），政治上层建筑，社会意识形式。社会系统一方面通过生产力与外部条件——自然界相联系，另一方面通过系统内部各个层次、各个要素之间的相互作用而运动、变化和发展，成为一个活的有机体。

在《资本论》中，正如我们在本章第 2 节中已谈到的，马克思揭示了资本主义社会是一个以资本主义生产方式为基础的有机整体，它的产生、发展到灭亡是一种自然历史过程，从而证明了唯物史观关于社会历史发展的一般规律。同时又指明了资本主义生产方式和社会结构区别于其他社会的独特本质和发展规律，批判了资产阶级经济学家把资本主义生产方式解释为永恒的自然形式的错误。马克思说，对资本主义生产方式的科学分析表明："资本主义生产方式是一种特殊的、具有独特历史规定性的生产方式……同这种独特的、历史地规定的生产方式相适应的生产关系——即人们在他们的社会生活过程中、在他们的社会生活的生产中所处的各种关系——具有一种独特的、历史的和暂时的性质。"①

马克思还在具体考察了资本主义社会结构有序性的基础上，提出如何安排资本主义经济范畴体系的原则。他强调指出：第一，经济范畴是现实经济关系的反映，安排经济范畴的顺序必须以现实的社会关系为依据。他

① 《马克思恩格斯文集》第 7 卷，人民出版社 2009 年版，第 994 页。

说："在研究经济范畴的发展时，正如在研究任何历史科学、社会科学时一样，应当时就把握住：无论在现实中或在头脑中，主体——这里是现代资产阶级社会——都是既定的；因而范畴表现这个一定社会即这个主体的存在形式、存在规定、常常只是个别的侧面；因此，这个一定社会在科学上也决不是在把它当作这样一个社会来谈论的时候才开始存在的。这必须把握住，因为这对于分篇直接具有决定的意义。"① 第二，要从对象本身的内部结构出发，通过考察它的结构功能和联系，来确定各个经济范畴在理论体系中的顺序。马克思指出，把经济范畴按它们在历史上起决定作用的先后次序来安排是错误的。它们的次序是由它们在现代资产阶级社会中的相互关系决定的。问题不在于各种经济关系在不同社会形式的相互更替的序列中，在历史上占有什么地位，而在于它们在现代资产阶级社会的内部结构。

（三）系统内部相互作用的观点

系统内部各要素、各成分之间的相互作用，决定着系统的整体功能和运动状态，这是系统性原则之一。马克思在《资本论》中也充分地贯穿着这一原则。

我们在《资本论》对唯物史观的检验和证明中已经谈到，马克思是如何论述生产力和生产关系、经济基础和上层建筑、社会存在和社会意识的相互作用，以及这种相互作用是如何推动社会形态的变化和发展的。但是，马克思对系统内部互相作用的考察并不限于社会系统的三大层次之间，而且对构成各层次的要素之间的相互作用也作了具体的揭示。他对生产关系的考察就是如此。

在《政治经济学批判》导言中，马克思把生产、交换、分配、消费看作生产关系的四个要素，并指出这四个要素本身也都具有自身的结构（实际上也就是生产关系的四个子系统），它们之间也是相互联系、相互作用的。

人们通常认为，生产创造出适合需要的对象；分配依照社会规律把它们分配；交换依照个人需要把已经分配的东西再分配；最后在消费中，产品脱离这种社会运动，直接变成个人需要的对象和奴仆，被享受而满足个

---

① 《马克思恩格斯选集》第 2 卷，人民出版社 1995 年版，第 24 页。

人需要。马克思说："这当然是一种联系，然而是一种肤浅的联系。"① 因为它没有看到生产、交换、分配、消费之间的相互渗透、相互作用的关系。

马克思指出，当我们从整体出发，从社会再生产过程，从整个链条的各个环节上去把握它们的联系时就会发现，"生产直接也是消费"②。第一，个人在生产当中发展自己的能力，也在生产行为中支出和消耗这种能力；第二，是生产资料的消费，即生产资料被使用、被消耗。原料也是如此。它不再保持自己的自然形状和特性，这种自然形状和特性被消耗掉了。"因此，生产行为本身就它的一切要素来说也是消费行为。"③ 同样，"消费直接也是生产"④，正如自然界中的元素和化学物质的消费是植物的生产一样。例如吃喝是消费形式之一，而人吃喝就生产自己的身体等等。当然，这种生产和原来意义上的生产是根本不同的。在这种生产中，生产者所创造的物人化，而原来意义上生产中，是生产者物化。生产和消费的统一，并不排斥它们之间的对立。

分配也不是一种独立于生产之外的东西。分配是社会再生产过程的重要环节之一。产品生产出来以后，必须通过分配和交换，最后才能进入消费。因而分配是联结生产和消费的中间环节，而且分配本身也是和生产相互渗透的。比如，在资本主义条件下，资本既是资本家收入的源泉，是决定一定分配形式的东西，同时它也是生产的要素。同样，工资表现为分配的规定性，又是作为生产要素的劳动所具有的规定性。如果劳动不是规定为雇佣劳动，那么它参与产品分配的方式也就不表现为工资。因此，"分配的结构完全决定于生产的结构。分配本身就是生产的产物"⑤。不仅就其对象来说是劳动生产的产品，而且就分配的形式来说也是同作为所生产要素的劳动的性质相联系。分配和生产不仅是相互渗透的，而且是相互作用的。生产决定分配，没有生产就没有分配。但是分配也反作用于生产，对生产起促进或延缓的作用。分配包括生产资料的分配和产品的分配。就社会再生产的过程来说，生产资料的分配是先于生产而进行的，实际上就

---

① 《马克思恩格斯选集》第2卷，人民出版社1995年版，第7页。

② 同上书，第8页。

③ 同上。

④ 同上。

⑤ 同上书，第13页。

是生产资料归谁所有的问题，因而属于生产本身。产品分配制度是否合理，直接影响到生产者积极性的发挥。

交换是人们相互交换活动和劳动产品的过程。从社会再生产过程看，交换与生产是相互渗透、相互作用的。马克思说："既然交换只是生产和由生产决定的分配一方和消费一方之间的中介要素，而消费本身又表现为生产的一个要素，交换虽然也就作为生产的要素包含在生产之内。"① 因此，把交换和生产割裂开来、绝对对立起来是错误的。当然，生产和交换之间的这种统一，并不排斥它们之间的对立。生产和交换的相互作用表现在：一方面，生产处于主导的地位，生产决定交换，如果没有生产，当然也就没有交换，而且交换的形式和规模、交换的性质都是由生产决定的。另一方面，交换也不是消极因素，它反过来也影响主产，推动或限制生产的发展。

马克思在分别考察了生产、交换、分配、消费之间的相互联系之后，从总体上作了如下概括："我们得出的结论并不是说，生产、分配、交换、消费是同一的东西，而是说，它们构成一个总体的各个环节、一个统一体内部的差别。生产既支配着与其他要素相对而言的生产自身，也支配着其他要素。过程总是从生产重新开始……一定的生产决定一定的消费、分配、交换和这些不同要素相互间的一定关系。当然，生产就其单方面形式来说也决定于其他要素。例如，当市场扩大，即交换范围扩大时，生产的规模也就增大，生产也就分得更细。随着分配的变动，例如，随着资本的积累，随着城乡人口的不同的分配等等，生产也就发生变动。最后，消费的需要决定着生产。不同要素之间存在着相互作用。每一个有机整体都是这样。"②

以上考察表明：在马克思看来，整体内部各要素之间的联系，不是直线性的，而是结构性的；不是单向作用的，而是相互作用的；它们之间界限不是绝对的，而是相对的。

（四）动态平衡和发展的观点

由于具有一定等级结构的系统内部存在着普遍的相互作用，系统与环

---

① 《马克思恩格斯选集》第 2 卷，人民出版社 1995 年版，第 16 页。
② 同上书，第 17 页。

境之间也有物质、能量的变换，因此无论对内还是对外关系，都是一种动态平衡并不断发展的结构关系。系统的生命力来自它的开放性——交互作用。

在马克思的理论中，人类社会系统（以及它的一个特定的发展阶段——资本主义社会）一方面是由于作为生产力和生产关系统一体的经济结构（物质资料生产方式）、政治上层建筑、社会意识形式之间的相互作用，另一方面是由于同外部条件——自然界相互联系（首先是生产力），进行物质、能量、信息变换，使之成为开放性的系统，并推动着它的变化和发展。其中作为社会系统等级结构第一层次的经济结构的内在矛盾，即生产力和生产关系的矛盾，是社会系统发展变化的根本动力。经济结构（生产方式）制约着整个社会生活、政治生活和精神生活的过程。经济结构性质的变化，决定着社会性质的变化，从而使人类社会历史的发展呈现出阶段性。

恩格斯曾经说过：当然，资本主义生产方式结构迟早会被人了解和解释，它的发展规律也会被人发现和阐明。但是这需要极长的时间，而且这项工作不能一下子完成，而是需要一点一滴来完成。"只有马克思一人能够探讨一切经济范畴的辩证的发展，把它们的发展动因和制约着这些动因的因素联系起来，并建立起一座完整的经济科学的理论大厦。这座大厦的各个部分都是相互支撑，相辅相成的。"① 恩格斯的这段话，既说明了《资本论》的伟大理论意义，也在一定程度上概括反映了这部著作中所体现的系统性原则。

以上只是对《资本论》中所体现的系统性原则的简略考察。马克思理论中所包含的系统思想远比这里所涉及的要丰富。但上述思想也可以说明，马克思主义的世界观和方法论同系统论并不是相互排斥的，而是一致的。有的人把两者对立起来，或者认为系统论同马克思主义哲学无关，否认前者对后者的丰富和发展提供了依据，或者认为现代系统论的产生意味着马克思主义哲学已经过时，以致认为应当用系统论来取代马克思主义哲学。我们认为，这些观点是错误的。

---

① 转引自保尔·拉法格等著《回忆马克思恩格斯》，马集译，人民出版社1973年版，第26—27页。

简短的结论

《资本论》是马克思一生中最主要的著作，它集中了马克思在哲学、政治经济学和科学社会主义等方面的卓越成就。

在这部伟大的著作中，马克思在科学世界观和方法论的指导下，系统地揭示了资本主义社会的经济运动规律，同时又极大地丰富和发展了马克思主义哲学。他不仅用资产阶级社会的全部丰富材料验证了唯物史观，使它由"假设"变成了科学的理论并丰富和发展了它的内容，而且在改造黑格尔的辩证法、发展唯物辩证法方面取得了丰硕的成果，创立了唯物辩证法、认识论、逻辑学三者同一的"《资本论》的逻辑"，从而使《资本论》成为马克思的最有权威性的哲学著作。

在《资本论》的创作和出版过程中，恩格斯给予马克思以巨大的支援和帮助。《资本论》是马克思和恩格斯的共同智慧和心血的结晶。

第四章

马克思主义哲学基本原理的系统阐发

马克思主义哲学从 19 世纪 40 年代产生，经过在革命实践（1848 年欧洲革命和 1871 年巴黎公社革命）和理论研究（特别是马克思的《资本论》和恩格斯对自然科学理论的研究）中的运用、验证和发展，到了 70—80 年代，它的基本原理得到了系统的论证和阐发。这是马克思、恩格斯哲学思想发展进程中合乎逻辑地出现的一个重要特点。

马克思主义哲学的发展又是与时代和社会实践提出的理论任务相适应的。巴黎公社失败以后，欧洲"进入了未来改革时代的'和平'准备阶段"①。资本主义开始从自由竞争阶段向帝国主义阶段过渡。资本的积聚和集中不断加强，资本主义的基本矛盾日趋尖锐。资产阶级在政治上进一步走向反动，思想上加紧向革命力量进攻。他们提倡各种反科学、反理性的唯心主义和形而上学。意志主义、实证主义、新康德主义、新黑格尔主义等资产阶级哲学流派，以不同的形式，在欧洲各国滋生和蔓延。

随着资本主义大工业的发展，工人阶级的队伍有了进一步的壮大。国际工人运动的中心由法国转移到德国。马克思主义得到了广泛的传播，并逐步在工人运动中确立了统治地位。在一系列国家中相继建立了无产阶级的社会主义政党，聚集和团结无产阶级的力量，准备去作未来的战斗。资产阶级则竭力散布改良主义幻想，并豢养一小撮工人贵族，企图从无产阶级内部来瓦解工人运动。各种机会主义思潮和派别不断在工人运动中出现，马克思主义同机会主义的斗争在激烈进行。

因此，坚决回击资产阶级和机会主义派别对马克思主义的进攻，系统

---

① 《列宁选集》第 2 卷，人民出版社 2012 年版，第 306 页。

阐发马克思主义的基本理论及其哲学基础，从理论上进一步武装无产阶级，帮助各国社会主义政党的建立和巩固，促进工人运动的新高潮，就成为时代向马克思主义哲学提出的新课题。

一　批判各种机会主义思潮，捍卫和发展历史唯物主义

19世纪60—70年代，在国际工人运动中，特别是在德国党内，影响比较大的机会主义派别是巴枯宁主义、拉萨尔主义和"非常法"时期德国党内的机会主义。它们的共同特点是宣扬唯心史观，反对无产阶级革命和无产阶级专政。马克思、恩格斯和其他马克思主义者一起，同这些机会主义派别进行了坚决的斗争。在斗争中，他们写了《论权威》《巴枯宁〈国家制度和无政府状态〉一书摘要》《哥达纲领批判》等一系列著作和书信，彻底批驳了机会主义的种种谬论，捍卫和发展了历史唯物主义。

（一）批判巴枯宁无政府主义，捍卫和发展马克思主义的国家学说

米哈伊尔·亚历山大罗维奇·巴枯宁（1814—1876年），是无政府主义的奠基人和理论家之一。他出生于俄国的一个贵族家庭。1840年赴德国学习、研究哲学，受到德国唯心主义哲学和空想共产主义影响，1848—1849年曾在奥地利参加革命。革命失败后被当地政府逮捕，判处死刑（后改为终身监禁）。1851年被引渡回到俄国，他向沙皇政府递交了"忏悔书"，说自己参加革命是"丧失理智"，"政治上的疯狂"，乞求沙皇赦免，后判流放西伯利亚，1861年逃亡欧洲。60年代末，形成了一个以他为首的无政府主义集团，这是一个猖狂反对马克思主义、分裂国际共产主义运动的机会主义派别。巴枯宁及其追随者用革命的词句伪装起来，混入第一国际，阴谋篡夺第一国际的领导权，以无政府主义的反动纲领来代替"国际"的马克思主义纲领。马克思、恩格斯领导第一国际，经过长期（1869—1876年）尖锐复杂的斗争，终于从政治上、组织上和思想上彻底战胜了巴枯宁无政府主义，粉碎了巴枯宁阴谋集团。

巴枯宁在思想上深受施蒂纳和蒲鲁东的影响，他的理论是"蒲鲁东

主义和共产主义的混合物"①，其哲学基础是以抽象的人性论为核心的唯心史观。马克思、恩格斯在反对巴枯宁主义的斗争中，始终把政治上、组织上的揭露同理论上的批判密切结合起来，在斗争中进一步丰富和发展了唯物史观，特别是马克思主义的国家学说。

1. 批判无政府主义者反对一切国家的谬论，揭示国家的阶级实质，阐明社会革命和国家消亡的经济基础。

无政府主义国家观，是巴枯宁理论中"最主要的东西"②。他从历史唯心主义出发，用宗教意识来说明国家的起源，认为国家是通过神的万能威力的直接影响建立起来的，是宗教意识的创造物。因此，任何国家都是地上的教会；反对国家，也就是向神权挑战。在他看来，国家是人世间的剥削和奴役、掠夺和战争等一切罪恶的根源，因而应当消除的主要祸害不是资本，不是资本家和雇佣工人的阶级对立，而是国家。针对这种谬论，恩格斯鲜明地指出，"国家权力不过是统治阶级——地主和资本家——为维护其社会特权而为自己建立的组织，而巴枯宁却硬说国家创造了资本，资本家只是由于国家的恩赐才拥有自己的资本。因此，既然国家是主要祸害，那就必须首先废除国家，那时资本家就会自行完蛋。而我们的说法恰好相反：废除了资本，即废除了少数人对全部生产资料的占有，国家就会自行垮台"③。这里，恩格斯不仅清楚地揭露了巴枯宁国家观的唯心主义实质，划清了马克思主义国家观同巴枯宁主义国家观的界限，而且明确指出，通过社会革命，废除生产资料私有制，是国家消亡的经济前提。

巴枯宁既然把国家看作主要祸害，那么又怎样废除国家呢？他也侈谈"社会斗争""社会革命"，但实际上他根本不懂什么是社会革命，而只知道社会革命的词句。他把总罢工作为实现社会革命的杠杆，希望有朝一日全世界工人一齐罢工，迫使资产阶级就范；或者依靠以流氓无产者和破产农民为核心的"全民暴动"，幻想在 24 小时内一举消灭国家，撤销一切行政机关，实现"社会清算"，代之以"无政府主义、共产主义、无神论的天堂"。

马克思和恩格斯在批判巴枯宁的这种观点时指出："彻底的社会革命

---

① 《马克思恩格斯文集》第 10 卷，人民出版社 2009 年版，第 376 页。

② 同上。

③ 同上书，第 377 页。

是同经济发展的一定历史条件联系着的；这些条件是社会革命的前提。"①同样，资产阶级国家的废除，无产阶级国家的建立、发展和消亡，也要以经济条件的相应发展为基础，而不取决于人们的主观意志。而在巴枯宁看来，社会革命的经济条件是根本不存在的，"他的社会革命的基础是意志，而不是经济条件"②。这只能是唯心主义的幻想。

巴枯宁的唯心史观还表现在，他把从圣西门那里捡来的旧废物——"废除继承权"作为社会革命的第一个要求。他认为，不是私有制产生了继承权和阶级的不平等，而是由于继承权使一些人财产越来越多，造成了私有制存在的主要条件和阶级的不平等。马克思深刻地揭露了这种论调的荒谬性和反动性。指出，"这全部货色来源于一种陈旧的唯心主义，其观点认为现在的法学是我们经济制度的基础，而不是把我们的经济制度看做我们法学的基础和根源！"③ 而且，宣布废除继承权是社会革命的起点和首要的要求，势必引导无产阶级离开反对现实社会制度的革命阵地，并使全体农民和整个小资产阶级团结在反动派的周围。因此，宣布废除继承权决不是一个严肃的举动，而是一种愚蠢的行为；这不仅不是社会革命的开始，而只能断送社会革命。

废除了国家之后，将代之以什么样的社会呢？巴枯宁提出一个"自由和无政府状态"的理想蓝图。他从资产阶级的人性论出发，认为个人的绝对自由是整个人类发展的最高目的。他把人类历史的发展过程分为三个阶段：动物性的奴隶状态—神性的奴隶状态—自由状态。第一阶段是还没有脱离动物界的原始时期；第二阶段是受宗教和国家奴役的时期；第三阶段是摆脱了任何权力的自由的或无政府的社会。到了那时，从每个人到每个地区、乡镇，都享有充分的自由和自治，不受任何限制，没有任何权威，实现了"各阶级和个人（不分男女）在政治、经济和社会方面的平等"④。针对这种谬论，马克思尖锐地指出，一方面要保留现存的阶级，另一方面又要使这些阶级的成员平等——这种不可容忍的荒谬见解一下子就表明这个家伙的可耻的无知和浅薄。所谓"各阶级的平等"，不过是资

---

① 《马克思恩格斯文集》第3卷，人民出版社2009年版，第404页。
② 同上书，第405页。
③ 《马克思恩格斯文集》第10卷，人民出版社2009年版，第333页。
④ 转引自《马克思恩格斯全集》第18卷，人民出版社1964年版，第512页。

产阶级社会主义所宣扬的"资本和劳动的协调"的另一种说法而已。①

巴枯宁无政府主义国家观的反动实质在于反对无产阶级革命和无产阶级专政。他不仅把无产阶级的革命斗争视为大逆不道，而且恶毒攻击无产阶级专政的国家政权是"反动的"，"是世界上最沉重、最令人难堪的、最令人屈辱的管理"。巴枯宁特别反对《共产党宣言》中关于"上升为统治阶层的无产阶级"思想，即无产阶级专政的思想。他说："请问，如果无产阶级将成为统治阶层，它去统治谁呢？就是意味着（这就是说，значит），将来还有另一个无产阶级要服从这个新的统治，新的国家（государство）。"② 马克思在批驳巴枯宁的这段话时指出："这就是说，只要其他阶级特别是资本家阶级还存在，只要无产阶级还在同它们进行斗争（因为在无产阶级掌握政权后无产阶级的敌人和旧的社会组织还没有消失），无产阶级就必须采用暴力措施，也就是政府的措施；如果无产阶级本身还是一个阶级，如果作为阶级斗争和阶级存在的基础的经济条件还没有消失，那么就必须用暴力来消灭或改造这种经济条件，并且必须用暴力来加速这一改造的过程。"③ 马克思的这段论述，深刻地说明：无产阶级通过暴力革命打碎资产阶级国家机器之后，决不能立即废除国家，实行无政府状态，而必须建立自己的统治，实行无产阶级专政。而且，这个无产阶级专政要存在一个相当长的历史时期，"工人对反抗他们的旧世界的各个阶层的阶级统治只能持续到阶级存在的经济基础被消灭的时候为止"。④

2. 批判"政治冷淡主义"，阐明政治运动和阶级运动的关系。

巴枯宁主义者鼓吹"政治冷淡主义"，主张"完全放弃一切政治"。他们认为，任何政治运动都是反动的；进行政治活动，特别是参加选举，是违背他们立即完全解放无产阶级的"永恒原则"的。他们对工人阶级组织政党和工会，进行反对剥削、争取受教育权和提高工资等的斗争，一概加以否定。总之，工人不应该以任何借口过问政治。

马克思和恩格斯坚决驳斥了这些谬论，科学地阐明了政治运动和阶级运动的关系。马克思指出："一切阶级运动本身必然是而且从来就是政治

---

① 《马克思恩格斯文集》第 10 卷，人民出版社 2009 年版，第 301 页。
② 《马克思恩格斯文集》第 3 卷，人民出版社 2009 年版，第 403 页。
③ 同上。
④ 同上书，第 408 页。

运动。"① 无产阶级作为一个阶级同统治阶级进行的斗争，其发展趋势和最终目的就是要夺取政权，实现自身和全人类的解放。巴枯宁之流空谈废除国家，要求无产阶级完全放弃政治，不过是"在自由、自治、无政府状态的名义下加以神化的唯心主义幻想"②。事实上，绝对放弃政治是不可能的，问题只在于怎样从事政治和从事什么样的政治。无产阶级把革命当作最高的政治行动，为了进行革命，就得承认准备革命即承认政治行动。巴枯宁主义者宣扬"政治冷淡主义"，其目的无非是要工人放弃政治，使他们像基督徒一样，毫无反抗地忍受资本家的剥削和压迫，以维护资产阶级的统治，而这本身正是反动的资产阶级政治。

3. 批判无政府主义者否定一切权威的观点，阐明权威是人类社会生活的客观需要，指出必须辩证地看待权威和自治的关系问题。

巴枯宁主义者认为，权威同国家一样，是绝对的祸害。他们主张个人的完全自治，要求无条件地废除任何权威原则，否认一切立法、一切权威。1872 年 9 月，在巴枯宁及其死党被开除出第一国际以后，他们还召开了所谓"反权威主义"代表大会，建立"反权威主义"的国际，进行疯狂反扑。为了从思想上进一步清除巴枯宁主义的影响，恩格斯写了《论权威》一文，彻底地驳斥了无政府主义者的谬论，用辩证唯物主义观点阐明了马克思主义权威观，丰富了历史唯物主义的理论。

恩格斯考察权威问题，是从人类社会生活及其发展规律出发的。他说，权威原则意味着"把别人的意志强加于我们"，它是"以服从为前提的"。这种说法似乎不那么好听，但是在人类社会的任何一个阶段里，都是必不可少的。这并不是哪个人的主观愿望，而是社会生活的客观需要。因为一个哪怕只由黑白两个人组成的社会，如果每个人都不放弃一些自治权，这个社会就不能存在。巴枯宁把完全自治说成绝对好的东西，把权威原则说成绝对坏的东西，是主观主义和形而上学的。

恩格斯在论证权威原则的必要性时指出，随着现代大工业的出现，分散的个体生产日益被社会化的大生产所代替，个人的独立活动日益被联合行动所代替，权威原则就更显得重要。没有一个有效能的权威对它实行领导和管理，联合活动的、互相依赖的复杂工作过程就不能进行。恩格斯以

① 《马克思恩格斯文集》第 10 卷，人民出版社 2009 年版，第 333 页。
② 《马克思恩格斯文集》第 3 卷，人民出版社 2009 年版，第 341 页。

纺纱厂、铁路和航海为例，说明必须对生产或工作过程进行统一的指挥和领导，也就是说，参加这些活动的个人的意志总是要这样或那样的服从于一定的权威，否则人们就无法开动工厂、管理铁路和驾驶轮船。这是不以人们的主观意志为转移的客观趋势。"想消灭大工业中的权威，就等于想消灭工业本身。"①

在社会政治生活领域，权威也同样的必不可少，但是无政府主义者不懂得这一点。恩格斯说：他们要求把废除权威作为社会革命的第一个行动，然而"革命无疑是天下最权威的东西。革命就是一部分人用枪杆、刺刀、大炮，即用非常权威的手段强迫另一部分人接受自己的意志"②。巴枯宁宣称，他之所以拥护巴黎公社，特别是因为它对国家的大胆的、明确的否定。事情恰恰相反，巴黎公社的伟大意义首先在于它用无产阶级政权代替被打碎了的旧国家机器，用无产阶级的政治权威取代了资产阶级的政治权威。而巴黎公社遭到失败的原因之一，正是缺乏必要的集中和权威。

恩格斯还论述了权威和自治的辩证关系。他说："权威和自治是相对的东西，它们的应用范围是随着社会发展阶段的不同而改变的。"③ 因此，把权威或自治绝对化都是不正确的。他在谈到未来社会中的权威时写道："所有的社会主义者都认为，政治国家以及政治权威将由于未来社会的革命而消失，这就是说，公共职能将失去其政治性质，而变为维护社会利益的简单的管理职能。"④ 也就是说，第一，政治国家和政治权威的消失，是以通过社会革命，铲除它们所由产生的社会关系为前提的；第二，国家和权威的含义是有区别的，国家作为阶级统治的工具，将随着阶级的消灭而消亡，而权威则不同，它既包括政治管理，也包括经济管理和其他社会管理，国家消亡了，原来意义上的政治管理职能（政治权威）就不再存在了，而经济的和其他社会管理仍然要保持下去，当然其内容和形式也将随着社会的发展而发生变化。在未来的共产主义社会中，将仅仅在它的客观条件所必然产生的范围内，保持权威原则。

最后，恩格斯揭露了巴枯宁主义者反对一切权威的反动实质。指出，

① 《马克思恩格斯文集》第 3 卷，人民出版社 2009 年版，第 336 页。
② 同上书，第 338 页。
③ 同上书，第 337 页。
④ 同上书，第 338 页。

他们宣扬反对一切权威的思想，若不是散布糊涂观念，就是背叛无产阶级运动，"在这两种情况下，他们都只是为反动派效劳"①。

（二）批判拉萨尔主义，提出"过渡时期"的理论和共产主义社会发展阶段的学说

19 世纪 60 年代，德国工人运动在经过暂时的低潮之后重新走向高涨。1869 年 8 月，李卜克内西（1826—1900 年）、倍倍尔（1840—1913年）等在马克思、恩格斯的指导下，在爱森纳赫召开代表大会，成立德国社会民主工人党，即爱森纳赫派。这个党参加第一国际，参照第一国际的章程，制定自己的纲领，并在实践中基本上执行了马克思主义的路线。

当时，德国工人运动中还存在一个机会主义的派别，即拉萨尔派。斐·拉萨尔（1825—1864 年），早年在柏林大学学习，成为黑格尔主义的忠实信徒，而且"一直到死始终是一个黑格尔主义的唯心论者"②。他在1858 年出版的《爱非斯的晦涩哲人赫拉克利特的哲学》，即是一本"充满了老年黑格尔派的精神"的著作。③ 60 年代初，拉萨尔投身于德国工人运动，并于 1863 年担任了"全德工人联合会"的主席。他自称为"马克思的学生"，实际上却从未真正接受过马克思主义。60 年代初，他先后出版了《工人纲领》（1862 年初）和《公开答复——致为在莱比锡召开全德工人代表大会而成立的中央委员会》（1863 年初）等著作，竭力宣扬"通过和平和合法的道路"，依靠普鲁士"国家的帮助"来实现社会主义的反马克思主义路线。1864 年 8 月拉萨尔死后，他的追随者约·施韦泽和哈森克莱维尔等先后领导"全德工人联合会"，继续推行拉萨尔主义。

70 年代初，普鲁士王朝在资产阶级的支持下，经过几次王朝战争，建立了统一的德意志帝国，结束了封建割据的分裂局面，促进了德国资本主义经济的迅速发展，工人阶级的队伍也进一步壮大起来。随着资本主义基本矛盾的激化和 1873 年爆发的世界性经济危机的影响，无产阶级同容克地主和资产阶级的矛盾日趋尖锐。新的形势迫切要求德国工人运动统一起来，以对付共同的敌人。拉萨尔派先是多次无理拒绝爱森纳赫派的

---

① 《马克思恩格斯文集》第 3 卷，人民出版社 2009 年版，第 338 页。
② ［英］G. D. H. 柯尔：《社会主义思想史》第 2 卷，商务印书馆 1977 年版，第 80 页。
③ 《马克思恩格斯全集》第 29 卷，人民出版社 1972 年版，第 257 页。

"合并"建议；后来由于在政治上、组织上陷入困境，才不得不打出"团结"的旗号，同意与爱森纳赫派合并。

马克思、恩格斯对两派的合并极为关心。他们认为，两派合并是否有利于工人运动，要看在什么原则的基础上合并。他们一再告诫李卜克内西等爱森纳赫派的领导人，合并必须坚持以科学共产主义的原则为基础，决不能"拿原则来作交易"。可是，爱森纳赫派的某些领导人却醉心于两派合并，竟然放弃原则，背着马克思和恩格斯，同拉萨尔派的头目威廉·哈塞尔曼等人一起，起草了一个浸透着拉萨尔机会主义观点的纲领草案，提交 1875 年 5 月 22—27 日在哥达城召开的两派合并代表大会讨论，并在略加修改以后通过了这个纲领草案。

马克思和恩格斯看到这个纲领草案后，感到极大的愤慨。他们指出，一个政党的纲领"毕竟总是一面公开树立起来的旗帜，而外界就根据它来判断这个党"①。特别是在巴黎公社之后，德国工人已处于欧洲运动的"先导地位"，因而德国工人党的纲领不仅在国内，而且在国际工人运动中都将发生重大影响。正是鉴于德国工人在国际无产阶级解放斗争中所处的特殊地位，恩格斯在 1874 年 7 月就曾告诫它的领袖们"有责任越来越透彻地理解种种理论问题，越来越彻底地摆脱那些属于旧世界观的传统言辞的影响，而时时刻刻地注意到：社会主义自从成为科学以来，就要求人们把它当作科学看待，就是说，要求人们去研究它"②。然而哥达纲领草案却根本背离了科学社会主义的理论基础，而向"旧世界观"倒退。马克思、恩格斯认为，这是一个极为糟糕、会使党堕落的纲领，其中差不多每一个字都是应当批判的。1875 年 4—5 月，马克思抱病写了《对德国工人党纲领的几点意见》即《哥达纲领批判》，有力地驳斥了拉萨尔派的机会主义观点，并进一步概括总结了巴黎公社的经验和《资本论》的思想成果，运用最彻底的发展论即唯物辩证法，着重考察了资本主义制度崩溃和未来共产主义社会发展的问题，丰富和发展了历史唯物主义理论。恩格斯也以书信的方式，批判了哥达纲领草案中的机会主义观点。

1. 批判拉萨尔关于"自由国家"的谬论，揭示了国家的阶级本质，阐明从资本主义到共产主义的过渡时期的国家只能是无产阶级的革命

---

① 《马克思恩格斯文集》第 3 卷，人民出版社 2009 年版，第 415 页。
② 《马克思恩格斯文集》第 2 卷，人民出版社 2009 年版，第 219 页。

专政。

　　拉萨尔竭力宣扬唯心主义国家观，抹杀国家的阶级本质。他认为，国家是"全体人民的共同体"，是统一道德整体中个性的结合体，国家的使命就在于发展自由，使人类朝着自由的方向发展。在哥达纲领草案中，也浸透着这种观点，把争取"自由国家"作为德国工人党的奋斗目标。

　　马克思、恩格斯尖锐地批判了"自由国家"的机会主义论调。指出：争取"自由国家"是资产阶级的口号，决不是已经摆脱了狭隘的奴才思想的工人的目的。"当无产阶级还需要国家的时候，它需要国家不是为了自由，而是为了镇压自己的敌人，一到有可能谈自由的时候，国家本身就不再存在了。"① 也就是说，任何国家都是阶级压迫和阶级统治的工具，根本不存在什么超阶级的国家。在阶级社会里，自由也是有阶级性的。有了剥削者的自由，就没有被剥削者的自由，反过来也是一样。无产阶级国家"只是在斗争中、在革命中用来对敌人实行暴力镇压的一种暂时的设施"②，它将使大多数人享有民主、自由的权利，但必须镇压阶级敌人的反抗。当彻底消灭了阶级，实现了真正的人类自由的时候，国家也就随之消亡。因此，争取"自由国家"，纯粹是无稽之谈。

　　马克思、恩格斯还指出，纲领草案"不把现存社会（对任何未来的社会也是一样）当做现存国家的（对未来社会来说是未来国家的）基础，反而把国家当做一种具有自己的'精神的、道德的、自由的基础'的独立存在物"③，这是十足的历史唯心主义。事实上，在资本主义社会里，国家的形式虽有不同，但本质上有共同点："它们都建立在现代资产阶级社会的基础上，只是这种社会的资本主义发展程度不同罢了。"④ 精神、道德、自由等等，都属于上层建筑范畴，归根到底是由经济基础决定的，它们同国家制度的建立和发展有着相互作用、相互影响，但并不构成国家的基础。

　　在推翻资本主义制度以后，国家制度将发生怎样的变化呢？马克思、恩格斯综合了以往理论研究的成果和无产阶级革命的实践经验，精辟地论述了"过渡时期"的理论。

① 《马克思恩格斯文集》第3卷，人民出版社2009年版，第414页。
② 同上。
③ 同上书，第444页。
④ 同上。

早在《1844年经济学哲学手稿》中，马克思就曾谈到，消灭私有制"在现实中将经历一个极其艰难而漫长的过程"①。在《共产党宣言》中，他们提出了无产阶级专政的思想和向共产主义社会过渡的步骤和措施。50年代初，马克思、恩格斯依据1848年欧洲革命的经验，进一步明确提出无产阶级专政是"达到消灭一切阶级和进入无阶级社会的过渡"②。巴黎公社的实践，为马克思、恩格斯提出过渡时期的理论，提供了重要的依据。在《法兰西内战》等著作中，他们对过渡时期和无产阶级专政的长期性和必要性，作了更为具体的论述。指出，在无产阶级取得政权之后，还将存在阶级矛盾和阶级斗争，而且还必须经过一系列把环境和人都完全改变的历史过程，才能创造必要的经济条件，实现从资本主义社会到更高级的社会形式的转变。因此，实行无产阶级专政是必要的，而且将经历相当长的一段时间。③

在《哥达纲领批判》中，马克思对从资本主义社会到共产主义社会的过渡时期和相应的国家制度，作了更为明确而精辟的表述："在资本主义社会和共产主义社会之间，有一个从前者变为后者的革命转变时期。同这个时期相适应的也有一个政治上的过渡时期，这个时期的国家只能是无产阶级的革命专政。"④ 在这里，马克思第一次明确提出了"过渡时期"的概念，指明了这个时期国家的性质，揭示了人类根本性历史转变——从资本主义私有制到共产主义公有制转变过程的客观规律性，从而进一步丰富和发展了唯物史观。

2. 批判拉萨尔庸俗的社会主义分配理论，提出共产主义社会发展阶段的学说。

哥达纲领草案宣扬了拉萨尔的庸俗分配理论，把"按照平等的权利"、"公平的"分配和"不折不扣的劳动所得"等含混不清的空话，当作党的奋斗纲领，企图以分配方式上的改良来实现社会主义。

马克思在批驳这种错误观点时，进一步阐明了生产方式决定分配方式的历史唯物主义原理。他指出："消费资料的任何一种分配，都不过是生

---

① 《马克思恩格斯文集》第1卷，人民出版社2009年版，第232页。
② 《马克思恩格斯文集》第10卷，人民出版社2009年版，第106页。
③ 《马克思恩格斯文集》第3卷，人民出版社2009年版，第159页。
④ 同上书，第445页。

产条件本身分配的结果；而生产条件的分配，则表现生产方式本身的性质。"① 所谓生产条件的分配，也就是生产资料归谁所有和劳动力以什么形式同生产资料相结合的问题。生产资料分配的方式不同，社会各阶级在生产中所处的地位就不同，产品的分配方式也就不同。所以，有什么样的生产方式，就有什么样的分配方式。要改变资本主义的分配方式，必须首先改变资本主义的生产方式，消灭资本主义私有制。纲领草案把分配看成脱离生产方式的东西，本末倒置地把分配看作事物的本质，把社会主义的实现归结为主要是分配问题，这是完全错误的。

马克思还依据《资本论》中社会再生产的原理，揭露了上述观点的荒谬性。提出：在未来的社会中，产品的分配也不可能是"不折不扣的劳动所得"。为了发展社会生产，在社会总产品中不仅必须扣除消费掉的生产资料的补偿基金、扩大再生产的积累基金以及后备基金，而且还要在扣除生产管理费用、文教保健费用、社会福利费用等项之后，才能作为个人消费品进行分配。马克思还揭露了拉萨尔庸俗分配理论的唯心主义实质。他写道："难道经济关系是由法的概念来调节，而不是相反地，从经济关系中产生出法的关系吗？"② 这就是说，"公平""平等"只是一种法权概念，属于上层建筑范畴，而分配方式是一种经济关系，是经济基础的一部分。抽象地谈论"按照平等权利""公平分配劳动所得"，实际上是把"平等""公平"这些法权概念当作调节经济关系的先验的永恒原则，颠倒了经济关系和法权概念的关系，陷入历史唯心主义的泥潭。

尤为重要的是，马克思在批判拉萨尔的庸俗分配理论的同时，还运用唯物辩证法的发展论，考察了共产主义社会的发展过程，提出了共产主义社会发展阶段的学说。

需要指出的是，马克思早在《1844年经济学哲学手稿》中，就曾探讨了未来社会的发展问题。他认为，共产主义是扬弃私有财产的革命运动，需要经历一个漫长的过程；在否定私有财产之后建立的社会，也还有一个发展、完善的问题。当时，马克思把共产主义看作"最近将来的必然形式"，而"不是人类发展的目标，不是人类社会的形式"，只是"对

① 《马克思恩格斯文集》第3卷，人民出版社2009年版，第302页。
② 同上书，第432页。

下一段历史发展来说是必然的环节"①；把在消灭私有财产之后建立起来的新的社会形式称为"社会主义"，或"完成了的人道主义"。这表明，马克思虽然还没有建立起科学的共产主义理论，而且也还没有完全摆脱费尔巴哈人本主义的影响，但已包含有关未来社会发展阶段的思想萌芽。这时所说的"共产主义"实际上相当于后来所说的从资本主义社会到共产主义社会的"过渡时期"，而这时所说的"社会主义"或"完成了的人道主义"，则是在消灭了私有制以后在自身基础上发展、完善起来的新的社会形态，即后来所说的共产主义社会（包括它的"第一阶段"）。

据共产主义者同盟在科伦的领导人、1852年"科伦共产党人案件"的被告之一彼·格·勒泽尔在其"证词"中所述，1847—1850年冬，马克思曾在伦敦的"德意志工人教育协会"上发表了关于《共产党宣言》的讲演，其中谈到了对未来社会发展阶段的设想。他认为，共产主义社会需要经过若干年后才能确立，并将经过几个发展阶段：在无产阶级取得政权后，首先是建立社会共和国，然后是社会—共产主义共和国，最后才是纯粹的共产主义共和国。② 这可以说是马克思首次提出了未来社会将划分为不同发展阶段的思想，而且与后来对未来社会发展阶段的划分有相吻合之处。这里所说的"社会共和国"，实际上是他在1850年已经明确提出的、以消灭一切阶级差别以及这些差别所由产生的一切生产关系为目标的无产阶级专政国家。③ 而"社会—共产主义共和国"和"纯粹的共产主义共和国"，则大致相当于后来所说的共产主义社会的"第一阶段"和"高级阶段"。

在《资本论》中，马克思通过对资本主义社会经济形态的深刻研究，对共产主义社会发展阶段问题作了更深入的考察。在《资本论》第1卷中，提出了共产主义社会的分配方式将随着社会的发展而经历不同阶段的思想。指出在共产主义社会，生活资料的分配方式，"会随着社会生产有机体本身的特殊方式和随着生产者的相应的历史发展程度而改变"④，在第3卷中还讲到，资本主义生产方式的发展，将为这样一个阶段准备条件，"在这个阶段上，社会上的一部分人靠牺牲另一部分人来强制和垄断

① 《马克思恩格斯文集》第1卷，人民出版社2009年版，第197页。
② 参见《外国哲学资料》1976年第2期，第42—46页。
③ 参见《马克思恩格斯文集》第2卷，人民出版社2009年版，第197页。
④ 《马克思恩格斯文集》第5卷，人民出版社2009年版，第96页。

社会发展（包括这种发展的物质方面和精神方面的利益）的现象将会消灭"，而"这个阶段又会为这样一些关系创造出物质手段和萌芽，这些关系在一个更高级的社会形态内，使这种剩余劳动能够同物质劳动一般所占用的时间的更大的节制结合在一起"①。这就是说，在消灭资本主义制度之后的社会将经历两个历史阶段：第一阶段是消灭了阶级剥削和阶级统治的社会；第二阶段是在第一阶段基础上发展了的"更高级的社会形态"。

在《哥达纲领批判》中，马克思进一步发展了上述思想，明确地提出了共产主义社会发展的两个阶段，即"第一阶段"和"高级阶段"，并分析了它们的基本经济特征。

马克思说：共产主义社会的第一阶段，是刚刚从资本主义社会中产生出来的，因此它在各方面，在经济、道德和精神方而都还带着它脱胎出来的那个旧社会的痕迹。这就决定了在个人消费品的分配上，只能实行"按劳分配"的原则。马克思认为，"这里通行的就是调节商品（就它是等价交换原则而言）的同一原则"，在这里平等的权利按照原则仍然是资产阶级的权利，不过"内容和形式都改变了"②。"按劳分配"是几千年来分配制度上的革命，同资本主义的分配制度相比，是巨大的历史进步。但这还不是成熟的共产主义。按劳分配对不同等的个人按不等量的劳动给予等量的产品，即以同一尺度（劳动）去对待工作能力和家庭负担各不相同的个人，必然会出现富裕程度的差别，因而平等还只是形式上的，而不是事实上的。马克思说，这是一种"弊病"，但这种"弊病"在共产主义社会第一阶段是不可避免的。因为"权利决不能超出社会的经济结构以及由经济结构制约的社会的文化发展"③。

"要避免所有这些弊病，权利就不应当是平等的，而应当是不平等的"④。也就是说，必须过渡到共产主义社会的高级阶段，实行"各尽所能，按需分配"的原则。马克思说：在共产主义高级阶段，迫使人们奴隶般地服从分工的情形已经消失，从而脑力劳动和体力劳动的对立也随之消失；劳动已经不仅仅是谋生的手段，而且成了人们生活的第一需要；随着个人的全面发展，生产力也增长起来，而集体财富的一切源泉都充分涌

---

① 《马克思恩格斯文集》第 7 卷，人民出版社 2009 年版，第 928 页。
② 《马克思恩格斯文集》第 3 卷，人民出版社 2009 年版，第 434 页。
③ 同上书，第 435 页。
④ 同上。

流。只有在那个时候，才能完全超出资产阶级法权的狭隘眼界，社会才能在自己的旗帜上写上："各尽所能，按需分配！"①

马克思关于共产主义社会发展阶段的理论，是运用唯物辩证法的发展论考察社会历史问题的光辉典范。他从共产主义社会是由资本主义社会发展而来的这一基本事实出发，"分析了可以表现共产主义在经济上成熟程度的两个阶段"，但并未限定共产主义社会只能划分两个阶段。它的科学意义也不仅在于指明了共产主义社会第一阶段和高级阶段的基本特征，而且在于指出了共产主义社会并非是一成不变的，而是不断发展、不断完善的过程。正如恩格斯后来所谈到的，社会主义社会"不是一种一成不变的东西，而应当和任何其他社会制度一样，把它看成经常变化和改革的社会"②。

在马克思对于共产主义社会特征的设想中，除了两个发展阶段的区别外，还谈到了它们的共同之点，如全部生产资料归社会所有；消灭了阶级和阶级差别；消灭了商品和货币等。这些设想显然与社会主义国家的现实不符。从实际出发，在理论上和实践上把马克思主义推向前进，不仅不是违背马克思主义，相反，这正是马克思主义的内在要求和生命力之所在。

（三）批判"非常法"时期德国党内的机会主义，丰富和发展马克思主义阶级斗争理论

1878 年 10 月，德国议会通过首相奥托·俾斯麦提出的《镇压社会民主党企图危害治安的法令》，即"反社会党人非常法"，德国社会民主党被禁止活动，处于非法地位；大批社会主义者被逮捕和放逐，许多马克思主义著作被查禁，白色恐怖笼罩全国。面对这种情况，党的领导机关惊慌失措，采取了右倾投降主义方针，声明自行解散德国社会民主党，给党造成了极大的混乱和严重损失。许多基层组织瓦解，不坚定分子纷纷退党，机会主义思想泛滥。以卡·赫希伯格、卡·奥·施拉姆、爱·伯恩施坦为代表的右倾机会主义分子立刻纠集在一起，组成了臭名昭著的"苏黎世三人团"。他们在瑞士苏黎世创办刊物，宣扬投降主义，反对马克思主

---

① 《马克思恩格斯文集》第 3 卷，人民出版社 2009 年版，第 436 页。
② 《马克思恩格斯文集》第 10 卷，人民出版社 2009 年版，第 588 页。

义，并于 1879 年在《社会科学和社会政治年鉴》第 1 册上，发表了一个右倾投降主义的反党纲领——《德国社会主义运动的回顾》。它公开叫嚣要改变党的无产阶级性质，使"片面的工人党"变成"一切富有真正仁爱精神的人"的"全面的党"，让"有教养的和有财产的"资产者来领导；党"不打算走暴力的、流血的革命的道路，而决定……走合法的即改良的道路"，以免"吓倒了害怕赤色幽灵的资产阶级"；它还宣扬必须放弃阶级斗争，放弃党的最终目标，把"全部力量、全部精力用来达到某些最近的目标"，以免招致资产阶级的怨恨和反对。

为了彻底批判"苏黎世三人团"的机会主义纲领，教育和帮助德国党的领导人改正错误，马克思和恩格斯于 1879 年 9 月联名写了《给奥·倍倍尔、威·李卜克内西、威·白拉克等人的通告信》。

在《通告信》中，马克思和恩格斯坚决反对篡改党的无产阶级性质和把无产阶级先锋队变成资产阶级政党的错误主张，强调指出，党只能用无产阶级世界观来改造其他阶级中投入无产阶级运动的人，而决不容许用资产阶级、小资产阶级的世界观来改造党。他们重申第一国际创立时的战斗口号："工人阶级的解放应当是工人阶级自己的事情"，并坚决驳斥了"三人团"蔑视工人群众的唯心史观，明确指出："我们不能和那些公开说什么工人太没有教养，不能自己解放自己，因而必须由仁爱的大小资产者从上面来解放的人们一道走。"[1]

《通告信》还批判了"三人团"宣扬"博爱""正义"之类的空谈，以及反对阶级斗争，鼓吹改良主义，反对无产阶级革命的谬论。强调指出："根据我们的全部经历，摆在我们面前的只有一条路。将近 40 年来，我们一贯强调阶级斗争，认为它是历史的直接动力，特别是一贯强调资产阶级和无产阶级之间的阶级斗争，认为它是现代社会变革的巨大杠杆；所以我们决不能和那些想把这个阶级斗争从运动中勾销的人们一道走。"[2]这是马克思、恩格斯对近 40 年来斗争经验的总结，也是对马克思主义阶级斗争理论的发展。他们明确提出阶级斗争是"历史的直接动力"，而无产阶级同资产阶级之间的阶级斗争，则是"现代社会变革的巨大杠杆"。就是说，在阶级社会中，社会运动的内在源泉是社会基本矛盾，其主要表

---

[1]　《马克思恩格斯文集》第 3 卷，人民出版社 2009 年版，第 484 页。

[2]　同上。

现是阶级斗争。阶级斗争直接推动社会的发展，造成新旧社会的更替。无产阶级只有在这个理论指导下，坚持阶级斗争，坚持无产阶级专政，才能争得自身解放。

二　系统阐发马克思主义哲学原理的第一部重要著作

——《反杜林论》

1876—1878 年，恩格斯在同杜林的论战中写出了他的名著《反杜林论》（《欧根·杜林先生在科学中实行的变革》）。这是一部"百科全书式"[1] 的马克思主义的基本著作。列宁曾指出：《反杜林论》这部著作"分析了哲学、自然科学和社会科学中最重要的问题"，"这是一部内容十分丰富、十分有益的书"[2]。它对国际共产主义运动发生了巨大而深远的影响，在马克思主义哲学史上，它是第一部系统阐发马克思主义哲学原理的著作，因而占有极为重要的地位。

欧根·卡尔·杜林（1833—1921 年），出身于普鲁士的一个官吏家庭。早年曾在柏林大学学习法律，1861 年获哲学博士学位，1864—1877年在柏林大学任讲师。

杜林是一个小资产阶级思想家。在 19 世纪 60 年代，他竭力吹捧美国庸俗经济学家凯里，宣扬私有制的合理性，鼓吹劳资合作。1866 年曾向俾斯麦政府呈送了有关工人福利问题的"条陈"，"供内阁内部使用"。70年代中期，他突然大叫大嚷地宣布改信社会主义，狂妄地吹嘘他"在科学中实行的变革"，接连抛出《哲学教程——严格科学的世界观和生命形成》（1875 年）、《国民经济学和社会经济学教程，兼论财政政策的基本问题》（1876 年第 2 版）、《国民经济学和社会主义批判史》（1875 年第 2版）——3 部八开本的巨著，组成向马克思主义进攻的三路"论证大军"。他宣扬先验主义和形而上学的谬论，反对辩证唯物主义和历史唯物主义；贩卖庸俗经济学的观点，攻击马克思的剩余价值学说；鼓吹资产阶级改良主义，反对无产阶级革命和无产阶级专政；用以"普遍公平原则"

---

① 《马克思恩格斯选集》第 4 卷，人民出版社 1972 年版，第 417 页。（原注解找不到）
② 《马克思恩格斯全集》第 34 卷，人民出版社 1972 年版，第 13 页。（原注解找不到）

为基础的假社会主义对抗科学社会主义。

当时，德国社会民主党的两派——爱森纳赫派和拉萨尔派刚刚实现合并，加强了反对共同敌人的力量。但是这次合并是在爱森纳赫派向拉萨尔派作了无原则妥协的基础上进行的，其结果是导致党的理论水平下降，机会主义思想滋长。因而杜林的反动观点不仅在工人队伍中传播开来，而且在党内也出现了杜林的崇拜者。如莫斯特、弗里切、伯恩施坦等都成为杜林的狂热信徒和吹鼓手。党的一些领导人也一度受到杜林思想体系的影响。如倍倍尔竟公开发表了题为《一个新的"共产党人"》的文章，认为杜林的观点"同科学共产主义理解的概念是完全一致的"①，等等。

对于杜林的自大狂妄和理论上的错误，马克思、恩格斯早就有所觉察。1867 年马克思的《资本论》第 1 卷出版后，德国官方经济学界曾制造"沉默抵制"的阴谋，而杜林是第一个发表文章评论马克思这部著作的专家。对此，马克思曾给予肯定，但同时也指出："这是一个往常极为傲慢无礼的家伙，他俨然以政治经济学中的革命者自居。"他不仅没有觉察到《资本论》中"崭新的因素"，而且还对它作了曲解，特别是把马克思的辩证法同黑格尔的辩证法混为一谈。② 不过，当时马克思、恩格斯认为无须给予重视。但是 70 年代的情况就不同了。如果听任杜林"瘟疫"的蔓延，那就可能把工人运动引向歧途，而且会导致刚刚统一起来的德国社会民主党重新分裂。因此，恩格斯指出："不管我们是否愿意，我们必须应战，把斗争进行到底。"③

在这种情况下，恩格斯为了使马克思不至于中断《资本论》的研究和写作，毅然放下正在进行中的《自然辩证法》的写作，肩负起反击杜林挑战的重任，用了两年多的时间，写出了《反杜林论》。在这部著作中，恩格斯不仅第一次全面地论述了马克思主义的三个组成部分——哲学、政治经济学和科学社会主义——及其内在联系，而且全面地、系统地阐发了马克思主义哲学的基本原理，使之成为标志着马克思主义哲学体系形成的最重要的著作之一。

《反杜林论》之所以能完成这一任务，是马克思、恩格斯哲学思想发

---

① 《研究〈反杜林论〉参考史料》，生活·读书·新知三联书店 1980 年版，第 35—36 页。
② 《马克思恩格斯文集》第 10 卷，人民出版社 2009 年版，第 280 页。
③ 《马克思恩格斯文集》第 3 卷，人民出版社 2009 年版，第 499 页。

展的必然结果，同时也是革命斗争实践的需要。第一，从马克思主义哲学问世到《反杜林论》发表，已有 30 年。在此期间，马克思、恩格斯通过总结无产阶级革命的实践经验和理论研究，从各方面丰富和发展了自己的哲学思想，从而使马克思主义哲学原理的系统阐发既有需要，也有可能。第二，当时在德国党内流行着一种"腐败的风气"，同拉萨尔分子的妥协导致同杜林及其崇拜者的妥协，此外也导致了同一帮不成熟的大学生和"过分聪明的博士"的妥协。这些人自称为社会主义者，但实际上既不真正懂得又不认真研究什么是科学的社会主义。他们"想用关于正义、自由、平等和博爱的女神的现代童话来代替它的唯物主义的基础（这种基础要求人们在运用它以前进行认真的、客观的研究）"①。也就是企图用抽象的原则来代替对现实社会的科学分析，用唯心史观来代替唯物史观，抽掉科学社会主义的理论。为了纠正这种"幼稚病"，就有必要系统地阐明马克思主义哲学原理及其与政治经济学和科学社会主义的关系。第三，与本书所批判的"对象本身的性质"有关。杜林抛出的"理论"是一个庞杂的体系，而且"在这里，自然、历史、社会、国家、法等等都是从某种所谓的内部联系方面加以探讨的"②。为了彻底地揭露和批判杜林的反动思想体系，就必须系统地阐明马克思主义哲学。恩格斯说："本书所批判的杜林先生的'体系'涉及非常广泛的理论领域，这使我不能不跟着他到处跑，并以自己的见解去反驳他的见解。因此，消极的批判成了积极的批判；论战转变为马克思和我所主张的辩证方法和共产主义世界观的比较连贯的阐述。"③

应当指出，恩格斯的这部著作是在马克思的坚决支持和密切合作下写成的。恩格斯说："本书所阐述的世界观，绝大部分是由马克思所确立和阐发的，而只有极小的部分是属于我的，所以，我的这种阐述不可能在他不了解的情况下进行，这在我们相互之间是不言而喻的。在付印之前，我曾把全部原稿念给他听，而且经济学那一编的第 10 章（《〈批判史〉论述》）就是由马克思写的……在各种专业上互相帮助，这早就成了我们的习惯。"④ 从马克思的有关书信中也可以看到，正是马克思及时指出杜林

---

① 《马克思恩格斯文集》第 10 卷，人民出版社 2009 年版，第 420 页。
② 同上书，第 414 页。
③ 《马克思恩格斯文集》第 9 卷，人民出版社 2009 年版，第 10—11 页。
④ 同上书，第 11 页。

的"那些平庸思想在党内传播的危险性",他赞同恩格斯反击杜林的计划,并明确作出"必须不顾一切,批判杜林"的决断。在《反杜林论》出版以后,马克思又多次指出:"这本书对于理解德国社会主义是很重要的","不仅普通工人……而且真正有科学知识的人,都能够从恩格斯的正确阐述中汲取许多东西"①,它"在德国社会主义者中间获得了巨大的成功"②,等等。由此可见,马克思不仅坚决支持恩格斯对杜林的批判,而且对《反杜林论》所阐述的基本观点也是完全赞同的。那种认为《反杜林论》表明恩格斯"反对"或者"背离"马克思的看法是没有根据的。

(一) 揭示马克思主义三个组成部分的内在联系,阐明辩证唯物主义和历史唯物主义是马克思主义学说的理论基础

在马克思主义哲学产生 30 年之后,杜林抛出一个由机械唯物主义、先验主义和历史唯心主义等拼凑而成的折中主义哲学体系。这明明是历史的倒退,但他却自称在哲学上实行了"全面变革",确立了"最后的终极的真理",吹嘘他的哲学是"彻底独创的结论和观点","严格科学的世界观"等等;并由此出发,推论出他的政治经济学体系和"社会主义"理论。正如恩格斯所说,杜林的社会主义理论"是以某种新哲学体系的最终实际成果的形式出现的"③。为了彻底揭露杜林倒行逆施的行为和从理论基础上粉碎杜林的假社会主义,为了便于无产阶级及其政党把握马克思主义的精神实质,恩格斯在对马克思主义三个组成部分及其内在联系的论述中,始终贯穿着一个重要思想,即辩证唯物主义和历史唯物主义是唯一科学的世界观和方法论,是马克思主义政治经济学和科学社会主义的理论基础,从而进一步阐明了哲学在马克思主义中的地位和作用。

恩格斯的论述是以逻辑和历史相统一的方法进行的。

第一,他论述了唯物辩证法的产生及其意义。指出,辩证法作为同形而上学根本对立的思维方式,在其发展中已经历了三种主要的形式,即古代朴素辩证法、唯心辩证法和唯物辩证法。古希腊哲学家中的许多人都是自发的辩证论者。他们认为,世界上的一切事物都是相互联系、相互制约

---

① 《马克思恩格斯全集》第 34 卷,人民出版社 1972 年版,第 242 页。
② 《马克思恩格斯文集》第 3 卷,人民出版社 2009 年版,第 493 页。
③ 《马克思恩格斯文集》第 9 卷,人民出版社 2009 年版,第 8 页。

的，并且处于不断的运动、变化、产生和消逝之中。恩格斯指出，这是一种"原始的、朴素的但实质上正确的世界观"①。由于这种观点虽然正确地把握了现象的总画面的一般性质，却不足以说明构成这幅总画面的各个细节，而不知道这些细节，也就看不清总画面，因而又具有局限性。为了精确地认识自然，从15世纪后半叶开始，人们把自然界分解为各个部分，分门别类地加以研究，使人们在认识自然界方面获得了巨大的进展。但是这种做法也给人们留下了一种习惯，即孤立地、静止地考察事物。"这种考察方式被培根和洛克从自然科学中移植到哲学中以后，就造成了最近几个世纪所特有的局限性，即形而上学的思维方式"②，并占据了统治的地位。但是，自然界是检验辩证法的试金石。在18世纪后半期开始的工业革命的推动下，自然科学得到迅速发展，它所提供的极其丰富、与日俱增的材料，有力地证明了自然界的一切归根到底是辩证地而不是形而上学地发生的，从而敲响了形而上学的丧钟，代之而起的，是德国古典哲学中的唯心辩证法。它在黑格尔的哲学中达到了顶峰。恩格斯说，黑格尔的划时代的贡献，在于他第一次"把整个自然的、历史的和精神的世界描写为一个过程，即把它描写为处在不断的运动、变化、转变和发展中，并企图揭示这种运动和发展的内在联系"③。但是黑格尔的哲学体系是唯心主义的，它把思维和存在的关系头足倒置；而且还包含着不可救药的内在矛盾，即体系和方法的对立。因此，这种辩证法在其原有的形式上是不适用的，它必然被唯物辩证法所代替。

恩格斯说："一旦了解到以往的德国唯心主义是完全荒谬的，那就必然导致唯物主义，但是要注意，并不是导致18世纪的纯形而上学的、完全机械的唯物主义。"④ 在新的历史条件下，马克思、恩格斯批判地吸取了黑格尔辩证法的"合理内核"，并把它置于唯物主义基础之上，把唯物主义和辩证法有机地统一起来，创立了唯物辩证法。只有唯物的辩证法，才是科学的辩证法；只有辩证的唯物主义，才是彻底的唯物主义。唯物辩证法的产生，把唯物主义和辩证法都推进到一个崭新的阶段。

第二，论述了自然观和历史观的变革。把唯物辩证法彻底贯彻到自然

---

①　《马克思恩格斯文集》第9卷，人民出版社2009年版，第23页。
②　同上书，第24页。
③　同上书，第26页。
④　同上书，第28页。

界和社会历史领域，就引起了自然观和历史观上的革命变革。恩格斯说："马克思和我，可以说是唯一把自觉的辩证法从德国唯心主义哲学中拯救出来并运用于唯物主义的自然观和历史观的人。"① 在自然观上，不仅在18 世纪法国唯物主义那里，占统治地位的是形而上学观点，而且在黑格尔那里也没有摆脱形而上学的束缚。他"不承认自然界有时间上的发展，不承认'先后'，只承认有'并列'"②，自然界被看作一个在狭小的循环中运动的、永远不变的整体。马克思、恩格斯批判地吸取了科学史上的优秀成果，总结了19 世纪自然科学的新成就，确立了辩证的同时又是唯物主义的自然观。在历史观上，以往占统治地位的是唯心主义，否认历史发展的客观规律。黑格尔虽然第一次企图揭示历史发展的内在联系，但他没有完成这个任务。而且由于受到时代和他本人的限制，也不可能完成这个任务。但是，当自然观上的变革随着自然科学的发展而实现的时候，一些"在历史观上引起决定性变革的事实"早就发生了。19 世纪 30—40 年代，英、法、德工人的起义表明，无产阶级和资产阶级之间的矛盾，在欧洲最发达的国家的历史中上升到了首位。在这种历史条件下，马克思、恩格斯重新研究了以往的全部历史，揭示了社会形态的物质基础及其发展动力，找到了"用人们的存在说明他们的意识，而不是像以往那样用人们的意识说明他们的存在"的道路，创立了唯物史观，把唯心主义从它的最后避难所中，从历史观中驱逐出去了。③

　　第三，阐明马克思主义哲学是科学的世界观和方法论，它的产生导致了政治经济学上的革命，并使社会主义从空想变成了科学。

　　恩格斯指出，19 世纪初的三大空想社会主义者之所以陷入空想，除了受历史条件的限制外，还由于他们的世界观是不科学的，特别是历史观上基本上还是唯心主义、形而上学的。他们和 18 世纪法国启蒙学者一样，把人类历史看作是以理性为基础的历史，是理性发展的历史。在他们看来，"社会主义是绝对真理、理性和正义的表现，只要它被发现了，它就能用自己的力量征服世界"④；而对这种真理的认识又是偶然出现的个别天才人物的任务。这样，他们就颠倒了社会存在和社会意识的关系，否定

---

① 《马克思恩格斯文集》第 9 卷，人民出版社 2009 年版，第 13 页。
② 同上书，第 14 页。
③ 同上书，第 29 页。
④ 同上书，第 22 页。

了社会发展的客观规律，否定了阶级斗争和无产阶级革命，否定了人民群众在历史上的决定作用。因此，他们虽然批判过资本主义生产方式及其后果，但是不能说明这个生产方式，既不能指明真正的出路，也找不到能成为新社会创造者的力量。

恩格斯说，"为了使社会主义变为科学，就必须首先把它置于现实的基础之上"①。从世界观上说，也就是用唯物辩证法代替形而上学，用唯物史观代替唯心史观。正是由于马克思、恩格斯创立了唯物辩证法和发现了唯物史观，揭示了人类社会发展的一般规律，又在这种世界观、方法论的指导下，深入解剖了资本主义生产方式，发现了剩余价值规律，科学地说明了资本主义制度发生、发展和灭亡的客观过程，从经济根源上论证了社会主义制度代替资本主义制度的历史必然性，从而使社会主义学说奠立在科学的基础之上。

恩格斯还指出，三大空想社会主义者之所以求助于理性，正是因为他们还不能求助于自己时代的历史。他们的不成熟的理论，是同不成熟的生产关系、阶级关系相适应的。而杜林却是在此近 80 年之后，在科学社会主义已经产生并得到广泛传播的时候，还企图从他那"至高无上的头脑中，从他孕育着'最后真理'的理性中"构思出"新的"社会主义理论，并把它强加于人类历史，这就不能不是历史的倒退。

（二）批判杜林的"世界模式论"，全面阐发辩证唯物主义的基本原理

在马克思主义哲学形成时期，马克思、恩格斯已对物质和意识的关系问题，作出了辩证唯物主义的回答。在《反杜林论》中，恩格斯批驳了杜林的谬论，进一步提出并论证了世界的物质统一性、物质和运动、物质和时空的关系等理论，从而全面阐明了辩证唯物主义的基本原理。

恩格斯批判了杜林从原则、"模式"出发的先验主义观点，进一步阐发了物质和意识的关系的原理。

杜林认为，哲学的研究对象是"存在的基本原则"。这些原则是一些"简单的""终极的"成分，也即"最后的、终极的真理"。这些适用于一切存在的基本原则就构成"世界模式论"。原则应当被应用于自然界和

---

① 《马克思恩格斯文集》第 9 卷，人民出版社 2009 年版，第 22 页。

人类社会，自然界和人类社会必须适应这些原则。这就陷入了唯心主义的先验论。正如恩格斯所说的，"杜林从'原则'出发，而不是从事实出发，因此他是个意识形态家"①。

针对杜林的这种谬论，恩格斯深刻地指出，"原则不是研究的出发点，而是它的最终结果；这些原则不是被应用于自然界和人类历史，而是从它们中抽象出来的；不是自然界和人类去适应原则，而是原则只有在适合于自然界和历史的情况下才是正确的。这是对事物的唯一唯物主义的观点，而杜林先生的相反的观点是唯心主义的，它把事情完全头足倒置了"②。在这里，恩格斯唯物主义地回答了物质与意识、客观世界与思想原则谁决定谁、谁适应谁、谁检验谁这样三个相互联系的问题，从根本上划清了唯物主义和唯心主义的界限，并为以后提出哲学基本问题的理论奠定了基础。列宁在《唯物主义和经验批判主义》一书中引用了恩格斯的这段精彩论述，指出"从物到感觉和思想呢，还是从思想和感觉到物？恩格斯主张第一条路线，即唯物主义的路线。马赫主张第二条路线，即唯心主义的路线"。这是"哲学上两条基本路线的区别"③。

恩格斯指出，杜林之所以坚持从原则出发，是由于他把意识、思维当成某种现成的、一开始就和自然界相对立的东西。然而科学上的事实表明，思维和意识"都是人脑的产物，而人本身是自然界的产物，是在自己所处的环境中并且和这个环境一起发展起来的；这里不言而喻，归根到底也是自然界产物的人脑的产物"④。这就是说，人脑是思维的器官，思维是人脑的机能，而人本身是自然界长期发展的产物。人类通过社会实践，首先是通过改造自然界的斗争，在改造客观环境的同时，也不断改造了自身。这就不仅进一步论证了物质、自然界第一性，思维、意识第二性的唯物主义原理，而且深刻地阐明了人类及其意识是在改造环境的实践中不断发展的。

杜林为了替自己从"原则"出发的先验主义制造论据，还说什么有一种同客观世界没有联系的"纯粹观念"，如数学和形式逻辑。恩格斯在批判这种观点时指出，无论数学还是形式逻辑，都是客观事物及其相互关

---

① 《马克思恩格斯文集》第 9 卷，人民出版社 2009 年版，第 345 页。
② 同上书，第 38 页。
③ 《列宁选集》第 2 卷，人民出版社 2012 年版，第 37 页。
④ 《马克思恩格斯文集》第 9 卷，人民出版社 2009 年版，第 38—39 页。

系的反映。"纯数学的对象是现实世界的空间形式和数量关系，所以是非
常现实的材料。""数和形的概念不是从任何其他地方，而是从现实世界
中得来的。"科学史表明，数学是由丈量土地、测量容积和计算时间等需
要而产生的。在古埃及，"几何学"一词的原意就是"土地测量"。不仅
如此，人们那种撇开对象的一切其他特性而仅仅顾及数目的计算能力，也
是"长期的以经验为依据的历史发展的结果"①。当然，辩证唯物主义并
不否认意识的相对独立性。恩格斯说在数学上也"正像在其他一切思维
领域中一样，从现实世界抽象出来的规律，在一定的发展阶段上就和现实
世界脱离，并且作为某种独立的东西，作为世界必须适应的外来的规律而
与现实世界相对立"②。人们为了能够从纯粹状态中去把握事物的本质和
规律（数学上就是空间形式和数量关系），现实事物所固有的那种可感觉
的性质就被撇在一边，剩下的只是事物的各种抽象的规定，即概念之间的
相互联系和转化。这样，从现实事物中抽象出来的本质和规律，在表现形
式上，就作为思维活动的结果和产物，作为抽象的科学理论和规律而存
在。它不是表现在事物之中，而是作为某种独立的、仿佛是外来的规律与
现实世界相对立，而现实世界则必须与之相适应了。但是，这只能在表面
上掩盖它们起源于外部世界的事实。否认意识的相对独立性是机械论的观
点；但是如果把这种相对独立性绝对化，把事物的本质和规律看作纯思维
的产物，那就必然陷入先验主义。

　　世界的本质、本原是什么？世界是统一于物质，还是统一于精神？这
是唯物主义和唯心主义两条哲学路线的前提和"基石"之争。恩格斯批
判了杜林在世界统一性问题上的错误观点，第一次明确提出了"世界的
真正统一性是在于它的物质性"的科学论断。

　　杜林并不否认世界的统一性。但是第一，他既不说世界统一于物质，
也不说世界统一于精神，而是说世界统一于存在。这是一种模棱两可的说
法，给唯心主义留下了地盘。第二，他从思维的统一性导出存在的统一
性，认为存在的统一性是由思维的统一性决定的。这就完全颠倒了两者的
关系而走向唯心主义。

　　恩格斯指出："世界的统一性并不在于它的存在，尽管世界的存在是

---

　　①　《马克思恩格斯文集》第 9 卷，人民出版社 2009 年版，第 41 页。
　　②　同上书，第 42 页。

它的统一性的前提，因为世界必须先存在，然后才能是统一的。"① 因为当仅仅说到存在的时候，统一性只能在于一切对象都是存在的、实有的，人们对"存在"的理解可以是物质的，也可以是精神的，可以是"此岸的"，也可以是"彼岸的"，因而唯心主义、宗教神学也是可以同意的。恩格斯深刻地指出："世界的真正的统一性在于它的物质性，而这种物质性不是由魔术师的三两句话所证明的，而是由哲学和自然科学的长期的和持续的发展来证明的。"② 就是说，客观存在的现实世界是物质世界，世界上千差万别的事物和现象都是物质的具体表现形态；思维和意识是高度发展起来的物质即大脑的属性和产物。物质是世界上一切变化、发展的基础，精神世界并不是离开物质世界而单独存在的。这已经并将继续由自然科学和哲学的发展来证明。恩格斯还批判了杜林从思维的统一性得出存在统一性的错误观点，指出世界的物质统一性是客观世界本身所固有的，在人们对它进行思维之前，统一的物质世界就已经存在。正是由于有了世界的物质统一性，才能产生思维的统一性，而决不是由思维的统一性产生出物质世界的统一性。"如果我把鞋刷子综合在哺乳动物的统一体中，那它决不会因此就长出乳腺来。"

那么，物质世界又是如何存在的呢？恩格斯批判了杜林关于物质存在形式的谬论，论述了物质和运动、物质与时间、空间关系的原理。

在物质与运动的关系问题上，杜林认为宇宙最初处于"自身不变的等同状态"。他把这种状态叫做"物质与机械力的统一"。这种"统一"一旦破坏，自身不变的状态，就转变为运动状态。由此就会得出：物质和运动是可以分离的；运动只是机械运动；静止可以是绝对的；运动是从虚无中产生的。

恩格斯批判了杜林的这些谬论，用辩证唯物主义观点阐明了物质和运动的关系。

第一，恩格斯指出，"运动是物质存在的方式"③。就是说，运动是物质的固有属性，物质和运动是不可分割的。无论何时何地，"没有运动的物质和没有物质的运动一样，是不可想象的"④。

---

① 《马克思恩格斯文集》第 9 卷，人民出版社 2009 年版，第 47 页。
② 同上。
③ 同上书，第 64 页。
④ 同上。

　　第二，物质运动是永恒的，运动不能创造，只能转移，即从一种运动形式转化为另一种运动形式，宇宙间运动的量永远是一样的。自然科学上能量守恒和转化定律的发现，进一步证明了物质运动的永恒性，证明了"运动和物质本身一样，是既不能创造也不能消灭的"①。

　　第三，物质运动的形式是多种多样的。机械运动、物理运动、化学运动、生命运动、社会运动等就是物质运动的基本形式。"宇宙中的每一个物质原子在每一瞬间都处在一种或另一种上述运动形式中，或者同时处在数种上述运动形式中"②。各种运动形式，有的简单，有的复杂，既相区别，又相联系，并在一定条件下互相转化。高级运动形式包括低级运动形式，但高级运动形式不能简单地归结为低级运动形式。

　　第四，物质的运动是绝对的，静止是相对的，静止是运动的量度。恩格斯说："任何静止、任何平衡都只是相对的，只有对这种或那种确定的运动形式来说才是有意义的。"③ 通常人们所说的静止、平衡，只是事物处于量变过程中的状态。绝对的、无条件的静止和平衡是不存在的。个别运动趋向于平衡，总体运动又破坏平衡。同时，从辩证的观点看来，运动应当从它的反面即从静止找到它的量度，在静止中表现出来。"出现静止和平衡，这是有限制运动的结果，不言而喻，这种运动可以用自己的结果来计量，可以用自己的结果来表现，并且通过某种形式从自己的结果中重新得出来。"④

　　恩格斯还指出，杜林在物质和运动的关系问题上的基本错误，在于他"把运动归结为机械力这样一种所谓的运动的基本形式，这就使他不可能理解物质和运动之间的真实联系"⑤。因为把运动归结为机械运动，就否定了运动形式的多样性；就会把相对静止看成绝对静止。杜林得出"自身不变的等同状态"的认识论根源，也在于他"把地球上某一物体所能有的相对机械平衡想象为绝对静止，然后再把它转移到整个宇宙"。而从物质不动的状态出发是不可能解释如何由静到动的，除非请出"上帝"，否则不能自圆其说。

---

① 《马克思恩格斯文集》第 9 卷，人民出版社 2009 年版，第 64 页。
② 同上。
③ 同上。
④ 同上书，第 67 页。
⑤ 同上书，第 63—64 页。

在时间、空间问题上，杜林的错误主要表现在：第一，他认为"无限性应当是没有矛盾的"，并以此证明时间应当是有开端的，空间是有限的；第二，"物质自身不变的等同状态"是存在于时间之外的，就是说物质是可以脱离时间而存在的。恩格斯批驳了杜林的这种形而上学观点，论述了辩证唯物主义的时空观。

第一，恩格斯指出，杜林所说的"没有矛盾"的无限性，也即有开端而无终点的无限性，就像数学上从某一确定项开始的无限数列一样。的确，在数学中，人们为了计算的需要，总是要从某一数列的某个确定项出发的。但是决不能以此来证明宇宙在时间上有开端，空间上是有限的。因为"数学家的观念上的需要，对现实世界来说决不是强制性法律"①。在现实世界中，"时间上的永恒性，空间上的无限性，本来就是，而且按照简单的词义也是：没有一个方向是有终点的，不论是向前或向后，向上或向下，向左或向右。这种无限性和无限序列的无限性完全不同"②。

第二，恩格斯针对杜林所谓"无限性应当是没有矛盾的"谬论，论述了无限和有限的辩证关系。指出："无限性是一个矛盾，而且充满种种矛盾。无限纯粹是由有限组成的，这已经是矛盾，可是事情就是这样。……正因为无限性是矛盾，所以它是无限的、在时间上和空间上无止境地展开的过程。如果矛盾消灭了，那无限性就终结了。"③ 也就是说，物质世界从整体上看，从其发展的总过程看，是无限的；从具体的个别事物及其发展的个别阶段看，又是有限的。无限寓于有限之中，由无数的有限构成，没有离开有限的无限；同样的，有限也依存于无限，包含着无限，没有脱离无限的有限。正是这种有限和无限的对立统一，构成了物质世界无止境的展开过程。如果否认矛盾，否认无限和有限的对立统一，就必然导致否认无限性本身。杜林追求所谓没有矛盾的无限性，只能是主观的幻想，是永远办不到的。

第三，恩格斯批判了杜林把物质运动同时间、空间割裂开来的形而上学观点，明确提出"一切存在的基本形式是空间和时间"的科学论断，指出"时间以外的存在像空间以外的存在，是非常荒诞的事情"④。就是

① 《马克思恩格斯文集》第 9 卷，人民出版社 2009 年版，第 55 页。
② 同上书，第 53 页。
③ 同上书，第 55 页。
④ 同上书，第 56 页。

说，时间、空间同物质运动是不可分割的。物质世界是无限的，运动是永恒的，时间和空间也是无限的。恩格斯还指出，时间、空间和物质一样都是客观存在的，人们关于时间、空间的概念，是对现实的时间和空间的反映。杜林企图否认时空同物质运动的不可分性，以时空概念的变化来否定时空的客观性，这就必然导致神秘主义。

（三）批判杜林在认识论上的形而上学，阐发认识发展的辩证法

真理问题是马克思主义认识论的基本问题之一。马克思在《关于费尔巴哈的提纲》中，科学地阐明了实践在认识中的作用，指出实践是检验真理的唯一标准，从而为辩证唯物地解决真理问题奠定了基础。在《反杜林论》中，恩格斯的一个杰出贡献，就是在批判杜林的形而上学真理观的同时，系统地阐明了真理发展的辩证法。

第一，恩格斯针对杜林关于人的思维具有"至上的意义"和"无条件真理权"的谬论，论述了思维的至上与非至上性、认识能力的有限性和无限性的辩证关系。他指出，人类思维是作为无数亿过去、现在和未来的个人思维而存在的，"绝对地认识着的思维的无限性，也是由无限多的有限的人脑所组成的"①。就是说，不仅作为认识对象的客观世界，而且作为认识主体的人的思维，都是有限和无限的辩证统一。客观世界的一切事物都是可以被认识的，人类的社会实践也要求无限地去认识世界，因而作为全人类的思维是至上的，认识能力是无限的；但是作为单个人或一定历史阶段上的人来说，由于受到主、客观条件的种种限制，他们的思维又是非至上的，认识能力是有限的。思维的至上性是在一系列不至上地思维着的人们中实现的，人类思维的这种至上和非至上，无限和有限的矛盾，只有通过人类生活无限的延续，才能得到解决。

第二，恩格斯批判了杜林关于"永恒真理""终极真理"的谬论，阐明了绝对真理和相对真理的辩证关系。恩格斯指出，客观世界是无限发展的，人类的认识也是无限发展的，如果像杜林那样，宣布人类在某个时间达到了只运用"永恒真理"的地步，那就是说人类已经穷尽了真理，这就等于说"实现了已经数出来的无限数的"奇迹。在人类认识的成果中的确也存在一些确凿无疑的真理，如 $2 \times 2 = 4$，人不吃饭就会饿死等等，

---

① 《马克思恩格斯文集》第9卷，人民出版社2009年版，第499页。

如果有人喜欢"对极简单的事物使用大字眼",那么也可以说这些就是"永恒真理"。但是,如果把它们夸大为适用于一般科学,特别是历史科学的复杂问题,那就是错误的、反科学的。只有辩证的提出和解决绝对真理和相对真理的关系问题,才能正确理解真理的发展过程。恩格斯列举了科学发展史上的大量事实,说明无论是无机界、生物界和人类社会的各种科学中,一切真理都是在实践中不断发展的,因而具有相对性。企图在科学中猎取最后的、终极的真理,是徒劳的。

第三,恩格斯批判了杜林把真理和谬误绝对对立起来的谬论,阐明了真理和谬误的辩证关系。指出,"真理和谬误,正如一切在两极对立中运动的逻辑范畴一样,只有在非常有限的领域内才具有绝对的意义"①。真理和谬误固然是互相排斥、互相对立的,二者之间的界限决不能混淆、颠倒;但是它们之间的对立是有一定范围的,不能随意越出这个范围;如果越出这个范围,真理和谬误就会互相转化。恩格斯还指出:"拥有无条件的真理权的认识是在一系列相对的谬误中实现的。"② 就是说,人们对真理的认识不只是一个由相对到绝对的过程,而且常常可能发生这样或那样的错误,真理的发展,正是在真理同谬误的相互斗争和相互转化中实现的。

马克思主义强调物质是意识的根源,决不意味着否认主体在认识中的能动作用,而是主张把这种能动作用建立在辩证唯物主义的基础之上。恩格斯关于自由和必然的辩证关系的理论,深刻地体现了这一点。

早在19世纪40年代初,马克思在他的《博士论文》中就曾探讨了自由和必然的关系问题。尽管当时马克思还是个辩证的唯心主义者,强调自我意识在历史发展中的支配作用,但是,他既反对否定意志自由的机械论观点,也反对把自我意识看成抽象的个别性,看成可以脱离世界、脱离"定在"的东西。他指出,脱离"定在"的自由并不是真正的自由,自我意识必须在"定在"中取得自由。在马克思、恩格斯合著的《德意志意识形态》中,已经用唯物辩证的观点论述了自由和必然的关系。他们说:"人们每次都不是在他们关于人的理想所决定和所容许的范围之内,而是

---

① 《马克思恩格斯文集》第 9 卷,人民出版社 2009 年版,第 96 页。
② 同上书,第 91 页。

在现有的生产力所决定和所容许的范围之内取得自由的。"① 又说："只有在集体中，个人才能获得全面发展其才能的手段，也就是说，只有在集体中才可能有个人自由。"② 这里已经明确指出，自由的实现是不能脱离一定的历史条件（首先是生产力发展水平）和社会关系的。如果说，这些论述主要还是在社会历史领域方面，那么在《反杜林论》中，则进一步作为主客体关系和认识论的问题加以阐发了。

恩格斯指出，"自由不在于幻想中摆脱自然规律而独立，而在于认识这些规律，从而能够有计划地使自然规律为一定目的服务"③。客观世界的规律，在未被人们认识的时候，是一个必然的王国，人们处于盲目的、被必然性支配和奴役的地位。当人们通过社会实践，认识和支配这些规律时，便转化为自由，取得驾驭事物发展的主动权。必然性并不排斥人的自由，相反地，它是人们实现自由的客观前提和依据。"意志自由只是借助于对事物的认识来作出决定的能力"④，主观武断和犹豫不决看起来似乎是自由的，实际上是以对必然的无知为基础的。由于主观认识不符合客观实际，盲目行动，经不起实践检验，在实践中一定碰壁，因而实际上是不自由的。

恩格斯还指出，自由是"历史发展的产物"⑤，是一个在实践基础上实现的无限过程。人类从动物界分离出来以后，在认识世界、改造世界的实践中取得的每一次进步，都是向自由迈进了一步。在生产水平低下的原始社会和存在阶级剥削、阶级压迫的私有制社会，人的自由受到很大的限制。只有在共产主义制度下，由于生产力的高度发展和消灭了阶级差别，才能谈到真正人的自由。那时，"人们周围的、至今统治着人们的生活条件，现在受人们的支配和控制，人们第一次成为自然界的自觉的和真正的主人，因为他们已经成为自身的社会结合的主人了"⑥。只有从这时起，人们才完全自觉地创造自己的历史，人们认识世界和改造世界的活动才能在主要方面和日益增长的程度上达到预期的结果。这是人类从必然王国进

---

① 《马克思恩格斯全集》第3卷，人民出版社1956年版，第507页。
② 同上书，第84页。
③ 《马克思恩格斯文集》第9卷，人民出版社2009年版，第120页。
④ 同上。
⑤ 同上。
⑥ 同上书，第300页。

入自由王国的飞跃。

列宁曾高度地评价了马克思、恩格斯关于自由和必然的思想，认为它是"19世纪哲学的真正的进步"；并指出，恩格斯在《反杜林论》中关于这个问题的论述"几乎每一句话、每一个论点，都完全是而且纯粹是建立在辩证唯物主义的认识论上的"①。

（四）批判杜林的唯心史观，论述历史唯物主义的基本原理

从19世纪40年代中期以来，马克思和恩格斯已在一系列著作中从不同方面论述了唯物史观。《反杜林论》则是在此基础上"最为详尽"地阐述历史唯物主义基本原理的著作之一。②

1. 两种对立的出发点。

观察社会历史，从什么基点出发，这是历史观上的首要问题。18世纪启蒙学者和19世纪空想社会主义者从理性出发，把"思维着的悟性"看成是"衡量一切的唯一尺度"，是"人类的一切活动和社会结合的基础"③，因而颠倒了社会存在和社会意识的关系，陷入唯心史观。杜林的历史哲学则是从"人"出发的。他先把社会分解为它的"最简单的要素"，由此发现"社会至少由两个人组成"，然后按公理同这"两个人"打交道，推论出解决一切社会问题的"基本形式"。在他看来，社会至少由两个人组成，而"两个人的意志，按其本身而言，是彼此完全平等的，而且一方不能首先向另一方提出任何肯定的要求。"这样他就得出了"道德正义"和"法律正义"的基本形式。用同样的方法，他推论出经济学上的"永恒的自然规律"和"社会的自然体系"。恩格斯指出，杜林的这种方法不过是先验主义方法的另一种表现方式，按照这一方法，某一对象的特性不是从对象本身去认识，而是从对象的概念中逻辑地推演出来。杜林虽然用"社会最简单要素"——两个人来执行概念的职能，但丝毫没有改变事情的实质。杜林所谓的"两个人"，是摆脱了一切现实，摆脱了地球上发生的一切民族的、经济的、政治的和宗教的关系，摆脱了任何性别和个人特性的人，因而是个"光秃秃的概念"，两个十足的幽灵。当杜

---

① 《列宁选集》第2卷，人民出版社2012年版，第153页。
② 参见《马克思恩格斯文集》第10卷，人民出版社2009年版，第593页。
③ 《马克思恩格斯文集》第9卷，人民出版社2009年版，第20页。

林不是从人们的现实社会关系而是从这种所谓社会的最简单的要素出发来建立社会理论的时候，就不能不陷入纯粹的玄想，他"不是从现实本身推导出现实，而是从观念推导出现实"①，不是从实际到思想，而是从思想到实际，因而是十足的唯心主义。

与此相反，唯物主义历史观主张从现实的社会物质生活条件出发来解释历史。恩格斯说："唯物主义历史观从下述原理出发：生产以及随生产而来的产品交换是一切社会制度的基础；在每个历史地出现的社会中，产品分配以及和它相伴随的社会之划分为阶级或等级，是由生产什么、怎样生产以及怎样交换产品来决定的。所以一切社会变迁和政治变革的终极原因，不应当到人们的头脑中，到人们对永恒的真理和正义的日益增进的认识中去寻找，而应当到生产方式和交换方式的变更中去寻找；不应当到有关的时代的哲学中去寻找，而应当到有关的时代的经济学中去寻找。"②正是从这个基点出发，马克思和恩格斯创立和形成了历史唯物主义关于人类社会的生产力和生产关系，经济基础和上层建筑，社会存在和社会意识，阶级和阶级斗争，国家和革命，无产阶级解放和全人类解放的完整学说。恩格斯还明确指出：历史唯物主义这个名词所表达的是一种关于历史过程的观点，"这种观点认为，一切重要历史事件的终极原因和伟大动力是社会的经济发展、是生产方式和交换方式的改变、是由此产生的社会之划分为不同的阶级，以及这些阶级彼此之间的斗争"③。

把历史唯物主义从社会物质生活条件出发去观察社会历史说成"忽视了人"，这至少是一种误解。事情恰恰相反，只有从社会物质生活条件出发，才能科学地说明历史发展的客观规律和动力，说明人在历史发展过程中的地位和作用，说明实现人类解放的条件和途径。恩格斯在批驳杜林的非历史观时指出，从抽象的人出发，从某种永恒的理性原则出发，用一般性的词句痛骂奴隶制和其他类似的现象，对这些可耻的现象发泄高尚的义愤，这确是最容易不过的做法。"但是，这种制度是怎样产生的，它为什么存在，它在历史上起了什么作用，关于这些问题，我们并没有因此而得到任何的说明。"④ 如果深入地研究一下这些问题，那么我们就会发现，

---

① 《马克思恩格斯文集》第9卷，人民出版社2009年版，第101页。
② 同上书，第283—284页。
③ 《马克思恩格斯文集》第3卷，人民出版社2009年版，第509页。
④ 《马克思恩格斯文集》第9卷，人民出版社2009年版，第188页。

在当时的条件下，采用奴隶制是历史的必然，而且是一个巨大的进步。我们现在的全部经济、政治和智慧的发展，是以历史上曾存在"奴隶制既成为必要，又得到公认的状况为前提的"①。在这个意义上，我们甚至可以说：没有古代奴隶制，就没有现代的社会主义！

2. 揭露杜林的暴力论的唯心主义本质，全面阐发经济基础和政治上层建筑的关系。

杜林宣称，政治暴力是第一性的东西，是基础，是目的；而经济关系是第二性的东西，是从属的，是手段。他认为，由于政治暴力打破了历史的永恒经济规律，因而产生了不平等、私有制、阶级和阶级统治。

针对这种谬论，恩格斯指出，在社会历史过程中，起决定作用的、基础的东西，不是暴力，而是经济。"暴力仅仅是手段，相反，经济利益是目的。目的比用来达到目的的手段要具有大得多的'基础性'，同样，在历史上，关系的经济方面也比政治方面具有大得多的基础性。"② 私有财产的出现，决不是掠夺和暴力的结果，而是由经济的原因产生的。暴力虽然可以改变财产的占有状况，但不能创造私有财产本身。暴力仅仅保护剥削，但是并不引起剥削。无论是奴隶社会，还是资本主义社会，剥削和被剥削的关系都是通过纯经济的途径而不是通过暴力的途径产生的。杜林把资本主义制度归结为"基于暴力的所有制"，不过是用来掩饰对真实事物过程毫不了解的一句大话而已。同样的，阶级和阶级统治关系的出现，是一种历史现象，是同生产发展的一定阶段相联系的，是社会经济发展的产物。在人类历史上，一切社会权力和政治暴力也都是源于经济条件，而不是相反。恩格斯还进一步指出，暴力本身也不是单纯的意志行为，它必须有物质基础和前提，即武器和人。而武器和人的质量与数量，其中包括军队的装备、给养、组织编制、战略战术等等，都是同整个生产水平、经济条件相联系的。

恩格斯关于上层建筑反作用原理的论述，具有重要意义。在此之前，马克思和恩格斯虽然也谈到了这个问题，但是不够明确和系统。正如恩格斯所说的，由于反驳论敌的需要，他们"首先是把重点放在从基本经济事实中引出政治的、法的和其他意识形态的观念以及以这些观念为中介的

---

① 《马克思恩格斯文集》第 9 卷，人民出版社 2009 年版，第 188 页。
② 同上书，第 167 页。

行动"① 上，而对上层建筑的反作用问题有所"忽略"。《反杜林论》的
重要贡献之一就在于，它第一次比较系统地论述了上层建筑对经济基础的
反作用。

国家权力是上层建筑的核心部分。恩格斯以明晰的语言，表达了它对
经济基础的反作用。他说："政治权力在对社会独立起来并且从公仆变成
主人以后，可以朝两个方向起作用。或者它按照合乎规律的经济发展的精
神和方向发生作用，在这种情况下，它和经济发展之间就没有任何冲突，
经济发展加快速度。或者它违反经济发展而发生作用，在这种情况下，除
去少数例外，它照例总是在经济发展的压力下陷于崩溃。"② 恩格斯还分
析了暴力的作用。指出：私有制的出现和阶级的划分，虽然根源于经济的
发展状况，但这并不妨碍它们曾经通过暴力和掠夺、奸诈和欺骗来实现。
他还强调指出，"暴力在历史中还起着另一种作用，革命的作用；暴力，
用马克思的话说，是每一个孕育着新社会的旧社会的助产婆；它是社会运
动借以为自己开辟道路并摧毁僵化的垂死的政治形式的工具"③，杜林把
一切暴力都看成绝对的坏事是错误的。

3. 恩格斯还通过道德观、平等观和宗教观的论述，阐明了经济基础
与"观念上层建筑"之间的关系。

恩格斯在批判杜林超时代、超阶级的"永恒道德"论时指出，"一切
已往的道德归根到底都是当时社会经济状况的产物"，人们自觉地或不自
觉地归根到底总是从他们的阶级地位所依据的实际关系中——从他们进行
生产和交换的经济关系中，吸取自己的道德观念，因而道德是有历史性
的，是随着社会历史的发展而不断发展的。在阶级社会中，道德是有阶级
性的。不同的阶级各有自己的道德观。"社会直到现在是在阶级对立中运
动的，所以道德始终是阶级的道德；它或者为统治阶级的统治和利益辩
护，或者当被压迫阶级变得足够强大时，代表被压迫者对这个统治的反抗
和他们的未来利益。"④ 当然，总的来说道德是不断进步的，但是我们还
没有越出阶级道德。只有随着阶级对立和阶级差别的消灭，真正人的道德
才能实现。恩格斯还认为，在一定意义上说，道德也具有共同性。比如，

---

① 《马克思恩格斯文集》第 10 卷，人民出版社 2009 年版，第 657 页。
② 《马克思恩格斯文集》第 9 卷，人民出版社 2009 年版，第 190 页。
③ 同上书，第 191—192 页。
④ 同上书，第 99—100 页。

在资本主义社会中，同时存在封建的、资产阶级的和无产阶级的道德论，它们代表着同一历史发展的三个不同阶段。但由于有共同的历史背景和某些需要共同维护的社会生活，因而在道德观念上也就必然会有许多共同之处。对于同样的或者差不多同样的经济发展阶段来说，道德观念也必然或多或少地互相一致。如"切勿偷盗"的道德戒律，就一直存在于不同的动产私有制的社会中。但是，这种共同性本身也是由当时社会经济条件决定的，不能以此证明存在"永恒的、终极的"道德。

关于马克思主义的平等观，恩格斯指出，一切时代的平等观念都是历史的产物，都是一定社会经济关系的反映。他说："平等的观念，无论以资产阶级的形式出现，还是以无产阶级的形式出现，本身都是一种历史的产物，这一观念的形成，需要一定的历史条件，而这种历史条件本身又以长期的以往的历史为前提。"① 因此，平等观念绝不是永恒的。恩格斯还总结了无产阶级平等要求产生的历史过程，指出平等要求在无产阶级口中有双重意义，或者它是无产阶级对社会极端不平等的一种自发的反应，或者是利用资产阶级的平等口号来鼓动工人反对资本家。"在上述两种情况下，无产阶级平等要求的实际内容都是消灭阶级的要求。任何超出这个范围的平等要求，都必然要流于荒谬。"② 恩格斯的这一科学论断，从根本上划清了无产阶级平等要求同资产阶级、小资产阶级的平等要求之间的界限。

宗教虽然是一种远离物质生活的意识形态，但是归根结底也是由经济基础决定的。恩格斯说："一切宗教都不过是支配着人们日常生活的外部力量在人们头脑中的幻想的反映，在这种反映中，人间的力量采取了超人间的力量的形式。"③ 恩格斯概述了宗教观念的历史发展，指出：在历史的初期，首先是对自然力量的幻想反映，不久以后，社会力量也起了作用，它和自然力量一样，对人来说是异己的，并以同样的表面的自然必然性支配着人，从而使宗教幻象又获得社会的属性，成为历史力量的代表者；在更进一步的发展阶段上，许多神的全部自然属性和社会属性都能转移到一个万能的神身上，而这个神本身又只是抽象的人的反映。这样就产

---

① 《马克思恩格斯文集》第 9 卷，人民出版社 2009 年版，第 113 页。
② 同上。
③ 同上书，第 333 页。

生了一神教。在资产阶级社会中，尽管自然科学有了很大的发展，但由于"人们就像受某种异己力量的支配一样，受自己所创造的经济关系、自己所生产的生产资料的支配。因此，宗教反映活动的事实基础就继续存在，而且宗教反映本身也同这种基础一起继续存在"①。只有消灭了私有制，当在宗教所反映的异己力量消失的时候，宗教反映本身才会随着消失。它决不是像杜林所主张的那样靠颁布"法令"就能"除去"的。

4. 进一步丰富了关于阶级、国家和革命的理论。

在《反杜林论》中，恩格斯不只是一般地指出阶级存在的经济根源，而且对阶级和阶级统治关系的产生、发展和消灭，作了具体的、历史的考察。他认为，历史上的阶级和统治关系是"通过两种途径产生的"②：一是原始公社的、原来是代表整个集体利益的机构逐渐独立化，进而上升为对社会的统治；它们的社会职位的承担者由"社会公仆"变为"社会主人"，最后这些统治人物就结成一个统治阶级。二是随着生产力的发展，剩余产品的出现，"劳动获得了价值"，战俘变成了奴隶。于是奴隶制就产生了。恩格斯还指出，社会划分为剥削阶级和被剥削阶级、统治阶级和被统治阶级，是生产比原始社会有了发展，又"不大发展"的必然结果。当社会总劳动所提供的产品除了满足社会全体成员最起码的生活需要以外只有少量剩余，因而劳动还占去社会大多数成员的全部或几乎全部时间的时候，这个社会必然划分为阶级。同样，尽管人们早就向往着公平、正义的、没有阶级对立的社会的到来，但是阶级的消灭不取决于人们的主观愿望，不取决于人们是否认识到阶级的存在同正义、平等等等相矛盾，而取决于一定的新的条件。阶级的划分是以生产的不足为基础的，它将被现代生产力的充分发展所消灭。就是说，"社会阶级的消灭是以生产高度发展的阶段为前提的"③。

国家是同阶级对立的存在紧密相连的，也是社会发展到一定阶段的产物。恩格斯说："到目前为止还在阶级对立中运动着的社会，都需要有国家，即需要一个剥削阶级的组织，以便维持它的外部的生产条件，特别是用暴力把被剥削的阶级控制在当时的生产方式所决定的那些压迫条件下

---

① 《马克思恩格斯文集》第 9 卷，人民出版社 2009 年版，第 334 页。

② 同上书，第 186 页。

③ 同上书，第 298 页。

（奴隶制、农奴制或依附农制、雇佣劳动制）。"并指出，"现代国家，不管它的形势如何，本质上都是资本主义的机器，资本家的国家，理想的总资本家"①。这就深刻地揭露了国家特别是资本主义国家的实质。恩格斯还进一步阐明了国家消亡的思想：当消灭了一切阶级及其根源，当不再有需要加以镇压的阶级的时候，国家政权对社会关系的干预将先后在各个领域成为多余的事情而自行停止下来，"那时，对人的统治将由对物的管理和对生产过程的领导所代替。国家不是'被废除'的，它是自行消亡的"②。

对于社会革命的根源，马克思、恩格斯在《反杜林论》之前已经在许多著作中作过论述。在本书中，恩格斯针对杜林关于"政治状态决定经济情况"的谬论，生动地论述了社会革命中"政治状况"和"经济情况"的关系。他在考察资产阶级革命发生、发展的过程时指出，在革命发生之前，就政治状况来说，封建贵族拥有一切，市民一无所有。可是就经济情况来说，市民是国家里最重要的阶级。封建的政治形式和行会特权等等，成为资本主义生产发展的桎梏和障碍。市民等级的革命结束了这种情况。但是，"革命不是按照杜林先生的原则，使经济情况适应政治状态（贵族和王权在长时期内正是枉费心机地企图这样做的），而是相反。把陈腐的政治废物抛开，并造成使新的'经济状况'能够存在和发展的政治状态"③。

这就说明，资产阶级取得革命胜利的决定因素是经济，而不是政治。但政治对经济又具有反作用：封建贵族妄图用陈腐的政治来扭转资本主义经济发展的趋势，而资产阶级取得革命胜利之后也要造成适应"经济状况"赖以存在和发展的"政治状态"。

（五）批判杜林对马克思主义辩证法的歪曲和攻击，阐明唯物辩证法的基本原理

在《反杜林论》之前，马克思、恩格斯已在许多著作中，论述过辩证法的思想。特别是马克思的《资本论》，在改造黑格尔的唯心辩证法，

---

① 《马克思恩格斯文集》第 9 卷，人民出版社 2009 年版，第 295 页。
② 同上书，第 297 页。
③ 同上书，第 172 页。

建立唯物辩证法，并把它运用于经济学的研究方面，取得了巨大的成就。《反杜林论》对于唯物辩证法的重大贡献，在于它把唯物辩证法作为系统理论加以探讨和阐发。如果说，写作辩证法的专著是马克思长期以来未能实现的夙愿，那么，《反杜林论》中恩格斯对辩证法的论述就是为实现马克思这一夙愿的第一次伟大尝试。

第一，恩格斯论述了辩证法和形而上学两种思想方式的对立。指出："在形而上学者看来，事物及其在思想上的反映即概念，是孤立的、应当逐个地和分别地加以考察的、固定的、僵硬的、一成不变的研究对象。"①初看起来，这种思维方式似乎是可取的，但当它一跨入广阔的研究领域，就会陷入不可解决的矛盾之中。与此相反，"辩证法在考察事物及其在观念上的反映时，本质上是从它们的联系、它们的联结、它们的运动、它们的产生和消逝方面去考察的"②。从而指明了两种思维方式对立的实质。

第二，恩格斯论述了唯物辩证法的基本特征。他说："辩证法不过是关于自然界、人类社会和思维的运动和发展的普遍规律的科学。"③这说明，辩证法是客观的，它存在于自然界、人类社会和思维的发展过程中，观念的辩证法是客观辩证法的反映，从而同唯心辩证法划清了界限；辩证法是关于事物的"运动和发展"的学说，它与孤立地、静止地、片面地观察事物的形而上学观点是根本对立的；辩证法揭示的是事物的"普遍规律"，而不同于各门具体科学所揭示的某个领域的特殊规律。也正因为如此，唯物辩证法是科学的世界观和方法论，对于各门具体科学的研究具有指导意义。但是，恩格斯也坚决反对把辩证法看作可以任意套用于研究对象的死板公式和剪裁历史的教条。他批判了杜林把辩证法歪曲成"单纯的证明工具"的谬论，指出："甚至形式逻辑也首先是探寻新结果的方法，由已知进到未知的方法；辩证法也是这样，不过它高超得多。"④

第三，恩格斯系统地阐述了唯物辩证法的三个基本规律的思想，并丰富了它们的内容。

在论述矛盾规律时，恩格斯列举了大量的事实，说明矛盾的客观性和普遍性。他指出，"运动本身就是矛盾"，甚至简单的机械运动，也是由

---

① 《马克思恩格斯文集》第 9 卷，人民出版社 2009 年版，第 24 页。
② 同上书，第 25 页。
③ 同上书，第 149 页。
④ 同上书，第 142 页。

矛盾引起的。"这种矛盾的连续产生和同时解决正好就是运动"①，从而揭示了矛盾是事物运动的源泉。恩格斯还论述了矛盾诸方面既相互对立、相互排斥，又相互联系、相互渗透和相互转化的辩证关系。比如，任何一个有机体，每一瞬间都有细胞在死亡，也有新细胞在形成。这说明，生和死是既相对立，又相联结的。某种对立两极，例如正和负，是彼此不可分离的，正如它们是彼此对立的一样，而且不管它们如何对立，它们总是相互渗透的。又如，原因和结果，只有在特定的场合才具有其本来的意义，如果把它们放在世界整体的总联系中去考察，它们就会"交换位置"，在此时此地是结果，在彼时彼地就成了原因，反过来也是一样。总之，矛盾辩证法是客观世界活生生的运动和联系的反映。

在论述量变质变规律时，恩格斯指出："纯粹量的增多或减少，在一定的关节点上就引起质的飞跃。"量变改变事物的质和质变也同样改变事物的量的情况，在自然界、人类社会和思维领域中都是大量存在的。恩格斯在论证量变质变规律时所分析的事实，特别是他提出的化学上的"同分异构体"，关于由劳动协作产生的总的力量同一个个力量的总和有"本质的区别"的论述，以及关于军事上组织纪律性优势的发挥需要有一定的量作为基础的论述，不仅丰富了这一规律的内容，而且对于深入研究质和量的辩证关系富有启迪作用。

恩格斯还论述了否定之否定规律。指出"它是自然界、历史和思维的一个极其普遍的、因而极其广泛地起作用的重要的发展规律"②。他还着重阐述了辩证否定观和形而上学否定观的根本区别。指出，在形而上学者看来，否定不是由事物内部的矛盾运动引起的，而是由外力强加给事物的；否定是全盘的否定，因而第二个否定是根本不可能的，或者是没有意义的。因此否定之否定也是不存在的。与此相反，在辩证法中，否定不是简单地说"不"，或者宣布某一事物不存在，或者用任何一种方式把它消灭。在辩证法看来，否定是包含着矛盾的过程，是事物内部矛盾着的对立面相互作用的结果，辩证的否定是"扬弃"，既克服又保留，否定中包含着肯定；否定是事物联系和发展的环节，否定某个事物不是使之化为乌有，而是使之发展到新的阶段，以便事物在某个新的发展过程中，重新扬

---

① 《马克思恩格斯文集》第 9 卷，人民出版社 2009 年版，第 127 页。
② 同上书，第 148 页。

弃前一个否定，从而沿着螺旋式上升的道路，从低级向高级发展。恩格斯还强调指出，在客观世界中，每一个事物采取什么方式否定，不仅"取决于过程的一般性质"，而且还"取决于过程的特殊性质"，必须坚持一般和特殊相结合，决不能把否定之否定规律当作公式来任意套用。

（六）《反杜林论》中关于马克思主义哲学体系的构想

在《反杜林论》中，恩格斯不仅全面地、系统地阐发了马克思主义哲学的几乎全部基本原理，而且已经提出了马克思主义哲学体系的构想，因而使它成为标志马克思主义哲学形成体系的重要著作之一。

1. 论述了马克思主义哲学的对象。

恩格斯指出，在以往的哲学家那里，哲学是包罗万象的知识总汇，是凌驾于其他一切科学之上的"科学的科学"。例如，在黑格尔那里，自然知识和社会知识都被纳入"绝对观念"运动的总联系之中，用"自然哲学"和"历史哲学"代替了具体科学。自称为"现实哲学家"的杜林，实际上重走了旧哲学的老路。他把哲学对象归结为"包括一切知识和意志的原则"，认为"无论在哪里，只要人的意识对某一系列的认识或刺激，或者对某一类存在形式提出了问题，这些形式的原则就应该是哲学研究的对象"，因而哲学仍然是知识的总汇。他还认为，哲学原则是一些简单的、终极的成分，"由这些成分可以构成各种各样的知识和意志"，这样，哲学又成了凌驾于科学之上的"科学的科学"，用他的话说，就是"成了科学要成为对自然界和人类生活进行解释的统一体系所需要的最后补充"[①]。

恩格斯总结了两千多年来哲学和科学发展的历史，深刻地阐述了马克思主义哲学的对象及其与旧哲学的联系和区别。他说：现代唯物主义"本质上都是辩证的，而且不再需要任何凌驾于其他科学之上的哲学了。一旦对每一门科学都提出了要求，要它弄清它们自己在事物以及关于事物的知识的总联系中的地位，关于总联系的任何特殊科学就是多余的了"[②]。他在论述从朴素唯物主义到唯心主义，再到辩证唯物主义这一否定之否定的过程时，还指出，现代唯物主义不是单纯地恢复旧唯物主义，而是把两

---

① 《马克思恩格斯文集》第9卷，人民出版社2009年版，第37页。
② 同上书，第28页。

千年来哲学和自然科学以及历史本身发展的全部思想内容加到旧唯物主义的永久性基础上。"这已经根本不再是哲学，而只是世界观，这种世界观不应当在某种特殊的科学的科学中，而应当在现实的科学中得到证实和表现出来。"① 这就是说，马克思主义哲学已经不是过去那种包罗万象的知识总和或总汇，而是科学的世界观和方法论，即关于世界的观点和研究世界的总的方法；它的研究对象不是某一领域的特殊规律，而是世界的普遍规律；它是对自然知识、社会知识和思维知识的概况和总结，因而对各门具体科学具有指导意义，但不能代替各门具体科学。

恩格斯说，"在以往的全部哲学中仍然独立存在的，就只有关于思维及其规律的学说——形式逻辑和辩证法。其他一切都归到关于自然和历史的实证科学中去了"②。这是因为随着科学的发展，各门科学本身已经能够"弄清它在事物以及关于事物的知识的总联系中的地位"，因而以往哲学中的那种关于总联系的"自然哲学""历史哲学"就成为多余的东西，只有关于思维及其规规律的学说——形式逻辑和辩证法才具有独立存在的意义。③ 当然，这不是说马克思主义哲学只是关于思维及其规律的学说，而不需要或者不应当研究关于外部世界的规律。恩格斯在谈到黑格尔的哲学时，曾清楚地指出，就哲学是凌驾于其他科学之上的特殊科学来说，黑格尔体系是哲学的最后的和最完善的形式，全部哲学都随着这个体系没落了。但是它"留下了辩证的思维方式以及关于自然的、历史的和精神的世界在产生和消灭的不断过程中无止境地运动着和转变着的观念。不仅哲学，而且一切科学，现在都必须在自己的特殊领域内揭示这个不断的转变过程的运动规律"。这就是说，各门具体科学应当揭示各自特定领域中的运动规律，而哲学则应揭示自然界、社会历史和精神运动的普通规律。正因为如此，恩格斯把辩证法定义为关于自然界、人类社会和思维的运动和发展的普遍规律的科学。

----

① 《马克思恩格斯文集》第 9 卷，人民出版社 2009 年版，第 146 页。
② 同上书，第 28 页。
③ 国内外不少人根据恩格斯的这些论述，认为他反对把世界一般规律看作哲学的对象，并由此得出结论，马克思主义哲学不再是本体论，而只是认识论和逻辑学。如何理解恩格斯的这些论述是哲学对象问题讨论中争论的问题之一。解决这个问题的正确做法应该是综合研究恩格斯的全部有关言论，而不是抓住他的这一句话或那一句话就做出结论。

2. 论述了马克思主义哲学体系的基本特征。

恩格斯指出，以往哲学的一个重要特点，就是把哲学看作某种绝对真理的完成。黑格尔哲学体系的内在矛盾就在于：按照它的辩证方法，人类是不可能通过绝对真理的发现来达到其智慧的顶峰的；但是它的体系又把自己说成是这种绝对真理的完成。这导致了黑格尔体系的流产。杜林自我标榜"创造体系的思想"，实际上甚至从黑格尔的立场上倒退了。他公开宣称自己的哲学体系是"最后的、终极的真理"，同时又完全抛弃了黑格尔的辩证法。

恩格斯在批判杜林和旧哲学在体系问题上的形而上学观点时，并不否定哲学体系本身。他说："关于自然和历史的无所不包的、最终的认识体系，是同辩证思维的基本规律相矛盾的；但是这样说决不排除，相反倒包含下面一点，即对整个外部世界的有系统的认识是可以一代一代地取得巨大进展的。"① 因此，作为科学的哲学体系，不应当是僵死的、封闭的，而应当是发展的、开放的，不应当是个别概念、范畴和原理的机械堆砌，而应当是"有系统的认识"。在恩格斯看来，这也正是马克思主义哲学体系的基本特征。他在本书的"序言"中还强调指出："这书的目的并不是以另一个体系去同杜林先生的'体系'相对立，可是希望读者不要忽略我所提出的各种见解之间的内在联系。"② 也就是说，马克思主义哲学并不是以另一种形而上学的终极真理体系去同杜林的"体系"相对立，但决不能因此而否定它是有着内在联系的科学体系。

3. 关于马克思主义哲学体系的内容。

《反杜林论》对马克思主义哲学基本原理的阐述，是在同杜林论战中进行的，而且有些内容是在"政治经济学"编和"社会主义"编论述的。但是，仅就以集中论述哲学思想的"概论"和"哲学"编为重点加以考察，我们也足以看出，恩格斯不仅已经论述了辩证唯物主义和历史唯物主义的几乎全部原理，而且实际上已勾画出了马克思主义哲学体系的基本轮廓。它并不以杜林的哲学体系为转移，而是有其崭新的思想内容和独特的逻辑结构的。如果把"哲学"编的第9—11章看作既讲了历史观，又讲了认识论，那么，可以说，恩格斯对马克思主义哲学体系的安排是：哲学

---

① 《马克思恩格斯文集》第9卷，人民出版社2009年版，第27页。
② 同上书，第8页。

的一般问题（马克思主义哲学在哲学中所实现的变革、哲学上两条基本路线的对立）；辩证唯物主义自然观；辩证唯物主义历史观；辩证唯物主义认识论；最后是作为自然、社会和思维发展的普遍规律的唯物辩证法。这种安排体现了逻辑和历史的统一，体现了从低级到高级、从客观到主观、从特殊到普遍的辩证发展过程。

4. 关于建立马克思主义哲学体系的方法。

马克思主义哲学是以客观世界（以及反映客观世界的思维）的普遍规律为研究对象的。客观世界本身是无限发展的，其发展规律之间是有机联系着的，这就决定了马克思主义哲学既是不断丰富发展的，又是有其内在联系的体系。正因为如此，恩格斯强调建立马克思主义哲学的方法，必须遵循辩证的方法。他说："要精确地描绘宇宙、宇宙的发展和人类的发展，以及这种发展在人们头脑中的反映，就只有用辩证的方法。"① 不仅如此，恩格斯还把《反杜林论》的内容概括为"马克思和我所主张的辩证方法和共产主义世界观的比较连贯的阐述"②。

事实上，恩格斯在《反杜林论》中也正是以辩证的方法为基础，来揭示马克思主义哲学原理之间的"内在联系"，揭示唯物主义和辩证法、辩证唯物主义和历史唯物主义之间的有机统一的。

恩格斯指出，现代唯物主义本质上是辩证的。这是马克思主义哲学坚持按照世界的本来面目认识世界的必然结果。客观世界是物质的，又是有规律地互相联系、永恒发展，并在一定条件下相互转化的。因此，作为科学的世界观，必然是既唯物，又辩证的。否认世界的物质性及其对意识的决定作用，辩证法就失去其客观基础，否认物质世界的相互联系、发展、转化以及意识对物质的能动作用，也必然歪曲客观事物的本来面目。

唯物史观的发现，是人类思想史上的最大成果。它用人们的社会存在说明他们的意识，而不是像以往的历史观那样，用人们的意识说明他们的社会存在。同时马克思主义的历史观又是辩证的，恩格斯说："同那种以天真的革命精神简单地抛弃以往的全部历史的做法相反，现代唯物主义把历史看做人类的发展过程，而它的任务就在于发现这个过程的运动规律。"③

① 《马克思恩格斯文集》第9卷，人民出版社2009年版，第26页。
② 同上书，第11页。
③ 同上书，第28页。

他在《社会主义从空想到科学的发展》德文第 1 版序言中还指出："唯物主义历史观及其在现代的无产阶级和资产阶级之间的阶级斗争上的特别应用，只有借助于辩证法才有可能。"① 这就是说，社会历史虽然有区别于自然界的不同特点，但是从它们都遵循辩证规律发展来说，又是统一的。

恩格斯还运用辩证的方法，阐明了马克思主义哲学的各个原理之间、范畴之间的内在联系。比如，在世界统一性问题上，不仅明确指出世界的真正统一性在于它的物质性，同时又指出这种统一是多样性的统一、发展中的统一。在物质和运动的关系上，不仅指出运动是物质存在的方式，同时又指出物质的运动是由内部矛盾引起的，运动形式是多样的，各种运动形式之间是可以相互转化的。在时间空间问题上，既指出它们是"一切存在的基本形式"，因而是无限的，又阐明无限和有限的辩证法，指出无限性是一个矛盾，而且充满种种矛盾。在真理问题上，既坚持真理内容的客观性，又系统地阐明了真理发展的辩证法。在自由和必然的关系问题上，既指出规律性、必然性是客观的，不依人的主观意志为转移的，又指出要发挥主观能动性，通过社会实践认识世界、改造世界，取得驾驭必然性的主动权、自由权，并指出人类的历史就是从必然王国向自由王国迈进的历史。

在对历史唯物主义原理的论述中，同样贯彻了辩证的观点和方法。在社会存在和社会意识的关系上，既批判了杜林从原则出发的唯心主义玄想，指出社会意识是社会存在的反映，同时又指出社会意识一旦产生，就有相对的独立性；在经济基础和上层建筑的关系上，在批驳杜林的唯心主义暴力论的同时，又阐明了上层建筑对经济基础的反作用，以及政治暴力在社会发展中的作用，等等。

总之，在恩格斯看来，只有坚持辩证的观点和方法，才能正确理解马克思主义哲学的原理和范畴，并把它们结合成为一个有机联系的整体，成为对外部世界的"有系统的认识"。

三　概括和总结自然科学的新成就，系统阐述辩证唯物主义自然观

辩证唯物主义自然观，是关于客观自然界的运动和发展的普遍规律的

---

① 《马克思恩格斯文集》第 3 卷，人民出版社 2009 年版，第 495—496 页。

学说，它的任务是揭示自然界的客观实在性及其运动的一般规律。辩证唯物主义自然观是马克思主义哲学的一个不可缺少的组成部分，它是马克思和恩格斯共同创立的。不过，由于种种原因，系统阐明辩证唯物主义自然观的工作，主要是由恩格斯承担的。19 世纪 70 年代以后，恩格斯先后用了 8 年时间从事自然科学各个领域的研究，用辩证唯物主义观点总结和概括自然科学发展的新成就，写下了具有丰富内容的有关自然辩证法的论文和札记；1876 年，恩格斯写《反杜林论》时，也曾利用他所积累的自然科学的材料，阐述辩证唯物主义的基本原理。《自然辩证法》和《反杜林论》这两本书，是恩格斯自然科学研究成果的结晶，也是马克思主义的辩证唯物主义自然观系统确立的标志。

在 19 世纪 40 年代，马克思主义哲学创立的时候，辩证唯物主义自然观的基本思想已经提出来了，但是到了 70 年代末，辩证唯物主义自然观才系统地确立。这是因为阐明辩证唯物主义自然观，除了其他必要的条件之外，还有待于自然科学的发展。自然科学中具有决定意义的三大发现——细胞学说、能量守恒和转化定律、达尔文的进化论，是在 19 世纪40 年代到 50 年代相继问世的，达尔文的《物种起源》1859 年才发表。只有自然科学发展到一定程度，才有可能揭示自然界发生的各种过程的内在联系。正如恩格斯在 1886 年写的《费尔巴哈论》中所说的："费尔巴哈在世时，自然科学也还处在剧烈的酝酿过程中，这一过程只是在最近15 年才达到了足以澄清问题的相对完成的地步；新的认识材料以空前的规模被提供出来，但是，只是到最近才有可能在纷纷涌来的这一大堆杂乱的发现中建立起联系，从而使它们有了条理。"[①] 对自然界的内在联系作出正确的哲学概括，更需要一定的时间。因此辩证唯物主义自然观到了70 年代以后，才得到比较全面的论证和系统的阐发，并不是偶然的。这是自然科学发展的结果，也是马克思主义哲学发展的结果。

（一）辩证唯物主义自然观产生的历史必然性

在马克思主义以前，无论是唯心主义者还是唯物主义者都不可能完全正确地反映和描述自然界。但是，在他们的关于自然界的学说中，也包含着许多合理的因素。特别是 17、18 世纪英国和法国唯物主义者的自然观，

---

① 《马克思恩格斯文集》第 4 卷，人民出版社 2009 年版，第 283 页。

18 世纪末 19 世纪初德国古典哲学中的康德和黑格尔的自然观，对马克思和恩格斯产生过重大的影响，它们是辩证唯物主义自然观的重要思想资料来源。

1. 17、18 世纪英国和法国唯物主义自然观及其历史局限性。

17、18 世纪的英国和法国的唯物主义是形而上学唯物主义。这种唯物主义在反对唯心主义和宗教神学的斗争中，曾做出过重大的贡献；在利用自然科学发展的新成果，克服古代唯物主义的朴素性方面，也有着显著的成绩。被恩格斯称之为第一个近代唯物主义者的托马斯·霍布斯就曾指出："世界（我说的不止是地球……而是说宇宙，即一切存在的东西的整体）是有形体的，也即物体，具有不同种的度量，即长、宽、高，物体的每一部分，与物体一样，也具有同样多的度量。因此，宇宙的每一部分都是物体，不是物体的就不是宇宙的一部分。而因为宇宙是全体，如果不属于宇宙的一部分，那就是无，也就什么地方都不存在。"① 在霍布斯看来，世界的统一性在于物质性，非物质的实体是不存在的，"神""天使""上帝"都是些莫须有的东西。18 世纪法国唯物主义的最早代表之一安·奥弗雷·拉美特利也明确地指出，整个宇宙里，只有一个实体，这就是物质。他说，物质既不能被创造也不能被消灭，而是凭自身存在的。拉美特利指出，唯心主义是宗教神学的帮凶，因为它宣称存在着一个独立的精神实体。

关于物质的概念，旧唯物主义者已经提出来了。但是他们往往把哲学上的物质概念与具体事物等同起来。如霍布斯考察物质概念时，以物质的某种属性为依据，认为物质就是具有形态和重量的东西。18 世纪法国的唯物主义者对物质的了解前进了一步。如保尔·亨利·迪特利希·霍尔巴赫给物质下定义时，就不是局限于物质的某种属性，而是从认识论的高度肯定了物质是不依赖于人们的感觉的客观实在。他说："物质一般地就是以任何一种方式刺激我们感官的东西，我们归之于各种不同物质的那些特性，是以物质在我们内部所造成的不同的印象或变化为基础的。"② 但是，他并不真正了解物质的特性，把广袤、硬度、重力、惯性等物质属性看成是永恒不变的。霍尔巴赫给物质下的定义虽然是不完全、不科学的，但相

① ［英］霍布斯：《利维坦》，1928 年人文丛书本，第 367—368 页。
② ［法］霍尔巴赫：《自然的体系》上卷，商务印书馆 1964 年版，第 35 页。

对于他以前的唯物主义者来说，却是一个重大的进步。

关于物质与运动、物质与时间、空间的关系问题，在马克思主义以前的唯物主义哲学中也提出来了。如近代机械唯物主义的卓越代表勒奈·笛卡尔就提出过物质与时间空间不可分割的思想。笛卡尔认为物质和空间实际上是同一的，长、宽、高三个量的广袤性不但构成物体，同时也构成空间。法国唯物主义者还克服了前辈的缺点，提出物质与运动是不可分割的观点，认为运动是物质的属性。德尼·狄德罗说："物体就其本身说来，就其固有性质的本身说来，不管就它的一些分子看，还是就它的全体看，都是充满着活动和力的。"① 认为活动和力都是物质本身所固有的属性。霍尔巴赫对物质与运动讲得更多，他说："在自然里，一切都是处在不断的运动之中；自然的各个部分没有一个是真正静止着的；总之，自然就是一个活动着的整体，如果它不活动，或者在自然里没有运动，那么，便什么也不能产生，什么也不能保存，什么也不能活动，而自然也就不成其为自然了。所以，在自然的观念中必然包含着运动的观念。"② 在霍尔巴赫看来，物质是运动着的物质，运动是物质的运动，物质与运动是统一的。

旧唯物主义的自然观对于物质及其属性的论述，肯定了物质存在的客观实在性，指出了物质与运动、物质与时间、空间的不可分割性，在哲学发展史上是很有意义的，对马克思恩格斯的辩证唯物主义自然观的形成产生过重大的影响。但是，旧唯物主义自然观也有其重大的缺陷，它没有也不可能科学地说明客观物质世界。

旧唯物主义自然观的主要缺陷有以下几个方面。

（1）旧唯物主义虽然肯定了物质与运动不可分割性，但对运动又往往只用"力"这一范畴来解释。因此，把一切运动都归结为力的运动或是在力的范围内的运动，把客观世界中极其复杂的、多种多样的运动形式简单地纳入机械运动的规律。这种观点既与资产阶级世界观有关，也与当时自然科学中的机械力学占统治地位有关。由于他们不懂得辩证法，把有限的机械力扩大到对无限的宇宙的认识，不可能科学地解释物质的运动。如狄德罗肯定物质与运动不可分的思想是很有价值的，但他只用"力"来说明宇宙的运动，却是片面的、错误的。恩格斯说：这是"关于力的

---

① 《狄德罗哲学选集》，生活·读书·新知三联书店 1956 年版，第 112 页。
② ［法］霍尔巴赫：《自然的体系》上卷，商务印书馆 1964 年版，第 26 页。

纯主观的概念，塞到一个已认定为不以我们的主观为转移的、从而是完全客观的自然规律中去"①，这不能不说是对客观物质世界的运动的一个歪曲。恩格斯又说："仅仅运用力学的尺度来衡量化学性质的和有机性质的过程（在这些过程中，力学定律虽然也起作用，但是被其他较高的定律排挤到次要地位），这是法国古典唯物主义的一个特有的、但在当时不可避免的局限性。"②

（2）旧唯物主义虽然肯定了自然界的客观实在性，坚持了世界物质统一性的原则，但不了解这种统一是多样性的统一。它把哲学上的物质范畴同物理学上的物质概念混为一谈，把物质特性归结为某种不变的物质结构或具体形态。恩格斯指出：认为"物质在质上绝对同一"的理论，是形而上学的理论，它否定了物质的差异性和无限可分性。

（3）旧唯物主义把物质世界只看作是感性直观的对象，不了解人对物质自然界的能动作用，因而也不了解自然界的历史发展。恩格斯在《费尔巴哈论》中指出：18世纪唯物主义者不能真正了解物质，就在于对自然界采取非历史的观点，他们不懂得实践的作用，把自然与历史分离开来，不可能科学地回答思维与存在的关系问题，也就不可能真正科学地了解物质自然界。

2. 康德和黑格尔对自然界的辩证运动的论述及其局限性。

伊曼努尔·康德是德国古典唯心主义的创始人。他在"前批判时期"，比较重视自然科学的研究，对于自然界的辩证性描述有过贡献，马克思和恩格斯对他的成就给予很大的重视。1755年，他发表了《对地球从生成的最初起在自转中是否发生过某种变化的问题的研究》的论文，提出了地球自转的速度因潮汐摩擦而延缓的假说，指出了地球和月亮及其行星有一个变化发展的过程。1755年出版了《宇宙发展史概论》一书，提出了关于天体起源的"星云假说"，认为太阳系最初起源于宇宙中炽热的、云雾状的"原始星云"，由于吸引和排斥的相互作用，那些较大的星云就把较小的星云吸引过来，形成中心体，这就是太阳。同样由于吸引和排斥的相互作用，产生星云的旋涡运动，逐渐形成各个行星及行星围绕太阳的圆周运动。康德的"星云假说"说明了一切天体都有产生、发展和

① 《马克思恩格斯文集》第9卷，人民出版社2009年版，第525页。
② 《马克思恩格斯文集》第4卷，人民出版社2009年版，第282页。

灭亡的过程，推翻了自然界永远不变的形而上学观点。所以，恩格斯给予很高的评价，指出："康德关于所有现在的天体都从旋转的星云团产生的学说，是从哥白尼以来天文学取得的最大进步。认为自然界在时间上没有任何历史的那种观念，第一次被动摇了。……康德在这个完全适合于形而上学思维方式的观念上打开了第一个突破口，而且用的是很科学的方法。"①

在马克思主义以前，对自然界的运动和发展的辩证性的描述，黑格尔达到了最高的成就。他花了10多年时间撰写了"自然哲学"体系，把自然科学发展的丰富材料和高度思辨的构想结合起来，在唯心主义的基础上，对自然界作了深刻的辩证性的论述。黑格尔的自然辩证法的思想对马克思和恩格斯产生过重大的影响，是马克思主义的辩证唯物主义自然观产生的重要的思想来源。

《自然哲学》是黑格尔《哲学全书》的第二部分。在这部书中，他从"力学""物理学"和"有机学"三个部分考察自然，描绘了自然界辩证运动的图画。在"力学"中，黑格尔着重考察了物质与运动、物质与时间和空间的关系，批判了旧唯物主义自然观的形而上学性。他指出，旧唯物主义的物质观有两个主要的缺点：一是从外在性来看物质，把物质看成是简单的组合，这是一种不真实的抽象；二是认为物质有不可入性，把物质看成是永恒不变的，把力从外面转移到物质中。黑格尔认为物质的存在不是简单机械的组合，而是由吸引和排斥的相互作用构成物质，又是吸引和排斥相互作用而形成事物的运动发展和变化。黑格尔提出矛盾就是物质，矛盾就是运动的思想。他说，物质的连续性和差异性是不可分割的，处于不同地点的物质应该理解为同一个地点，"这就是矛盾，而且这个矛盾在这里是以物质形式存在的"。"空间和时间在自身都是连续的，自己运动着的物体同时在同一个地点又不在同一个地点，即同时在另一个地点，同样，同一个时间点同时存在又不存在，即同时是另一个时间点。"②黑格尔还认为，"物质并不是永远不变的、不可贯穿的东西"。恩格斯对这观点给予很高的评价，认为是一个重要的发展的观点。在"力学"中，黑格尔还论述了物质与运动相统一的思想，他在批评割裂物质与运动的观

---

① 《马克思恩格斯文集》第9卷，人民出版社2009年版，第61页。
② ［德］黑格尔：《自然哲学》，商务印书馆1980年版，第183页。

点时说：“既然有运动，那就有某物在运动，而这种持久性的某物就是物质。”又说：“人们常常从物质开始，然后把空间和时间视为物质的形式。此中的正确之处在于，物质是空间与时间中实在的东西。……就像没有无物质的运动一样，也没有无运动的物质。”① 黑格尔把运动看作是物质的本质固有的属性，运动是过程，是时间与空间的统一，这是非常宝贵的。但是，由于唯心主义作怪，他却颠倒了物质与运动的真实关系。认为运动是自我，是作为主体的主语。他说，如果把“运动表现为谓语，这恰恰是运动熄灭自身的直接必然性”②。在黑格尔看来，“运动是真正的世界灵魂的概念”③。黑格尔的唯心主义，使他不可能真正了解自然界的物质运动。

　　在“物理学”中，黑格尔通过考察太阳系、元素系统和气象系统的物理性来描绘自然界的辩证性。他批评了牛顿关于光是多种颜色的复合的解释，指出这种观念是一种粗糙的形而上学。他非常赞赏歌德用黑暗来说明光明，认为歌德的说明“既是透彻的，又是清楚的，甚至于也是博学的”④。黑格尔用对立统一的观点来分析光的运动，认为光不是按直线传播的，光的运动是连续性和非连续性的统一。他还说：“光本身是不可见的；在纯粹的光里就像在纯粹的暗里一样，我们什么东西也看不到；纯粹的光是黑暗的，就像漆黑的夜色一样。我们如果在纯粹的光里观看，便是在作纯粹的观看，我们还看不见一点东西。”⑤ “光则是纯粹的形式，它只有同黑夜相统一，才有自己的存在。”⑥ 所以，黑格尔得出结论说：“引起颜色的正是光明与黑暗的结合。”⑦ 对于电的自然现象，黑格尔也进行了辩证的论述。他认为电有正、负两极，这两极与磁一样都是对立统一的，他说：“电像磁一样，也出现了这样的概念规定：活动就在于把对立的东西设定为同一的，把同一的东西设定为对立的。”⑧

　　在“有机学”中，黑格尔集中考察了生命，他认为生命是辩证法在

---

① ［德］黑格尔：《自然哲学》，商务印书馆 1980 年版，第 60 页。
② 同上书，第 59 页。
③ 同上。
④ 同上书，第 272 页。
⑤ 同上书，第 120 页。
⑥ 同上书，第 274 页。
⑦ 同上。
⑧ 同上书，第 307 页。

自然界里的充分体现。他提出把"生命是整个对立面的结合"作为考察自然界生命运动的指导思想。他说：生命不单纯是主观的，也不单纯是客观的，而是内在与外在、原因与结果、目的与手段、主观性与客观性达到了对立统一。所以，生命是个圆满的总体。但是，黑格尔又认为，"生命就是理念"，对生命只能思辨地去理解，这就暴露了他的唯心主义自然观的弊病。

黑格尔认为有机体是生命的基础，生命是有机体自我异化的结果。他在考察生命与有机自然界的关系时，指出地球有个发生发展的过程，"地球无疑必须被看作是有生有灭的东西……地球和整个自然界必须被看作是产物"①。他认为地球有它的历史，地球上的生命也有其历史，它们的发展过程是经过一系列的巨大变革的。他用矛盾的观点来分析自然界的生命现象，提出生与死是辩证统一的，都是生物体的内在必然性。他说："生命的活动就在于加速生命的死亡。"②"有机体生来就是有病的，所以其中隐藏着死亡的必然性，也就是隐藏着解体的必然性。"③ 这样，黑格尔把整个自然界和有机物描写为有着发生、发展和灭亡的过程。

黑格尔的《自然哲学》内容是很丰富的，可以说是基本上囊括了当时自然科学的重大成就，这里所说的是关于自然辩证法论述的一部分。黑格尔自然哲学的最后完成是在 19 世纪 20 年代，也就是黑格尔逝世的前10 年。这时候自然哲学已经开始衰落了，因为它的虚构和臆想随着经验和实验自然科学的发展而日益暴露出来了，普遍受到自然科学家奚落。但是，当时一些自然科学家由于犯经验主义的错误，非常蔑视理论思维，全盘否定黑格尔的自然哲学，看不到其中辩证法的合理思想。恩格斯对自然哲学（包括黑格尔的自然哲学）进行了全面的、历史的科学分析。指出旧的自然哲学中有许多谬见和空想，同时也包含着许多有见识和合理的东西。他说：在科学不发达的条件下，自然哲学"用观念的、幻想的联系来代替尚未知道的现实的联系，用想象来补充缺少的事实，用纯粹的臆想来填补现实的空白。它在这样做的时候提出了一些天才的思想，预测到一些后来的发现，但是也发表了十分荒唐的见解，这在当时是不可

---

① ［德］黑格尔：《自然哲学》，商务印书馆 1980 年版，第 385 页。
② 同上书，第 373 页。
③ 同上书，第 613 页。

能不这样的"。①

黑格尔对自然界的辩证性的论述在哲学史上是有贡献的，但是，总的说来，他的自然观还是不科学的，它不可能真实地描绘自然界。其主要缺陷是：

（1）它的出发点是唯心主义。黑格尔认为"自然界是自我异化的精神"，"自然从理念异化出来，只是知性处置的尸体"。自然界作为绝对精神发展的一个阶段，是被动的，僵死的。绝对精神才是能动的，它"在自然界里一味开怀嬉戏，是一位放荡不羁的酒神"②。黑格尔认为自然哲学的任务不是去研究自然界本身的运动、变化和发展的规律，而只是"扬弃自然和精神的分离，使精神能认识自己在自然内的本质"③。这样，黑格尔既否定自然界存在的客观性，同时也否定自然本身所固有的辩证规律。正如恩格斯说的，黑格尔只是把辩证法从外面注入自然界，辩证法只不过是"绝对精神"发展的法则。

（2）黑格尔自然观的唯心主义出发点，决定他的辩证法思想是不彻底的。恩格斯指出："旧的自然哲学，特别是在黑格尔的形式中，具有这样的缺陷：它不承认自然界有时间上的发展，没有任何'先后'，只承认'并列'。这种观点，一方面是由黑格尔体系本身造成的，这个体系认为只是'精神'才有历史的不断发展，另一方面，也是由当时自然科学的总的状况造成的。"④ 这是说，在黑格尔那里，自然界只是体现了逻辑的发展，即精神、概念的发展，自然界本身及其各种事物只有相互并存的关系，而没有先后的时间关系。黑格尔在《哲学史讲演录》的导言里说，自然界的变化只是一些重复，它的运动也只是一个循环的过程，根本否定事物有质变和时间上的发展。在《历史哲学》中，他说得更为明确："凡是在自然界里发生的变化，无论它们怎样地种类庞杂，永远只是表现一种周而复始的循环，在自然界里真是'太阳下面没有新的东西'，而它的种种现象的五光十色也不过徒然使人感觉无聊。只有在'精神'领域里的那些变化之中，才有新的东西发生。"⑤ 黑格尔认为只有精神才是有发展、

---

①　《马克思恩格斯文集》第4卷，人民出版社2009年版，第300—301页。

②　［德］黑格尔：《自然哲学》，商务印书馆1980年版，第21页。

③　同上书，第20页。

④　《马克思恩格斯文集》第9卷，人民出版社2009年版，第14—15页。

⑤　［德］黑格尔：《历史哲学》，生活·读书·新知三联书店1956年版，第94页。

有质变的，而自然界里的变化充其量只是重复，这说明他还没有彻底摆脱机械论的影响，他的辩证法是不彻底的。所以，恩格斯说："无论在 18 世纪的法国人那里，还是在黑格尔那里，占统治地位的自然观都认为，自然界是一个沿着狭小的圆圈循环运动的、永远不变的整体。"①

（3）黑格尔的自然哲学作为一种世界观，显然不能适应自然科学发展的需要。黑格尔认为自然哲学只是逻辑学的应用，自然界发展的规律服从于"绝对精神"发展的规律。在黑格尔的学说中，哲学与自然科学的关系是主动与被动，应用与被应用的关系，把自然科学的内容和发展纳入自然哲学之中，而这种自然哲学本身是对世界作了歪曲的反映，用幻想和臆想代替客观的现实的联系，这不能不阻碍自然科学的发展。恩格斯说："今天，当人们对自然研究的结果只要辩证地即从它们自身的联系进行考察，就可以造成一个在我们这个时代是令人满意的'自然体系'的时候，当这种联系的辩证性质，甚至违背自然科学家的意志，使他们受过形而上学训练的头脑不得不承认的时候，自然哲学就最终被排除了。"② 自然哲学的终结，代之而起的是在实证科学蓬勃发展基础上产生的辩证唯物自然观。

（二）70 年代以前，马克思、恩格斯对自然科学的研究和哲学概括

马克思和恩格斯从来就非常重视自然科学的研究，密切注视着自然科学的新发现。恩格斯说："马克思和我，可以说是唯一把自觉的辩证法从德国唯心主义哲学中拯救出来并运用于唯物主义的自然观和历史观的人。可是要确立辩证的同时又是唯物主义的自然观，需要具备数学和自然科学的知识。"③ 他们认为自然科学是哲学的科学基础，自然科学的发展和新的发现必然引起哲学上的新变革。马克思和恩格斯在创立马克思主义的时候，就一直关注着自然科学的发展。在 50 年代以后，他们在通信中也不断地谈到自然科学的问题，而使他们最感兴趣的是 19 世纪中叶自然科学的三大发现，即细胞学说、能量守恒和转化定律、达尔文的进化论。这三大发现，不但对自然科学的发展有着决定性意义，而且也为马克思主义哲

① 《马克思恩格斯文集》第 9 卷，人民出版社 2009 年版，第 28 页。
② 《马克思恩格斯文集》第 4 卷，人民出版社 2009 年版，第 301 页。
③ 《马克思恩格斯文集》第 9 卷，人民出版社 2009 年版，第 13 页。

学提供了科学的基础，并使唯心主义、形而上学自然观不可避免地走向破产。

50 年代末，恩格斯谈到对细胞理论的评价问题。他认为细胞的发现使全部生理学发生了深刻的革命，首先使比较生理学成为可能。1858 年 7月 14 日，恩格斯在给马克思的一封信中说："我正在研究一点生理学，并且想与此结合起来研究一下比较解剖学。在这两门科学中包含着许多极富思辨成分的东西，但这全是新近才发现的。"① 恩格斯认为细胞的发现，生理学和解剖学的研究，在哲学上有着重大意义。它不但在客观事实上使宗教神学受到最大的蔑视，而且从理论上证明唯心主义的破产。细胞的发现从科学上找到了植物与植物之间、动物与动物之间、植物与动物之间的本质的内在的联系。恩格斯指出："人们能从最低级的纤毛虫身上看到原始形态，看到独立生活的单细胞，这种细胞又同最低级的植物（单细胞的菌类——马铃薯菌和葡萄病菌等等）、同包括人的卵子和精子在内的处于较高级的发展阶段的胚胎并没有什么显著区别，这种细胞看起来就同生物机体中独立存在的细胞（血球、表皮细胞和黏膜细胞，腺、肾等等的分泌细胞）一样。"② 解剖学的研究，发现了"人体的结构同其他哺乳动物完全一致"③，证明人不是上帝的创造物，而是自然界和动物界长期进化的结果。

马克思在政治经济学研究之余，也很重视研究解剖学和生理学。1864年 7 月 4 日马克思写信告诉恩格斯：由于生病，"在这一段完全不能工作的时期里，我读了卡本特尔的《生理学》、洛德的《生理学》、克利克尔的《组织学》、施普尔茨海姆的《脑和神经系统的解剖学》以及施旺和施莱登关于细胞的著作"④。对于能量守恒和转化定律的发现，马克思和恩格斯也非常重视。关于能量的转化，恩格斯是这样评述的："在一定条件下，机械运动，即机械力转化为热（比如经过摩擦），热转化为光，光转化为化学亲和力，化学亲和力转化为电（比如在伏打电堆中），电转化为磁。这些转化也能通过其他方式来回地进行。现在有个英国人（詹·焦耳——编者注）已经证明：这些力是按照完全确定的数量关系相互转化

---

① 《马克思恩格斯文集》第 10 卷，人民出版社 2009 年版，第 163 页。
② 同上书，第 164 页。
③ 同上。
④ 《马克思恩格斯全集》第 30 卷，人民出版社 1974 年版，第 410 页。

的，一定量的某种力，例如电，相当于一定量的其他任何一种力，例如磁、光、热、化学亲和力（正的或负的、化合的或分解的）以及运动。这样一来，荒谬的潜热论就被推翻了。然而，这难道不是关于反思规定如何互相转化的一个绝妙的物质例证吗？"①

马克思在 1864 年通读了英国物理学家格罗夫的《物理力的相互关系》一书，认为这本书很好地论证了能量转化的问题，并赞扬格罗夫，指出他在"自然科学家中无疑是最有哲学思想的"② 人。恩格斯也说，格罗夫关于自然力相互作用的学说，"是从正因证明了黑格尔所发挥的关于原因、结果、相互作用、力等等的思想"。③

1859 年，达尔文的《物种起源》一书的出版，立即引起了马克思和恩格斯的极大兴趣。马克思高度赞扬了达尔文的进化论思想，认为它为辩证唯物主义的观点"提供了自然史的基础"④。

恩格斯也指出，《物种起源》一书的卓越贡献，是使神学在生物学中的统治最后被摧毁了。但是，马克思和恩格斯对于达尔文著作中的缺点和错误，也一再提出严肃的批评。马克思说："我重新阅读了达尔文的著作（查·达尔文的《根据自然选择即在生存斗争中适者保存的物种起源》，1859 年伦敦版——编者注），使我感到好笑的是，达尔文说他把'马尔萨斯的'理论也应用于植物和动物，其实在马尔萨斯先生那里，全部奥妙恰好在于这种理论不是应用于植物和动物，而是只应用于人类，说人类是按几何级数增加，把人类与植物和动物对立起来。值得注意的是，达尔文在动植物界中重新认识了他的英国社会及其分工、竞争、开辟新市场、'发明'以及马尔萨斯的'生存斗争'。"⑤ 恩格斯也认为，达尔文的生存斗争学说是把霍布斯和马尔萨斯的学说从人类社会搬到生物界，达尔文的错误是"夸大自己的发现的作用范围，把这一发现看作物种变异的唯一杠杆，注重个体变异普遍化的形式而忽视重复出现的个体变异的原因"⑥。马克思和恩格斯一直在寻找资料来补充达尔文学说中的不足。1865 年，

① 《马克思恩格斯文集》第 10 卷，人民出版社 2009 年版，第 163—164 页。
② 《马克思恩格斯全集》第 30 卷，人民出版社 1974 年版，第 415 页。
③ 《马克思恩格斯全集》第 31 卷，人民出版社 1972 年版，第 472 页。
④ 同上书，第 131 页。
⑤ 《马克思恩格斯文集》第 10 卷，人民出版社 2009 年版，第 184 页。
⑥ 《马克思恩格斯文集》第 9 卷，人民出版社 2009 年版，第 75 页。

比·特雷莫的《人类和其他生物的起源和变异》一书出版，马克思和恩格斯进行了仔细阅读并作了大量的摘记，还在他们的通信中，进行了深入的讨论。马克思认为这是"一本很好的书"，"这本书比起达尔文还是一个非常重大的进步"①。恩格斯除了指出它空洞和歪曲历史事实之外，也肯定了"作者的功绩是：他比前人在更大程度上强调了'土壤'对于人种以及种的形成的影响，其次是对杂交的影响，他比他的前辈发挥了更正确的意见（虽然在我看来仍很片面）"②。

此外，马克思还利用经济学研究工作之余，钻研了天文学和化学。数学对他来说，更是天赋的爱好。从40年代起，他就非常关心和重视数学。1865年5月20日马克思在给恩格斯的信中说："在工作之余——当然不能老是写作——我就搞搞微分学$\frac{dx}{dy}$。我没有耐心再去读别的东西。"③ 为了撰写《资本论》《政治经济学批判》等著作，他认真地研究了代数学、微积分，写下了近千页的数学笔记，给我们留下了一份闪耀着辩证法光辉的珍贵的精神遗产。

马克思和恩格斯一生中结识了许多身为自然科学家的朋友，其中化学家肖莱马是最突出的一位。通过肖莱马的帮助，使他们及时地了解化学领域中的进步。60年代中期，德国实验化学家奥·威·霍夫曼出版了《现代化学通论》一书，恩格斯在肖莱马的帮助下，研究了霍夫曼的化学分子理论，认为这是比较新的化学理论，比起以前的原子理论来说是一大进步，"从前被描写成可分性的极限的原子，现在只不过是一种关系"④。恩格斯还表示非常同意肖莱马的说法：霍夫曼化学分子理论的提出，是化学上新的变革。恩格斯对肖莱马的为人和学识，给予很高的评价，在一次通信中，恩格斯对马克思说：肖莱马"确实是我长期以来所认识的最好的人当中的一个。他完全摆脱了成见，这看起来几乎是天生的，但实际上只能是反复思考的结果。同时他也特别谦虚。此外，他又有一项卓越的发现。你从他的书（指亨·恩·罗斯科的《简明化学教程，按最新科学观点编写。德文版由卡尔·肖莱马同作者共同整理》，1867年不伦瑞克

---

① 《马克思恩格斯全集》第31卷，人民出版社1972年版，第250页。
② 同上。
③ 《马克思恩格斯文集》第10卷，人民出版社2009年版，第229页。
④ 同上书，第262页。

版——引者注）的第 264 页和第 297 页上可以看到，丙醇和异丙醇是两种同分异构化合物。到目前为止，还没有分离出纯丙醇，因此俄国人甚至断言，丙醇是根本不存在的，存在的只是异丙醇。肖莱马在去年秋季举行的自然科学家会议上回答他们说，到下一年秋季他将要把丙醇分离出来，他也确实做到了这一点"①。

　　以上简述，是 19 世纪 70 年代以前，马克思和恩格斯研究自然科学的主要情况。这些研究还只是零星的、片断的，而且也是时断时续的。其研究成果主要表现为他们用辩证唯物主义观点对自然科学的一些新发现和发明作出评述，有时也做出一些重要的辩证唯物主义结论。这段时间马克思、恩格斯对自然科学的研究虽然还不够系统、全面和深入，但却为 70 年代以后辩证唯物主义自然观的系统确立，作了理论上和资料上的必要的准备。

（三）　恩格斯对辩证唯物主义自然观的系统论述

　　1870 年 2 月，当恩格斯写完《〈德国农民战争〉序言》之后，就开始退出商界，有了比较充裕的时间，从 1873 年开始，他就集中主要精力研究自然科学，并打算写一部自然辩证法巨著。1873—1876 年，恩格斯写了许多有关自然科学的札记、片段和论文。1876 年底至 1878 年初，为了集中力量反击杜林的猖狂进攻，恩格斯不得不中断了《自然辩证法》的写作。在完成了《反杜林论》一书后，他又继续写作《自然辩证法》，到 1883 年完成了大部分论文和一部分札记。但是，1883 年马克思逝世后，恩格斯忙于整理和出版马克思的《资本论》第 2、3 卷，并单独肩负领导国际工人运动的重任，使他再也没有机会从事自然科学的研究和《自然辩证法》的写作了。恩格斯虽然没有最后完成《自然辩证法》一书的写作，但是长达 8 年之久的对自然科学的研究和探讨，已在他的论文和札记中结下了丰硕的成果。

　　恩格斯的《自然辩证法》和《反杜林论》，总结和概括了 19 世纪以来自然科学发展的新成就，系统地阐述了辩证唯物主义自然观产生的历史必然性及其主要内容，为马克思主义哲学的发展，做出了重大的贡献。

---

① 《马克思恩格斯全集》第 32 卷，人民出版社 1974 年版，第 84 页。

1. 科学地阐述辩证唯物主义自然观的基本前提——物质及其存在形式。

唯心主义自然观否定物质世界的客观实在性。机械唯物主义自然观，虽然承认物质世界的客观存在，但没有真正科学地了解它的存在形式。恩格斯通观自然观的历史，非常注重对物质及其存在形式的研究，认为科学地解决这个问题，是确立辩证唯物主义自然观的基础或前提。否定物质自然界的存在及其存在形式的客观性，也就必然否定辩证唯物主义自然观。

什么是物质？它是怎样存在着？这是两条哲学路线斗争的重大问题。古代朴素的唯物主义和近代形而上学唯物主义，虽然同唯心主义进行过斗争，但由于没有科学地解决这个问题，因此也不可能彻底驳倒唯心主义。要真正科学地解决这个问题，不仅需要哲学论证，而且还要有自然科学提供的材料作为依据。正如恩格斯所说的，这是要"由哲学和自然科学的长期的和持续的发展所证明的"①。没有自然科学发展到一定程度所提供必要的材料，就不可能对物质进行科学的抽象，要真正科学地认识物质及其存在形式，要有两个基本条件：第一，要对各种自然力的本质有着科学的认识，有足够的自然科学材料证明自然界的终极原因在于它本身，从而把各种神从自然界中撵走，用自然界本身来说明自然界；第二，要对人脑以及人脑的产物（意识、精神）有科学的说明，也即对人脑的机能、特性，对思维、意识及其活动方式能作出科学的解释，从根本上弄清精神与物质、思维与存在的真实关系。19世纪自然科学的发展，特别是自然科学中具有决定意义的三大发现，已有足够的材料说明自然界的内在联系，说明物质与精神的真实关系，为从哲学上对物质作出正确的概括，提供了基础。

70年代以后，恩格斯根据自然科学所提供的材料，对物质及其存在形式进行了考察研究。他批评了机械唯物主义的自然观把物质的质看作绝对的同一，把原子看作不可再分的最小粒子，把运动与物质割裂开来，把运动仅仅归结为力的作用等形而上学观点，并运用一般与个别的辩证方法对物质进行概括，第一次提出辩证唯物主义的物质概念。恩格斯指出："物质本身是纯粹的思想创造物和纯粹的抽象。当我们用物质概念来概括各种有形地存在着的事物的时候，我们是把它们的质的差别撇开了。因此，物质本身和各种特定的、实存的物质的东西不同，它不是感性地存在

---

① 《马克思恩格斯文集》第9卷，人民出版社2009年版，第47页。

着的东西。"① 恩格斯批评了机械自然观抛弃了辩证法，不懂得一般与个别的辩证关系，虽然承认各种感性存在物的客观实在性，但不懂得哲学上物质概念的意义，不是把物质看作简单的存在物，就是把哲学上物质范畴和物理学上物质形态的概念混为一谈。恩格斯对物质概念的表述是初步的，还不很完善，但它对世界上各种具体事物的总和进行了科学抽象，这对说明物质的客观实在性，区别物质与意识的界限，反对唯心主义和形而上学的物质观，是有重大意义的。

　　恩格斯在《自然辩证法》中，还进一步论述了物质与运动，物质与时间、空间的关系。什么是运动呢？恩格斯说："运动，就它被理解为物质的存在的方式、物质的固有属性这一最一般的意义来说，涵盖宇宙中发生的一切变化和过程，从单纯的位置变动直到思维。"② 这就是说，运动是物质本身固有的属性，物质与运动是不可分割的。从简单的位移到复杂的思维，宇宙中的一切变化和过程都是运动。恩格斯还指出，运动的形式是多种多样的。他根据当时自然科学所提供的材料，把自然界的物质运动概括为四种基本形式。恩格斯说："研究运动的本性，当然不得不从这种运动的最低级的、最简单的形式开始，先学会理解这样的形式，然后才能在说明更高级和复杂的形式方面有所建树。所以我们看到：在自然科学的历史发展中，最先产生的是关于简单的位置变动的理论，即天体的和地上物体的力学，随后是关于分子运动的理论，即物理学，紧跟着、几乎同时而且有些方面还先于物理学而产生的，是关于原子运动的科学，即化学。只有在这些关于支配着非生物界的运动形式的不同的知识部门达到高度的发展以后，才能成功地阐明各种显示生命过程的运动进程。对这些运动进程的阐明，是随着力学、物理学和化学的进步而取得相应的进步的。"③

　　恩格斯指出，机械运动是物质运动中最低级、最简单和最普遍的形式，"一切运动都是和某种位置移动相联系"，它是其他运动形式的基础，所以研究机械运动就成了科学的第一个任务。但是，运动不仅仅是位置的移动，"位置移动决不能把有关的运动的性质包括无遗"，因此，把自然

---

① 《马克思恩格斯文集》第 9 卷，人民出版社 2009 年版，第 511 页。
② 同上书，第 513 页。
③ 同上。

界中的复杂的运动形式简单地归结为机械运动是错误的。恩格斯关于四种运动形式的概括和阐述，对自然科学的发展和进一步深入研究自然界的物质运动都是有重大意义的。

物质与运动是不可分割的。物质的运动是在时间、空间中运动，物质与时间、空间也是不可分割的。物质具有客观实在性，时间、空间也具有客观实在性，时间、空间的概念跟物质的概念一样，是人类在认识客观世界的过程中，从现实的具体的事物所固有的时间、空间特性中抽象出来的。恩格斯指出："自然界和历史的这种无限的多样性具有时间和空间的无限性。"① 这是说物质世界的无限性，决定了作为物质的存在形式的时间、空间的无限性。

2. 把辩证法和唯物论有机结合起来，深刻地阐明自然界的辩证发展。

对自然界运动发展的辩证性地描述，在古代就有了。但那时，由于生产力的低下，科学技术不发达，对自然界的描述只能是原始的和朴素的。旧唯物主义自然观抛弃了辩证法，看不到物质是一个运动变化的过程，不了解自然界的辩证发展。因此，它虽然一般地承认物质第一性这个唯物主义的前提，但不可能科学地阐述这个前提，也不可能把唯物主义路线贯彻到底。对自然界的辩证性地描述，黑格尔曾尝试过，他用矛盾的观点考察自然界，把一切现象看作是对立统一，这无疑是很深刻的，但他是站在唯心主义的立场，不可能真实地反映自然界的辩证运动。在唯物主义基础上，描述自然界运动发展的辩证性，把唯物论与辩证法有机地结合起来，这是确立辩证唯物主义自然观的关键。

恩格斯批判改造了黑格尔的自然观中辩证法的合理思想，总结了自然科学发展的重大成就，以无可辩驳的科学材料，证明了自然界的辩证发展。

第一，肯定了辩证法的三个基本规律是自然界、人类社会和思维运动的一般规律。恩格斯说："辩证法是关于普遍联系的科学。主要规律：量和质的转化——两极对立的相互渗透和它们达到极端时的相互转化——由矛盾引起的发展，或否定的否定——发展的螺旋形式。"② 他批评了黑格尔把辩证法规律主观化，把它 "作为思维规律强加于自然界和历史的，

① 《马克思恩格斯选集》第 3 卷，人民出版社 1972 年版，第 557 页。
② 同上书，第 521 页。

而不是从它们中推导出来的。由此就产生出整个牵强的并且常常是令人震惊的结构：世界，不管它愿意与否，必须适应于某种思想体系，而这种思想体系本身又只是人类思维某一特定发展阶段的产物"①。恩格斯明确地指出："自然界是检验辩证法的试金石"②，"辩证法的规律是从自然界的历史和人类社会的历史中抽象出来的"③。因此，它是自然界、人类社会和人的思维本身的最一般的规律。

第二，论述了矛盾规律在唯物辩证自然观中的地位，提出了对立统一是辩证自然观的核心。恩格斯批评了形而上学把抽象的同一律当作世界的基本原则，把自然界的一切事物和现象看作孤立的、静止的和绝对同一的。这是对自然界的歪曲反映。恩格斯指出："辩证法在考察事物及其在观念中的反映时，本质上是从它们的联系、它们的联结、它们的运动、它们的产生和消逝方面去考察的。自然界是检验辩证法的试金石……自然界的一切归根到底是辩证地而不是形而上学地发生的。"④ 他还说："当我们把事物看做是静止而没有生命的，各自独立、彼此并列或先后相继的时候，我们在事物中确实碰不到任何矛盾。……但是一当我们从事物的运动、变化、生命和相互作用方面去考察事物时，情形就完全不同了。在这里我们立刻陷入了矛盾。"⑤ 这就是矛盾，就是事物，矛盾就是世界的思想。没有矛盾，也就没有客观自然界。恩格斯根据矛盾的普遍性的思想，提出自然界从简单的机械的位移到物质的更高级的运动形式，都包含着矛盾。有机生命的存在和发展包含着矛盾；人的认识能力也包含着矛盾；科学是矛盾。矛盾是客观地存在于事物和过程本身中，矛盾是一种实际的力量。

自然界的事物及其现象，既是对立的，又是统一的，它们无不处于普遍联系、相互作用之中。恩格斯说："辩证法根据我们直到目前为止的自然经验的结果，已经证明了：所有的两极对立，都以对立的两极的相互作用为条件；这两极的分离和对立，只存在于它们的相互依存和相互联结之中，反过来说，它们的联结，只存在于它们的分离之中，它们的相互依

① 《马克思恩格斯文集》第9卷，人民出版社2009年版，第463—464页。
② 同上书，第25页。
③ 同上书，第463页。
④ 同上书，第25页。
⑤ 同上书，第126—127页。

存，只存在于它们的对立之中。"① 正是事物之间的这种相互依存、相互作用，构成了自然界动态联系的总画面。从最普遍的意义上说，吸引和排斥的相互作用是自然界物质运动的基本形式。1885 年，恩格斯在《反杜林论》第 3 版序言中，又进一步发挥了这个思想，指出对自然界中两极的相互依存和相互对立的关系的认识，是辩证自然观的核心。②

第三，指出运动变化是自然界的基本特征，发展观点是辩证自然观的主要内容。1876 年，恩格斯在总结近代自然科学的发展，引起自然观的变革时指出："新的自然观的基本点是完备了：一切僵硬的东西溶化了，一切固定的东西消散了，一切被当作永久存在的特殊东西变成了转瞬即逝的东西，整个自然界被证明是在永恒的流动和循环中运动着。""整个自然界，从最小的东西到最大的东西，从沙粒到太阳，从原生生物到人，都处于永恒的产生和消逝中，处于不息的运动和变化中。"③ 这是依据科学实验的材料和对自然界的考察而做出的结论，也是对自然界的辩证性的透彻论述。在《反杜林论》一书中，到处都可以看到关于自然界的运动变化观点。恩格斯批判了形而上学者杜林，指出：现代自然科学提供了极其丰富的、与日俱增的材料证明，"自然界的一切归根到底是辩证地而不是形而上学地发生的"。"要精确地描绘宇宙、宇宙的发展和人类的发展，以及这种发展在人们头脑中的反映，就只有用辩证的方法，只有不断地注意生成和消逝之间、前进的变化和后退的变化之间的普遍相互作用才能做到。"④

3. 阐述自然界从无机界到有机界到人类社会的发展。

自然界的发展怎样从无机界过渡到有机界、过渡到人类社会，从来就是自然观中争论一个重大的问题。

生命的本质是什么？它是怎样出现的？唯心主义和宗教神学认为，生命是由某种神秘的精神力量或超自然的造物主创造的。唯物主义则力求从自然界本身的原因来解释。如 17 世纪荷兰唯物主义者斯宾诺莎的"自因说"，认为自然界不仅是物质的，而且是"自身的原因"，世界上一切事物都是互为因果，互相作用，处于错综复杂的因果关系之中；17 世纪法

---

① 《马克思恩格斯文集》第 9 卷，人民出版社 2009 年版，第 516 页。
② 参见同上书，第 16 页。
③ 同上书，第 418 页。
④ 同上书，第 26 页。

国的笛卡尔提出："动物是机器"；18 世纪法国唯物主义者拉莫特利提出
"人是机器"等。他们都把生命看成是物质的属性，是自然界发展的结
果。但他们把一切自然现象都归结为力学规律，把机械的原理推广到生理
机体，因此他们不了解生命的本质，也不可能科学地解释生命的起源。

恩格斯总结了 19 世纪中叶以来自然科学发展的成就，特别是生物学
上的重大发现，第一次提出辩证唯物主义的生命定义。他说："生命是蛋
白体的存在方式，这种存在方式本质上就在于这些蛋白体的化学成分的不
断的自我更新。"① 这就是说，生命是自然界中的特殊物质——蛋白体的
运动形态，这种特殊的物质是自然界长期发展的产物；它的存在方式的基
本要素在于和它周围的外部自然界的不断的新陈代谢，这种新陈代谢一停
止，生命就随之停止。从而不但说明生命的物质基础，而且也说明了生命
的辩证运动。尽管这个定义还很不完善很不充分，"因为它远没有包括一
切生命现象，而只是限于最一般的和最简单的生命现象"②。但是对于科
学地说明生命的起源和本质，对于批判"老生论""生命力论"和神创论
是有着重大意义的。

从有机界怎样产生人，从自然界怎样过渡到人类社会，这是自然观上
的又一个重大的问题。黑格尔在《精神现象学》中，曾最先提出了人类
通过劳动而自我创造和自我生成的卓越思想。但是，由于他的唯心主义前
提，不可能科学解决人类的起源问题。达尔文曾提出人类由古猿进化而来
的观点，但他未能解决这种进化是如何实现的。恩格斯根据生物进化的材
料，用辩证唯物主义观点考察自然界，写下了《劳动在从猿到人转变过
程中的作用》一文，对人类的起源问题作出了科学的回答。恩格斯指出，
人是自然界长期发展的产物，是从类人猿分化出来的。人怎样从动物界分
离出来呢？恩格斯说，在于劳动。劳动"是整个人类生活的第一个基本
条件，而且达到这样的程度，以致我们在某种意义上不得不说：劳动创造
了人本身"③。由于劳动，猿的手逐渐变成人的手，并且愈来愈自由，愈
来愈灵巧，愈来愈高度的完善；由于劳动并和劳动一起产生了语言；在劳
动和语言的共同作用下，"猿的脑髓就逐渐地变成人的脑髓"；在"随着

---

① 《马克思恩格斯文集》第 9 卷，人民出版社 2009 年版，第 86 页。
② 同上书，第 88 页。
③ 同上书，第 550 页。

脑的进一步的发育，脑的最密切的工具，即感觉器官，也进一步发育起来"①。在长期的劳动过程中，人的脑和感觉器官逐渐发达起来，就会产生愈来愈清楚的意识以及抽象能力和推理能力。人有了意识和抽象思维能力，就能够认识和正确运用自然规律，人就不单纯地适应自然；而且是按自己的目的来改造自然、支配自然，实现人对自然的统治。于是人随着劳动而最终脱离了动物界。有了人，就有了社会，也就有了人类历史。人类的出现，人类社会的形成，对自然界的发展来说是开辟了一个伟大的新时代。

在辩证唯物主义自然观的体系中，不讲自然界向人类社会的过渡，这是不完全的。尽管恩格斯对这个问题的论述还不够充分，但是，这是他企图科学解决这个问题的一次独创的尝试。恩格斯通过对劳动的考察，揭示了人类的起源和人类社会的形成，论述了社会发展与自然发展的辩证联系。从恩格斯的论述中，得出两个很重要的思想：一、从无机界到有机界到人类社会，这是自然发展的内在必然性。人是自然界的产物，人类社会是从自然界发展而来的。恩格斯说："人也是由分化产生的。不仅从个体方面来说是如此——从一个单独的卵细胞分化为自然界所产生的最复杂的有机体，而且从历史方面来说也是如此。"② 这是用自然界本身的发展来说明自然界，超自然的原因是不存在的；二、人在自己的劳动中同化自然界、作用自然界和改造自然界。说明人又不单纯是自然界的一部分，而是与自然界相对立而存在的。恩格斯说：人的 "手的专业化意味着工具的出现，而工具意味着人所特有的活动，意味着人对自然界进行改造的反作用，意味着生产。……动物也进行生产，但是它们的生产对周围自然界的作用只等于零。只有人能够做到给自然界打上自己的印记，因为他们不仅迁移植物，而且也改变了他们的居住地的面貌、气候，甚至还改变了动植物本身，以致他们活动的结果只能和地球的普遍灭亡一起消失"③。

劳动使猿变为人，自然界的发展，出现人类社会。同时，社会的人通过劳动，又改造自然，创造自然。人与自然界是既相对立，又相统一的，这是自然与社会发展的辩证法。

---

① 《马克思恩格斯文集》第 9 卷，人民出版社 2009 年版，第 554 页。

② 同上书，第 421 页。

③ 同上。

4. 辩证逻辑是研究自然界唯一正确的科学方法。

恩格斯认为，形式逻辑和辩证逻辑都是研究客观自然界的方法，但是形式逻辑只是在日常活动的范围内，在事物处于相对静止状态时，这种研究方法才是可行和可取的。只要"一超过这个界限，它就会变成片面的、狭隘的、抽象的，并且陷入无法解决的矛盾"①。恩格斯认为，只有辩证思维才是强大的认识工具，是研究自然界唯一正确的思维方法，因为这种思维方法是和自然界的辩证发展规律相一致的。

恩格斯指出，所谓辩证思维就是主观辩证法。主观辩证法是对客观辩证法的反映，是客观世界物质运动的辩证规律在人们头脑中自觉的反映。恩格斯说："我们的主观的思维和客观的世界服从于同样的规律，因而两者在自己的结果中不能互相矛盾，而必须彼此一致，这个事实绝对地统治着我们的整个理论思维。"② 坚持思维和存在、思维的规律和存在的规律的辩证统一，把前者看作是后者的反映，这是辩证逻辑的前提和出发点。

恩格斯指出，坚持用辩证思维来认识世界，考察自然界和事物时，要坚持"从它们的联系、它们的联结、它们的运动、它们的产生和消逝方面去考察"③。与此相反，形而上学的思维方法，是孤立的、固定的、僵硬的、一成不变地考察对象，它的特征就是"在绝对不相容的对立中思维"④。

恩格斯指出，辩证思维在考察自然界的事物时，还要坚持归纳和演绎、分析和综合相统一的方法。他批评经验主义者片面地夸大归纳法而贬低演绎法的形而上学观点。恩格斯说："归纳和演绎，正如分析和综合一样，是必然相互联系着的。不应当牺牲一个而把另一个捧到天上去，应当把每一个都用到该用的地方，而要做到这一点，就只有注意它们的相互联系、它们的相互补充。"⑤ 演绎法也是一种必要的推理形式，而且归纳法也不能离开演绎法而单独存在，在归纳过程中就已经包含着分析和演绎。只有把归纳与演绎、分析与综合辩证地统一起来，才能正确地认识自然界，达到人们预想的目的。

---

① 《马克思恩格斯文集》第 9 卷，人民出版社 2009 年版，第 24 页。
② 《马克思恩格斯选集》第 3 卷，人民出版社 1972 年版，第 564 页。
③ 《马克思恩格斯文集》第 9 卷，人民出版社 2009 年版，第 25 页。
④ 同上书，第 24 页。
⑤ 《马克思恩格斯选集》第 3 卷，人民出版社 1972 年版，第 548 页。

上列恩格斯关于自然界的客观物质性、辩证性、自然界与人类社会的关系、辩证的思维方法四个方面的论述，构成了辩证唯物主义自然观的基本内容。经过恩格斯的艰苦努力，马克思主义的辩证唯物主义自然观系统确立了，它成为马克思主义哲学的一个不可缺少的组成部分。马克思主义的自然观是建立在19世纪自然科学的巨大进步的基础上的，是对自然界真实面目的科学揭示。同时，这个自然观也为人们深入地认识自然界提供了科学的世界观和方法论。

当然，这并不是说恩格斯的论述很完善了。由于主、客观条件的限制，自然观上的有些重大的问题，恩格斯没有讲到，或者讲得不够充分、不够清楚。如自然界的基本矛盾是什么？自然发展的基本规律是什么？是什么力量推动自然界运动、变化和发展的？对于这些问题，都还没有作出明确的回答。其主要原因是恩格斯所处的时代，自然科学虽然有了重大的发展，但还是很不充分的。物理学还受着机械论的统治，只知道宏观世界的规律性，不但把热运动归结为大量分子的无规则的机械运动，就是电、磁、光运动也被归结为各种"以太"的机械运动；19世纪的化学还停留在经验现象的阶段；天文学对天体的演化还主要是作为一种力学现象加以研究；生物学中，生物进化的遗传和变异的机制还是一个谜……

在自然科学的发展还不够完全充分的条件下，要对上述那些自然观上的重大理论问题作精确的表述，这是不可能的。恩格斯虽然没有把辩证唯物主义自然观的科学体系建立起来，但是已为这个科学体系的建立奠定了基础，提供了极其宝贵的材料。在当代科学技术迅猛发展的条件下，沿着恩格斯所指引的方向，把建立辩证唯物主义自然观科学体系的工作推向前进，是时代赋予我们的任务。

简短的结论

从1871年至1883年，马克思、恩格斯在反对杜林主义和形形色色的机会主义的斗争中，总结无产阶级革命斗争的新经验，概括自然科学发展的新成果，全面地、系统地阐发了马克思主义哲学。

第一，马克思、恩格斯坚决反对拉萨尔主义、巴枯宁主义以及德国党内的机会主义，进一步发展和丰富了历史唯物主义关于国家的学说和无产阶级专政理论，提出了过渡时期和共产主义两个阶段的原理。

第二，恩格斯在与杜林的斗争中，在马克思主义发展史上第一次阐述了马克思主义的三个组成部分及其内在联系，对马克思主义哲学的辩证唯物主义和历史唯物主义的基本原理，作了系统的和详尽的发挥。《反杜林论》是马克思主义哲学系统化的第一部著作。

第三，恩格斯深入地从事自然科学的研究，总结自然科学的新成就，系统阐述了马克思主义的唯物辩证自然观，揭示了自然界发展的辩证法，科学地论述哲学与自然科学的关系，为哲学和自然科学的发展开拓了宽广的领域。

附　录

附录一　若干马克思主义哲学创始人的原著在"马哲史"上的地位

一　马克思的《1844年经济学哲学手稿》：异化劳动理论在科学世界观形成中的重大作用及其局限性

马克思的《1844年经济学哲学手稿》（以下简称《手稿》）写于1844年4—6月，马克思生前并未发表，直到1932年才第一次全文公之于世。在《手稿》中，马克思的理论研究发生了一个重大转折：从针对"副本"的批判，进到针对"原本"的批判，即从对宗教、国家和法的批判进到对"市民社会"（即社会物质生活关系）的批判，从哲学进到政治经济学。而作为研究的思想成果，最主要的就是提出了异化劳动的理论，并在这一理论的基础上阐发了自己的哲学、政治经济学和共产主义思想。

（一）异化劳动概念的提出及其规定

"异化"一词，在德国古典哲学以前，还不是一个专门的哲学术语。它指的是权利的转让、关系的疏远和精神错乱等等。17、18世纪的卢梭等社会契约论者就是在权利转让意义上使用这个词的。到了德国古典哲学时代，它被扩展为分析人与整个外部世界的主客体关系，因而具有特定的哲学内涵，即主体活动的后果成了主体的异己力量，并反过来危害或支配主体自身。黑格尔第一次在他的《精神现象学》一书中把"异化"概念引进哲学，并赋予它以丰富的内容。黑格尔从唯心主义出发，认为"绝对观念"是主体，发展到一定阶段便异化为自然界，然后又在发展中扬弃了异化，回归到"绝对观念"自身。在他看来，精神或意识的辩证运动，就是把"自己变成他物，变成自己的对象和扬弃这个他物的运动"，即"先将自己予以异化，然后从这个异化返回自身"①。这包含着辩证法的因素。费尔巴哈第一个把异化概念运用于考察人的本质，并把它与人道主义联系起来。他从人本学唯物主义出发，批判了黑格尔的唯心主义异化观。他认为，异化的主体是感性存在的人，理性、意志、感情是人的本质。基督教中的上帝是人的本质的异化，是理性迷误的产物。不是上帝创造人，而是人创造上帝。人创造了上帝，却让上帝支配、统治自己。因此，必须批判和否定宗教，把人的本质归还给人，也就是人道主义的实现。德国的赫斯把费尔巴哈的人本主义异化理论从宗教领域推广到政治经济领域，认为在资本主义社会中，金钱是人的本质的异化，是统治人、支配人的力量，并认为私有制是异化的根源，要克服异化就必须消灭私有制。但是，他由于不了解物质生产在社会历史发展中的作用，更没有对人的生产活动作出分析，因而不能真正说明异化的原因，对于异化的消除，也只能求助于空泛的"爱"的说教，从而陷入历史唯心主义。

在《手稿》之前，马克思也曾对异化问题进行过探讨。在《博士论文》中，他受黑格尔唯心主义异化观的影响，把"现象世界"看作是"从它的概念异化了的原子"的产物。在《黑格尔法哲学批判》中，他在费尔巴哈的影响下，用异化去研究国家和法，把现存的政治制度比作"人民生活的宗教"，是人们本质的异化。在《论犹太人问题》中，他开始用异化分析经济问题，指出"钱是从人异化出来的人的劳动和存在的本质；这个外在本质却统治了人，人却向它膜拜"②。

在《手稿》中，马克思把哲学的研究同政治经济学的研究结合起来，这使他看到了资本主义社会中工人同资本家尖锐对立这一经济事实，看到了资产阶级经济学家的劳动价值论同资本主义私有制之间的深刻矛盾；进而又把异化和对劳动的分析结合起来，指出上述对立和矛盾的根源在于劳动的异化，从而创造性地提出了异化劳动的概念和异化劳动理论。

马克思认为，人区别于动物的根本特性是自由自觉的活动，即生产劳动。劳动是人的"类生活"，但在资本主义条件下，劳动异化了。由此出发，马克思论述了异化劳动的四个规定。

第一，劳动产品与劳动者相异化。劳动产品是劳动的结晶，是人的本

---

① [德] 黑格尔：《精神现象学》，商务印书馆 1979 年版，第 23 页。
② 《马克思恩格斯全集》第 1 卷，人民出版社 1995 年版，第 448 页。

质的对象化，劳动产品本应属于劳动者。但在资本主义社会，"劳动所产生的对象，即劳动产品，作为不依赖于生产者的力量，同劳动相对立"。就是说，工人劳动的产品不仅与工人相脱离，而且变成与工人相对立的东西。工人生产的财富越多，他的产品的力量和数量越大，他就越穷，越受他的产品的统治。"工人同自己的劳动产品的关系就是同一个异己的对象的关系。"①

第二，劳动行为本身与劳动者相异化。劳动的产品为什么会与劳动者相异化呢？这是劳动者的生产活动本身与劳动者相异化的结果。产品是劳动者的生产活动创造的，产品是果，生产活动是因，产品的异化根源于生产活动本身首先异化了。由此，马克思得出劳动的异化。他指出，劳动本来是人的本质，是一种自由自觉的活动。人在劳动中肯定自己，自由地发挥自己的体力和智力，劳动是人的自愿行为，是劳动需要的满足，是属于人自己的。而异化劳动则使劳动变成外在于人的东西，人在劳动中不是肯定自己，而是否定自己；不是感到幸福，而是感到不幸；不是自由地发挥自己的体力和智力，而是使自己的肉体受折磨，精神遭摧残；劳动不是自愿的，而是被迫的；不是劳动需要的满足，而是满足劳动需要以外的需要的手段；劳动不属于劳动者自己，而是属于别人。产品的异化是物的异化，劳动的异化则是人的自我异化。

第三，人的类本质与人相异化。马克思认为，人是一种类存在物，劳动，即自由自觉的活动，是人的能动的类生活，也是人根本区别于动物的类本质。这种类本质通过对象化，即通过实践改造对象世界，改造无机自然界得到表现和确证。但在资本主义社会中，由于劳动产品的异化使人不能确证其类本质，劳动本身的异化则把人的自由自觉的活动变成仅仅维持肉体生存的手段，于是造成了人和自己的类本质相异化，人的类本质变成人的异己的本质，人变成了丧失类本质的人。

第四，人与人相异化。这是人同自己的劳动产品、自己的生命活动、自己的类本质相异化的"直接结果"②。因为人同自身的关系只有通过他同他人的关系，才能成为对象性的现实的关系。当人同自身相对立的时候，他也必须同他人相对立。人同他的类本质相异化，即是一个人同他人

① 《马克思恩格斯全集》第42卷，人民出版社1979年版，第91页。
② 同上书，第98页。

相异化，也是他们中每个人都同人的本质相异化。在资本主义社会中，劳动产品、劳动本身之所以同工人相异化，是因为有一个同工人对立的强有力的占有者，即资本家。"总之，通过异化的、外化的劳动，工人产生出一个跟劳动格格不入的、站在劳动之外的人同这个劳动的关系。工人同劳动的关系，生产出资本家……同这个劳动的关系。"① 这样，马克思就透过人与物的关系，看到了人与人的关系，看到了阶级的对立，并把资本家和劳动者之间的关系"归结为剥削者和被剥削者的经济关系"②。

马克思还指出，劳动的对象化不等于异化，只有在私有制条件下，才表现为异化。从而把劳动异化和私有制联系起来，因而要消除异化，就必须消灭私有制；异化是现实的、客观的，异化借以实现的手段本身就是实践的，异化劳动概念及其四个规定就是对现实劳动异化的概括。马克思还认为，"自我异化的扬弃同自我异化走的是一条道路"③，因为正是自我异化的发展为自我异化的扬弃创造了条件；而自我异化的扬弃、人的本质的复归是自觉的，保存了以往发展的全部财富的，因而异化和异化的扬弃是一种客观的辩证发展过程。人类的历史就是劳动对象化、异化和扬弃异化的历史。

（二）异化劳动理论在唯物史观形成中的作用

异化劳动是《手稿》的核心概念。异化劳动理论是当时马克思全部思想的基础。马克思从异化劳动理论出发，分析了社会历史发展的各种理论问题和实际问题，取得了对于唯物史观的形成具有重要意义的成果。

第一，由于马克思把人的本质归结为劳动，即自由自觉的活动，把社会历史归结为劳动异化和扬弃这种异化的历史，因而也就很自然地把生产劳动看作社会存在和发展的基础。他说："整个所谓世界历史不外是人通过人的劳动而诞生的过程，是自然界对人说来的生成过程。"④ 这就是说，全部人类社会的历史都是在人的劳动的基础上产生和发展的。私有制社会的产生的原因是劳动的异化，因而只有扬弃异化劳动，才能进入真正的人的社会；但也正是异化劳动的发展，改造了人的生活，并为人的解放准备了条件。在马克思看来，人类社会的历史，同时也是人改造自然的历史。

---

① 《马克思恩格斯全集》第 42 卷，人民出版社 1979 年版，第 100 页。
② 同上书，第 84 页。
③ 同上书，第 117 页。
④ 同上书，第 131 页。

自然界对人说来的生成过程，也就是人类社会形成和发展的过程，"历史本身是自然史的即自然界成为人这一过程的一个现实部分"①，而这两者统一的基础就是劳动，所以人类社会的历史在本质上就是人类通过劳动使自然界变为"人化自然"的历史。正因为历史本身是自然史的一个部分，因而社会历史虽然离不开作为历史主体的人的有意识的活动并通过这种活动展现出来，但是作为历史主体的人、人的活动以及人的活动的对象，都是以外部自然界为基础的，因而人类社会历史和自然界一样，有其客观规律性，这就与黑格尔把社会历史归结为精神发展史的思辨唯心主义划清了界限；而把自然史理解为"人化自然"的历史，又使马克思与费尔巴哈把自然界仅仅看作直观对象而不是实践对象的形而上学观点区分开来。

第二，由于《手稿》把生产劳动看作人区别于动物的根本特征，因而在与自然的关系方面，强调人的自觉能动性，在一定程度上克服了费尔巴哈哲学的直观性；在人与人的关系方面，强调人的社会性，在一定程度上克服了费尔巴哈把人的本质归结为自然属性的缺陷。马克思指出，吃喝、性行为等是人和动物共有的属性，人和动物都是通过自己的活动从自然界获取自己所需要的物质生活资料。但是人的活动和动物有本质区别：动物的活动是本能的，无意识的，而人的活动是有意识的，正是"有意识的生命活动把人同动物的生命活动直接区别开来"②；有些动物如蚂蚁、蜜蜂、海狸等，也为自己营造巢穴和住所，在这个意义上，"动物也生产"，但"动物只是在直接的肉体需要的支配下生产，而人甚至不受肉体需要的支配也进行生产，而且只有不受这种需要的支配时才进行真正的生产"③；动物只能消极地适应自然，而人则能有目的地能动地改造自然，使自然界适合自己的需要，使自然界人化。就是说，人在劳动中不仅创造了自己需要的物质资料，而且也改造了自然界本身。人类生活于其中的现实的自然界，并不是原始状态下的自然界，而是世世代代劳动的产物，即"人化的自然界"。

马克思还指出，在生产劳动中，一个人生产的产品，不仅为了满足自己的需要，而且也为满足别人的需要，这种产品不仅体现了自己的本质，

① 《马克思恩格斯全集》第 42 卷，人民出版社 1979 年版，第 128 页。
② 同上书，第 96 页。
③ 同上书，第 96—97 页。

而且也体现了别人的本质，反过来也是一样。因此，在生产劳动的基础上，个人的产品变成了社会的产品，个人变成了社会的人。人们通过各以自己的产品互相补充需要、互相丰富本质，就构成人与人之间的社会关系。马克思说："正像社会本身生产作为人的人一样，人也生产社会。活动和享受，无论就其内容或就其存在方式来说，都是社会的，是社会的活动和社会的享受。自然界的人的本质只有对社会的人说来才是存在的；因为只有在社会中，自然界对人说来才是人与人联系的纽带，才是他为别人的存在和别人为他的存在，才是人的现实的生活要素；只有在社会中，自然界才是人自己的人的存在的基础。只有在社会中，人的自然存在对他说来才是他的人的存在，而自然界对他说来才成为人。"① 这表明，马克思已在向生产的社会关系的概念接近。尽管这些论述还带有明显的费尔巴哈人本主义的影响，但又与费尔巴哈有重大区别。费尔巴哈也曾说过，人的本质体现在团体中，体现在"你"和"我"的统一中，但他所讲的统一的基础是感情（"爱"），而马克思讲的统一的基础是生产劳动。而且在马克思看来，人与人之间各以自己的特殊产品互相满足需要、互相确证本质的社会联系，本来是人所应有的。但是在私有制条件下，劳动者和劳动产品、生产活动相异化了。如前所述，马克思正是由此出发，揭示了在私有制社会中人与人相异化，即劳动者和剥削者之间的阶级对抗关系的。

第三，《手稿》在阐发异化劳动理论的过程中，还提出物质生产在构成社会诸因素中起支配作用的思想。马克思说："物质的、直接感性的私有财产，是异化了的、人的生命的物质的、感性的表现。私有财产的运动——生产和消费——是以往全部生产的运动的感性表现，也就是说，是人的实现或现实。宗教、家庭、国家、法、道德、科学、艺术等等，都不过是生产的一些特殊的方式，并且受生产的普遍规律的支配。"② 在此之前，马克思已经提出市民社会决定国家，但对市民社会本身的了解还是比较抽象、比较笼统的；现在把"支配"国家和意识形式的要素理解为物质生产，这就赋予市民社会以确定的物质内容。尽管这里的出发点还是真正的人的本质，但是，把"生产—私有财产—政治制度—意识形式"联系起来加以考察，却是对后来社会形态概念的形成有重要意义的开端。

---

① 《马克思恩格斯全集》第 42 卷，人民出版社 1979 年版，第 121—122 页。
② 同上书，第 121 页。

第四，实践的观点，是马克思主义哲学的一个基本观点，也是贯穿马克思早期思想发展过程中的一个重要问题。在《手稿》中，马克思第一次把实践理解为改造外部自然界的对象性活动，即生产劳动，从而指明了实践的基本内容，并揭示了实践活动的客观性、主体性和创造性等特征。马克思还论述了理论对实践的依赖性，认为"真正的实践……是现实的和实证的理论的条件"①；"理论的对立本身的解决，只有通过实践方式，只有借助于人的实践力量，才是可能的"②；在马克思看来，共产主义理论是在"全部历史运动"的基础上诞生的，也只有通过实践才能成为现实。他指出："要消灭私有财产的思想，有共产主义思想就完全够了。而要消灭现实的私有财产，则必须有现实的共产主义行动。"③ 这都表明，马克思正在向科学的实践观接近。

（三）对黑格尔辩证法的批判和改造

黑格尔的辩证法是马克思主义哲学的直接理论来源之一，马克思历来十分重视对黑格尔辩证法的批判改造。在《手稿》中，马克思对黑格尔辩证法的批判和改造，是同异化劳动理论密切结合的。否定之否定规律是黑格尔建构其客观唯心主义哲学体系的支柱，也是《手稿》批判改造黑格尔辩证法的重点。黑格尔认为，"绝对观念"是先于自然界和人类社会而存在的能动的实体或主体，由于它自身包含的矛盾，必然要外化为自然界，这是第一个否定；当"绝对观念"在发展过程中认识到自然界不过是自身的异化时，就扬弃了自然界而回复到自身，这是否定之否定。费尔巴哈从人本学唯物主义出发，揭露和批判了黑格尔哲学的唯心主义本质，但没有看到黑格尔哲学所包含的合理思想，把黑格尔辩证法也抛弃了。马克思则在肯定费尔巴哈的批判的同时，洞察到黑格尔用否定之否定规律表达了人类自我创造的活动和人类历史的辩证发展。马克思认为，在黑格尔那里，作为否定之否定的肯定，并不是费尔巴哈所理解的形而上学的规定，而是包含着发展过程全部丰富内容的肯定；黑格尔所说的否定，也不是那种同肯定不相容的形而上学的否定，而是一种能动的创造活动和自我实现的活动。因此，黑格尔的否定之否定，实际上是对人类自我创造活动

---

① 《马克思恩格斯全集》第42卷，人民出版社1979年版，第139页。
② 同上书，第127页。
③ 同上书，第140页。

和人类历史的辩证发展过程的"抽象的、逻辑的、思辨的表达"①，从而揭示出黑格尔辩证法的深刻内涵。马克思说："黑格尔的《现象学》及其最后成果——作为推动原则和创造原则的否定性的辩证法——的伟大之处首先在于，黑格尔把人的自我产生看作一个过程，把对象化看作失去对象，看作外化和这种外化的扬弃；因而，他抓住了劳动的本质，把对象性的人、现实的因而是真正的人理解为他自己的劳动的结果。"② 这就是说，作为推动和创造原则的否定性辩证法，是黑格尔辩证法的合理内容。在私有制条件下，人在通过劳动能动地改造外部世界的过程中，把自己的本质对象化，形成人与对象世界、主体和客体的对立，这种对象化也就是失去对象和外化，只有扬弃这种外化，才能重新占有本质。这种对象化、外化和扬弃外化的过程，也就是人通过劳动创造对象和占有对象、改造客观世界和自我创造的统一过程。

当然，黑格尔的否定性辩证法是建立在唯心主义基础上的。他把一切现实的事物的本质归结为概念，然后用概念的联系说明事物的联系，把人通过劳动改造自然的自我创造和自我实现的过程，完全抽象化为精神的自我创造和自我认识的过程。这就完全颠倒了思维和存在、主体和客体的关系。对此，马克思从异化劳动理论出发，加以批判和改造。首先，在黑格尔看来，对象化或外化的主体并不是消极被动的，而是包含着内在矛盾的能动的主体。但是黑格尔所理解的主体并不是现实的人，而是抽象的"绝对精神"。费尔巴哈否定了黑格尔所讲的抽象的主体，代之以感性存在的人。但这个人没有能动性，而只是"受动的"自然存在物。马克思把能动性归之于感性存在的人，把能动性原则建立在唯物主义基础之上，把主体理解为能动和受动的统一。其次，黑格尔把一切事物都精神化，把人、人的本质等同于"自我意识"。因此，人的本质的一切异化也就是自我意识的异化；扬弃异化也不是实际地改变客观对象，而只是纯粹思辨的过程。马克思批判了黑格尔的上述观点，把人的对象化、异化理解为客观的物质活动。因为人是有生命的能动的自然存在物，他把自己的本质力量外化为异己对象时，就不是纯粹的精神活动，而是客观的物质活动，即实践。他认为，异化借以实现的手段本身就是实践的，因此，扬弃异化的过

① 《马克思恩格斯全集》第 42 卷，人民出版社 1979 年版，第 159 页。
② 同上书，第 163 页。

程也是实践的过程。最后，黑格尔把劳动看作人的本质，这是他的否定性辩证法的"伟大之处"。但是"黑格尔唯一知道并承认的劳动是抽象的精神劳动"。马克思批判了黑格尔对劳动的思辨理解，把劳动看作物质生产活动。同时，黑格尔只看到劳动的积极方面，而看不到在资本主义条件下劳动给劳动者带来的苦难。因为他只是从对象化意义上理解劳动，而没有从异化意义上来理解劳动。马克思则区分了对象化和异化，从而区分了劳动和异化劳动，论证了扬弃异化劳动的必要性和历史必然性。

（四）对共产主义的论证

在马克思写作《手稿》时，由于他在巴黎这个"古老的哲学大学和新世界的新首府"广泛地接触到工人运动及其革命团体，对资本主义社会进行了实地考察，并对各种空想社会主义学说和古典政治经济学做了批判研究，因而他对共产主义的论证也比《德法年鉴》时期进一步深化了。马克思首先通过对异化劳动的分析研究，揭示了资本主义制度的历史暂时性，论证了共产主义的历史必然性。他说：从异化劳动这一概念的分析表明，"与其说私有财产表现为外化劳动的根据和原因，还不如说它是外化劳动的结果……后来，这种关系就变成相互作用的关系"①。这就说明，第一，私有制不是天然合理的和永恒的，它是异化劳动的产物，也必将在这种劳动的发展中被消灭；第二，异化劳动和私有制是相互作用、不可分割地联系着的，因而要扬弃异化劳动就必须扬弃私有制。在资本主义制度下，私有财产的运动集中表现为劳动和资本的尖锐对立，同时也为消灭私有财产和人的解放准备了条件。"劳动和资本的这种对立——达到极限，就必然成为全部私有财产关系的顶点、最高阶段和灭亡。"② 共产主义是以往全部历史发展的必然结果，它"在私有财产的运动中，即在经济中，为自己既找到经验的基础，也找到理论的基础"③。马克思还从异化劳动理论出发，批判地研究了各种空想社会主义学说，论述了共产主义的基本思想。他说："共产主义是私有财产即人的自我异化的积极扬弃，因而是通过人并且为了人而对人的本质的真正占有；因此，它是人向自身、向社会的（即人的）人的复归，这种复归是完全的、自觉的而且是保存了以

① 《马克思恩格斯全集》第42卷，人民出版社1979年版，第100页。
② 同上书，第106页。
③ 同上书，第120—121页。

往发展的全部财富的。"① 这就是说，共产主义的基本要求是消灭私有财产和人的自我异化，但并不取消或否定私有财产运动和人的自我异化过程中产生的积极成果；共产主义实现人的本质的复归，并不是恢复人类的原始状态，不是"对整个文化和文明的世界的抽象否定，向贫穷的、没有需求的人——他不仅没有超越私有财产的水平，甚至从来没有达到私有财产的水平——的非自然的单纯倒退"②，而是在保存以往发展的全部财富的基础上进到更高的发展阶段；共产主义对人的本质的真正占有，"不应当仅仅被理解为直接的、片面的享受，不应当仅仅被理解为占有、拥有。人以一种全面的方式，也就是说，作为一个完整的人，占有自己的全面的本质"③。

（五）异化劳动理论的局限性

如上所述，《手稿》在马克思主义世界观特别是唯物史观形成中的作用是不能低估的。但也应看到，它还不是成熟的马克思主义著作。首先，就其实际思想内容来说，虽然在许多方面已经超越费尔巴哈而向唯物史观接近，但是作为说明历史基本理论和方法，却还没有摆脱人的本质的异化和复归的人本主义模式。在这里，作为出发点的人的本质即"自由自觉的活动"，仍然带有抽象的、理想化的性质，而现实的劳动被归结为异化劳动，是人的本质的丧失，共产主义则是对私有财产即人的自我异化的积极扬弃，是人的本质的复归。这与从物质生产实践出发说明社会历史的唯物史观，显然还存在一定的差距。其次，就其与旧哲学的关系来看，马克思对自己的哲学思想同黑格尔唯心主义的区别是明确的；对费尔巴哈也有所批评和保留，但还没有从哲学体系上同费尔巴哈区别开来，因而对费尔巴哈哲学作了过高的评价，直到1844年8月还认为费尔巴哈的《未来哲学原理》和《信仰的本质》等著作，"给社会主义提供了哲学基础"④。因此，《手稿》既是马克思对科学世界观的富有成果的探索，又不是这种探索的完成。把《手稿》看成马克思思想发展过程中的"黎明前的黑暗"，是错误的，把它当成成熟的马克思主义著作，甚至把它看成马克思思想的"顶峰"，显然也是不正确的。

① 《马克思恩格斯全集》第42卷，人民出版社1979年版，第120页。
② 同上书，第118页。
③ 同上书，第123页。
④ 《马克思恩格斯全集》第27卷，人民出版社1972年版，第450页。

二　马克思、恩格斯的《神圣家族》：从异化劳动理论到唯物史观的过渡

1844 年 8 月底，恩格斯在从英国返回德国的途中，绕道巴黎，第二次会见马克思。从此便开始了两位伟人为无产阶级的解放事业密切合作、共同战斗的光辉历程。恩格斯曾回忆说："当我 1844 年夏天在巴黎拜访马克思时，我们在一切理论领域都显示出意见完全一致，从此就开始了我们共同的工作。"① 这种共同工作的第一个成果，就是合写了批判以布·鲍威尔为首的青年黑格尔派的论战性著作——《神圣家族》。这部著作的思想表明，马克思、恩格斯的理论探索已进一步向新世界观，特别是唯物史观接近。如果说，在此之前的《1844 年经济学哲学手稿》用以解答历史之谜的是异化劳动理论，在此之后的《德意志意识形态》标志着唯物史观的形成，那么，处于两者之间的《神圣家族》则是由异化劳动理论到唯物史观的过渡。从 1835 年到 1841 年，是青年黑格尔运动的上升时期。这一时期青年黑格尔派对德国封建制度进行了宗教的和政治的批判，曾经起过进步作用。马克思和恩格斯都曾积极参加过青年黑格尔运动，尽管当时他们与青年黑格尔派在政治上和哲学上存在分歧，但还是团结合作，共同战斗。在此以后，马克思和恩格斯逐步向唯物主义和共产主义转变，而以布·鲍威尔为代表的青年黑格尔派则日趋堕落、倒退，这就导致了《莱茵报》时期马克思、恩格斯同青年黑格尔派分道扬镳，在《德法年鉴》上马克思对布·鲍威尔公开批判。1843 年 12 月，布·鲍威尔一伙在柏林附近出版了《文学总汇报》（月刊，共出 12 期，马克思、恩格斯在写《神圣家族》时已出前 8 期），集中地暴露了他们在政治上和哲学上的荒谬观点。马克思、恩格斯指出："在德国，对真正的人道主义说来，没有比唯灵论即思辨唯心主义更危险的敌人了。"② 这里所说的"真正的人道主义"，是当时马克思和恩格斯所理解的社会主义或共产主义。他们把青年黑格尔派的思辨唯心主义看作共产主义最危险的敌人，因而把它提到首位进行批判。如果说，《黑格尔法哲学批判》是马克思同黑格尔唯心主义哲学决裂的开始，那么，《神圣家族》则是对青年黑格尔派哲学的一次

---

① 《马克思恩格斯选集》第 4 卷，人民出版社 1995 年版，第 196 页。
② 《马克思恩格斯全集》第 2 卷，人民出版社 2005 年版，第 7 页。

总清算。在批判中，马克思、恩格斯论述了正在形成中的马克思主义哲学的一系列重要思想，进一步论证了无产阶级的历史使命，从而为马克思主义世界观的创立奠定了基础。

（一）批判青年黑格尔派的思辨唯心主义，用唯物辩证的观点解决思维和存在的关系问题

青年黑格尔派的哲学，是自我意识哲学或"批判哲学"。他们把自我意识看作最高原则和创造世界的力量，而自我意识的这种创造活动是通过"批判"来实现的。马克思和恩格斯在批判这种哲学时，第一，揭露了它的主观唯心主义的实质，指出：鲍威尔一伙虽然反对黑格尔主义的正统派，并自诩为真正克服了黑格尔哲学的人，实际上，他们不过是用所谓"无限的自我意识"代替了黑格尔的"绝对观念"，走向公开的主观唯心主义。鲍威尔等人认为，自我意识是无限的、万能的，而实体不过是自我意识的表现，转瞬即逝的火花。自我意识不断地通过批判克服实体来为自己开辟道路，改变现实的一切，创造一切；而且这种批判的自我意识不是人人具有的，而是他们这些具有"批判"头脑的哲学家的专利，至于说到群众，说到人类，他们是消极的，只有作为批判的对立物才有意义。总之，在他们看来，自我意识是人所固有的唯一本质，而批判是自我意识的本质属性，自我意识通过批判来推动世界的发展，而他们自己则是"批判"的化身。所以马克思和恩格斯指出，鲍威尔一伙的"批判"是超验的存在物，这伙"批判的神学家"则是"创造众生"的神。

第二，马克思和恩格斯还指出，鲍威尔一伙的这套谬论并不是什么新鲜的东西，只不过是黑格尔思辨唯心主义的庸俗化的复活而已。黑格尔哲学是由三个因素构成的，即：斯宾诺莎的实体、费希特的自我意识以及这两个因素在黑格尔那里的必然的矛盾的统一，即绝对精神。第一个因素是形而上学地改了装的、脱离了人的自然；第二个因素是形而上学地改了装的、脱离自然的精神；第三个因素是改了装的以上两个因素的统一，即现实的人和现实的人类。① 鲍威尔只不过是片面地发展了黑格尔哲学体系中自我意识这个因素，把它推向极端，变成了独立的绝对。黑格尔在论述历史的发展时还认为，作为主体和客观统一的精神的发展，是同感性的具体世界有着内在联系的；而鲍威尔却把自我意识和"实体"绝对对立起来，

① 参见《马克思恩格斯全集》第2卷，人民出版社1957年版，第177页。

把自我意识看成不依赖于感性具体世界的精神活动。他既否定了存在于人之外的自然界，也否定了作为自然存在物的人本身，把自我意识变成了绝对的创造主体。所以马克思和恩格斯讽刺说：鲍威尔克服了黑格尔的双重不彻底性。其一，黑格尔虽然承认作为世界发展基础的绝对精神的存在，但还没有直截了当地说，我就是绝对精神。其二，绝对精神作为现实的创造主，只是到最后才认识到自己的这种创造主的地位和作用，所以黑格尔只是事后才来撰造过去的史。现在鲍威尔则取消了这两个不彻底性，宣布他的"批判"就是绝对精神，而他就是批判，这样一来，"宗教的救世主终于显化为批判的救世主鲍威尔先生了"①。

第三，为了彻底批判鲍威尔一伙和黑格尔的思辨唯心主义，马克思还深刻地揭露了它的认识论根源，指出：思辨唯心主义的秘密，就在于通过诡辩，把概念独立化、实体化，即把本来是从个别事物中抽象出来的一般当作独立存在的本质，并把它看作感性对象的来源和基础。他以果实为例，揭露了思辨哲学家的诡辩过程：如果我从苹果、梨、草莓、扁桃等等中得出"果实"这个一般概念，这并没有什么神秘之处，正常的人的认识过程就是如此。但思辨哲学家却不同，他不是把"果实"这个概念看作现实的苹果、梨等等在人们头脑中的反映，而是把它看成独立存在的本质，而且是苹果、梨等等的真正本质。就是说，"果实"这个一般概念乃是现实的具体果实的"实体"。这样，他就把概念实体化。

由于抽象的概念变成为实体、实化了感性事物的真正本质，于是这些事物的可以实际感触的感性特质，反倒成了虚幻的本质。比如在思辨哲学家看来，现实的苹果、梨等等，就是"果实"这一概念的简单形式，是它的"样态"和"幻相"。这样，思辨哲学家就在把概念实体化的同时，把现实的感性事物变成了幻觉。

既然"果实"这个一般概念是苹果、梨等等的真正本质，那么这个一般的"果实"为什么忽而表现为苹果，忽而表现为梨、桃等等呢？思辨哲学家回答说：这是因为："一般果实"并不是僵死的、无差别的、静止的本质，而是活生生的、自相区别的、能动的本质。现实的千差万别的果实是"统一果实"的生命的不同表现，是"一般果实"发展过程中的自我差别、自我规定。

---

① 《马克思恩格斯全集》第2卷，人民出版社1957年版，第182页。

这样，思辨哲学就把"实体"变成"主体"，变成了创造世界的力量，变成了现实事物发生和发展的基础。所以，马克思说，"基督教认为只有一个上帝的化身，而思辨哲学却认为有多少事物就有多少化身，譬如在现在这个例子里，在思辨哲学看来，每一个单个的果实就都是实体的、即绝对果实的特殊化身"①。

对于黑格尔思辨哲学的唯心主义本质，应当说费尔巴哈也已经看到，并且也作过批判。但是，马克思和恩格斯显然比费尔巴哈看得更为深入，批判得更为透彻。他们不像费尔巴哈那样，只把黑格尔哲学简单地当作神秘主义加以否定，而是深入地揭露了它的认识论根源，即颠倒一般和个别的关系。同时也指出："黑格尔常常在思辨的叙述中把握住事物本身的、真实的叙述。"② 就是说，在马克思和恩格斯看来，认识的发展确实是一个辩证的过程，黑格尔关于概念的具体性的思想是合理的，但是他把个别到一般的过程唯心主义地颠倒了。

第四，马克思和恩格斯在批判鲍威尔一伙的思辨唯心主义时，还揭露了它在实践上的危害性。鲍威尔一伙把具体的现实变为观念的宾词，把自我意识变成世界的本质，把历史变为精神的发展，因此他们也就把人的一切活动和实践统统归结为批判的批判的思维过程，从而"把现实的、客观的、在我身外存在着的链条变成只有观念的、只是主观的、只是在我身内存在着的链条，因而也就是把一切外部的感性的斗争都变成了纯粹观念的斗争"③。比如，他们认为，资本主义的一切都存在于工人的头脑中，只要从工人的头脑中铲除资本、雇佣劳动等等范畴，也就能够改变资本主义的现实，实现鲍威尔等人的所谓"社会主义"。

马克思和恩格斯在批驳这些谬论时指出，鲍威尔一伙的说法是根本违背工人运动实际的。曼彻斯特和里昂的工人们并不认为用"纯粹的思维!"即空喊革命词句就可以摆脱自己受压迫、受剥削的地位。"他们非常痛苦地感到存在和思维、意识和生活之间的差别。他们知道，财产、资本、金钱、雇佣劳动以及诸如此类的东西远不是想象中的幻影，而是工人自我异化的十分实际、十分具体的产物，因此也必须用实际的和具体的方

---

① 《马克思恩格斯全集》第 2 卷，人民出版社 1957 年版，第 74 页。
② 同上书，第 76 页。
③ 同上书，第 105 页。

式来消灭它们。"① 和鲍威尔一伙的"社会主义"相反，"世俗社会主义的第一个原理就否认纯理论领域内的解决，认为这是幻想，为了真正的自由，它除了要求唯心的'意志'外，还要求完全能感触得到的物质条件。'群众'认为，甚至为了争得一些只是用来从事'理论'研究的时间和经费，也必须进行物质的、实际的变革"②。

在马克思和恩格斯看来，消灭资本主义的共产主义运动绝不会像批判的批判所幻想的那样完成于纯粹的，即抽象的理论批判中，而必定完成于"实实在在的实践中"③，因为"思想从来也不能超出旧世界秩序的范围：在任何情况下它都只能超出旧世界秩序的思想范围。思想根本不能实现什么东西。为了实现思想，就要有使用实践力量的人"④。

以上情况说明，在《神圣家族》中，马克思和恩格斯不仅鲜明地站在唯物主义反映论的立场，而且已经大大超过费尔巴哈，进一步用唯物辩证的观点解决存在与思想、个别与一般、实践和理论的关系问题。

（二）批判青年黑格尔派的唯心史观，提出一系列接近历史唯物主义的重要思想

青年黑格尔派的自我意识哲学，在社会历史领域表现为露骨的历史唯心主义。鲍威尔等人认为，自我意识是历史发展的唯一动力，历史除了自我意识的变化和发展以外，没有任何意义，世界历史归根到底就是自我意识发展的历史。

马克思和恩格斯在同鲍威尔一伙的论战中，强调指出，物质生产是历史的发源地，只有在物质生产方式中才能了解历史。他们说："批判的批判仅仅知道（至少它在自己的想象中知道）历史上的政治、文学和神学方面的重大事件。正像批判的批判把思维和感觉、灵魂和肉体、自身和世界分开一样，它也把历史同自然科学和工业分开，认为历史的发源地不在尘世的粗糙的物质生产中，而是在天上的云雾中。"他们反问道："难道批判的批判以为，只要它从历史运动中排除掉人对自然界的理论关系和实践关系，排除掉自然科学和工业，它就能达到即使是才开始的对历史现实的认识吗？难道批判的批判以为，它不去认识（比如说）某一历史时期

① 《马克思恩格斯全集》第2卷，人民出版社1957年版，第66页。
② 同上书，第121页。
③ 同上书，第194页。
④ 同上书，第152页。

的工业和生活本身的直接的生产方式，它就能真正地认识这个历史时期吗？"①

在1844年的《手稿》中，马克思已经把生产劳动看作社会历史发展的基础，但把生产劳动看作人的真正本质的展现，现实的劳动则是异化劳动，而在《神圣家族》中则已直截了当地把物质生产看作历史的发源地；要真正认识某一时期的历史，就必须认识这个历史时期的工业和生活本身的直接生产方式。这里讲的物质生产已不是理想化状态下的生产，而是同鲍威尔一伙的思辨的云雾相对立的现实生产。

在《神圣家族》中，马克思和恩格斯仍用"市民社会"的术语来概括现实的社会关系。但同时也可以看出，他们已力求把社会关系中的主要方面和次要方面区分开来，从人对物质生活资料的依赖关系，得出人们在社会物质生产过程中必然的相互关系。他们说："实物是为人的存在，是人的实物存在，同时也就是人为他人的存在，是他对他人的人的关系，是人对人的社会关系。"② 这就是说，物质财富是人的生存所必需的，是人的社会存在，社会的每个成员各以其特定的生产活动和具体产品构成他人生存的环节，从而也构成他和其他社会成员间的真正人的关系，人们这种用各自的生产活动和产品相互补充、相互满足需要的关系，就是人们之间的真正的社会关系。虽然当时马克思和恩格斯还认为，私有制以及蒲鲁东的"平均占有财产"都是这种真正人的社会关系的异化表现，因而这段话仍然带有费尔巴哈人本主义的痕迹。但是，从他们把"实物"看作人们社会关系的基础这一点来说，则是形成生产关系概念的重要一步。列宁认为，"这一段话极富有代表性，因为它表明马克思是如何接近自己整个'体系'（如果可以用这个名词的话）的基本思想的，——即如何接近生产的社会关系这个思想的"③。

马克思和恩格斯还进一步深化了市民社会和国家关系的分析。在《黑格尔法哲学批判》中，马克思已得出了市民社会决定国家的结论，但是对市民社会和国家的说明都还比较笼统。在《德法年鉴》时期，他用政治异化的理论解释市民社会和国家的关系。他认为，正像人在宗教领域

---

① 《马克思恩格斯全集》第2卷，人民出版社1957年版，第191页。

② 同上书，第52页。

③ 《列宁全集》第38卷，人民出版社1959年版，第13页。

中过着与人相对立的、符合于他的真正本质的天上生活一样，公民在政治国家中也过着和社会生活相对立的生活。因为政治国家也和上帝一样，是人的社会本质的异体。在《神圣家族》中，马克思和恩格斯所强调的已不再是市民社会作为整体同政治国家的分离、对立，而是强调市民社会中的资产阶级利益同国家的一致。他们指出，现代国家的基础是资产阶级社会，即资产阶级的生活条件；而国家作为资产阶级的"特殊利益的政治上的确认"，不过是资产阶级"排他性的权力的官方表现"①。

这说明，马克思已经触及国家的阶级本质。他们还指出，现代国家通过宣布普遍人权来承认和巩固自己的基础，但它并没有创造这个基础，并引用黑格尔的话说："'人权'不是天赋的，而是历史地产生的。"② 这表明，马克思、恩格斯正在向经济基础与上层建筑相互关系的历史唯物主义原理接近。

鲍威尔一伙把世界的发展归结为自我意识和"实体"的对立，在历史观上突出地表现为创造精神和群众之间的对立，也就是他们这伙"批判的"哲学家和"非批判的群众"之间的对立。在他们看来，群众是消极的、精神空虚的、非历史的、物质的历史因素；只有精神、"批判"和他们这些"批判家"才是积极的因素，一切历史行动都由这种因素产生。这样，改造社会的事业就被归结为"批判的批判"的大脑活动。

针对鲍威尔等的上述观点，马克思和恩格斯从物质生产是历史发源地的思想出发，论述了人民群众在历史发展中的作用。他们在驳斥鲍威尔一伙诬蔑"工人什么都没有创造"的言论时指出："批判的批判什么都没有创造，工人才创造一切，甚至就以他们的精神创造来说，也会使得整个批判感到羞愧。"③ 马克思和恩格斯还在研究历史特别是法国大革命经验的基础上，得出一个十分重要的思想："历史活动是群众的事业，随着历史活动的深入，必将是群众队伍的扩大。"④ 鲍威尔等人还认为，"到现在为止，历史上的一切伟大活动之所以一开始就是不成功的和没有实际成效的，正是因为它们引起了群众的关怀和唤起了群众的热情。换句话说，这些活动之所以必然得到悲惨的结局，是因为作为它们的基础的思想是这样

① 《马克思恩格斯全集》第2卷，人民出版社1957年版，第158页。
② 同上书，第146页。
③ 同上书，第22页。
④ 同上书，第104页。

一种观念：它必须满足于对自己的表面了解，因而也就是指望博得群众的喝彩"①。

在他们看来，18 世纪法国的启蒙运动和大革命就是由于迎合了群众，唤起了群众的热情，因而是"不成功的和没有实际成效的"，启蒙学者关于解放人类、建立理性国家、实行普遍幸福的理想并没有实现，而是以市侩的、鄙俗的专政而告终。

马克思和恩格斯批判了这种论调，深刻地分析和阐述了阶级斗争、社会革命同物质利益的关系。指出，"'思想'一旦离开'利益'就一定会使自己出丑"。历史经验表明，"任何得到历史承认的群众的'利益'，当它最初出现于世界历史舞台时，总是在'思想'或'观念'中远远超出自己的实际界限，很容易使自己和全人类的利益混淆起来"②。法国大革命时期的情况正是如此。启蒙思想家关于解放人类的思想之所以未能实现，并不是因为它迎合了群众的利益，而正是因为它"远远地超出"了它所实际反映的那部分"群众"即资产阶级的利益；把资产阶级的利益和全人类的利益"混淆起来"，期待在资产阶级解放运动中实现全人类的解放，当然不可能有实际成效和取得成功。但是，资产阶级在这次革命中所追求的利益决不是"不成功"的。它压倒了一切，并获得了"实际成效"。"这种利益是如此强大有力，以至顺利地征服了马拉的笔、恐怖党的断头台、拿破仑的剑，以及教会的十字架和波旁王朝的纯血统。"③ 这次革命只有对于另一部分"群众"即劳动群众来说是不成功的，因为这些群众的真正的主导原则和这次革命的主导原则并不是一致的，他们获得解放的现实条件同资产阶级借以获得解放的条件也根本不同。所以，"如果革命是不成功的，那么，并不是因为革命'唤起了'群众的'热情'，并不是因为它引起了群众的'关怀'，而是因为对不同于资产阶级的绝大多数群众来说，革命的原则并不代表他们的实际利益，不是他们自己的革命原则，而仅仅是一种'观念'，因而也仅仅是暂时的热情和表面的热潮之类的东西"④。这清楚地说明，马克思和恩格斯已经接近于用历史唯物主义的观点来看待物质利益和思想原则的关系，不仅指明了物质利益对思

---

① 转引自《马克思恩格斯全集》第 2 卷，人民出版社 1957 年版，第 102 页。
② 同上书，第 103 页。
③ 同上。
④ 同上书，第 104、45 页。

想原则的支配作用，而且也指出了这两者之间的复杂关系。

（三）进一步论证了无产阶级的历史使命

鲍威尔一伙敌视群众，尤其敌视无产阶级。埃德加诬蔑说："工人什么东西也没有创造，所以他们也就一无所有。"而他们之所以什么都没有创造，是因为他们是只考虑自己的利己主义者。因此，"为了创造这一切，就需要某种比工人的意识更强有力的意识"[1]。鲍威尔则扬言，不仅应该批判社会、特权者、私有主等等，而且必须批判无产者。[2] 马克思和恩格斯驳斥了这种谬论，他们在分析了资本主义经济制度、社会结构和雇佣工人的非人生活状况之后指出，问题不在于无产阶级是否具有历史创造者的意识，而在于无产阶级所处的客观历史地位，正是由于这种地位使它必定要认识和实现自己的历史使命。马克思说："问题不在于目前某个无产者或者甚至整个无产阶级把什么看做自己的目的，问题在于究竟什么是无产阶级，无产阶级由于其本身的存在必然在历史上有些什么作为。它的目的和它的历史任务已由它自己的生活状况以及现代资产阶级社会的整个结构最明显地无可辩驳地预示出来了。"[3] 在揭示无产阶级在资本主义社会中的地位和作用时，马克思和恩格斯还运用辩证的方法，分析了资产阶级和无产阶级彼此对立而又相互制约的运动，论述了资本主义制度灭亡的客观必然性。指出：贫困和富有、无产阶级和资产阶级是两个对立面，它们本身构成了一个统一的整体。二者都是由私有制世界产生的。作为私有制来说，作为富有来说，不能不保持自身的存在，因而也不能不保持自己的对立面——无产阶级的存在，这是对立的肯定方面，是得到满足的私有制。相反地，作为无产阶级来说，不能不消灭自身；因而也不能不消灭制约着它而使它成为无产阶级的那个对立物——私有制，这是对立的否定方面，是对立内部的不安。"在整个对立的范围内，私有者是保守的方面，无产者是破坏的方面。从前者产生保持对立的行动，从后者则产生消灭对立的行动。"私有制的灭亡是它自身固有的矛盾运动的必然结果，"私有制在自己的经济运动中自己把自己推向灭亡"[4]。但是，只有通过不以资产阶级

---

[1]　转引自《马克思恩格斯全集》第2卷，人民出版社1957年版，第21页。

[2]　参见科尔纽《马克思恩格斯传》第2卷，生活·读书·新知三联书店1965年版，第309页。

[3]　《马克思恩格斯全集》第2卷，人民出版社1957年版，第104、45页。

[4]　同上书，第44页。

的意志为转移的、为客观事物本性所制约的发展，只有通过无产阶级作为无产阶级（意识到自己的地位、为争取自身解放而斗争的自为阶级）的产生，才能做到这一点。这里，马克思不但已经提出历史发展客观规律性的思想，而且也指出了作为先进社会力量的无产阶级的主观能动性的作用。

三　马克思的《关于费尔巴哈的提纲》、马克思恩格斯的《德意志意识形态》：马克思主义哲学形成的标志

1845 年 2 月初，马克思被法国基佐政府驱逐出境，迁居布鲁塞尔。同年 4 月，恩格斯也来到这里，与马克思会合。这年春天，马克思写了《关于费尔巴哈的提纲》，1845—1846 年与恩格斯合写了《德意志意识形态》。这两篇论著表明，马克思、恩格斯在新世界观探索中发生了质的飞跃，马克思主义哲学、特别是唯物史观已经形成。

为什么说，这两篇论著是马克思主义哲学特别是唯物史观形成的标志呢？

第一，马克思在《〈政治经济学批判〉序言》中，在对唯物史观的基本原理作了精辟的概括之后指出，这是他在巴黎开始研究政治经济学，后来在布鲁塞尔继续进行研究所得出的"总的结果"，并讲到当时恩格斯也已"从另一条道路"得出同他"一样的结果"。于是他和恩格斯就"决定共同阐明我们的见解与德国哲学的意识形态的见解的对立，实际上是把我们从前的哲学信仰清算一下。这个心愿是以批判黑格尔以后的哲学的形式来实现的"①。恩格斯也曾多次讲到，在 1845 年前的几年中，马克思和他已经"逐渐接近于"发现唯物史观，而在 1845 年春天当他们在布鲁塞尔会合时，马克思已经"从经济关系及其发展中来解释政治及其历史"这一基本原理出发，"大致完成了发挥他的唯物主义历史理论的工作"，并且用明晰的语句向恩格斯说明了。于是他们就"着手在各个极为不同的方面详细制定这种新观点了"②。马克思的《关于费尔巴哈的提纲》可以说是为了这个目的而写的"提纲"，而《德意志意识形态》则是"详细制定这种观点"即唯物史观基本原理的著作。这表明，两位马克思主义的创始人确认，他们是在这两篇论著中创立他们的新世界观特别是唯物史观的。

① 《马克思恩格斯选集》第 2 卷，人民出版社 1995 年版，第 33—34 页。
② 《马克思恩格斯选集》第 4 卷，人民出版社 1995 年版，第 196 页。

　　第二，马克思主义哲学的创立是哲学上的革命变革。在考察马克思主义哲学形成的标志时，必须注意到一个重要方面，即它的创始人同旧哲学的关系。在《提纲》和《形态》之前，马克思、恩格斯曾多次批判过黑格尔和青年黑格尔派的思辨唯心主义，对费尔巴哈哲学也曾有所批评和保留，但总的说来是对它作了过高的评价。直到1844年写的《神圣家族》一书中，也还存在"对费尔巴哈的迷信"①，而在《提纲》和《形态》中，费尔巴哈已成为主要的批判对象。1844年8月，马克思在一封信中还称赞费尔巴哈的著作"给社会主义提供了哲学基础"②，而在《提纲》和《形态》中则深入地批判了费尔巴哈的人的本质观；并以相当大的篇幅批判了以费尔巴哈人本主义为哲学基础的德国"真正的社会主义"。更为重要的是，在此之前，尽管马克思、恩格斯的哲学思想在许多方面已经超越费尔巴哈，但还没有把自己的哲学从体系上与费尔巴哈区别开来；而在《提纲》和《形态》中，他们已公开树立起"新唯物主义""实践的唯物主义"的旗帜，同旧唯物主义、直观的唯物主义相对立，从而同包括费尔巴哈在内的一切旧唯物主义划清了界限。

　　第三，马克思主义哲学作为一种崭新的科学世界观和方法论，其形成的标志不能只是它的个别观点或原理的出现，而是指它区别于一切旧哲学的基本范畴和基本原则的确立。按照这种理解，把《提纲》和《形态》作为马克思主义哲学形成的标志是恰当的。在《提纲》中，马克思以科学的实践范畴为中心，论述了主体和客体、理论和实践、改造客观世界和改造主观世界的辩证关系，以及社会本质、人的本质、哲学的功能等一系列基本原则。在《形态》中，最重要的是生产关系范畴的确立，并由此出发，系统地论述了唯物主义关于社会存在和社会意识、生产力和生产关系、经济基础和上层建筑、阶级和阶级斗争、国家和革命、无产阶级解放和人类解放等基本原理。

　　一、马克思哲学思想发展中的重大飞跃——《关于费尔巴哈的提纲》实践的观点是马克思主义哲学的基本观点。

　　马克思和恩格斯不仅把实践引入认识论，而且也把实践引入历史观，确立了实践在社会历史中的基础地位。《关于费尔巴哈的提纲》之所以是

---

① 《马克思恩格斯全集》第31卷，人民出版社1972年版，第293页。
② 《马克思恩格斯全集》第27卷，人民出版社1972年版，第450页。

"包含着新世界观的天才萌芽的第一个文件"①，首先在于它以实践为中心，论述了新世界观的一系列基本原则，把实践性作为马克思主义哲学区别于一切旧哲学的基本特征。《德意志意识形态》进一步发挥了《提纲》的思想，从而使科学的实践观系统化。马克思从开始从事哲学活动时起，就十分重视实践问题。但对实践的理解，经历了一个发展过程。在《博士论文》时期，他所讲的实践是哲学实践，即理论批判活动。实践的力量来自本身自由的理性，实践的作用是哲学的世界化和世界的哲学化，其观点是唯心主义的。《莱茵报》时期的斗争实践和受费尔巴哈的影响，使马克思对原有哲学信念发生怀疑和动摇，从而转向对黑格尔法哲学的批判分析，同时也由理性批判转向政治批判。他在考察宗教异化和政治异化的关系时指出，"人的自我异化的神圣形象被揭穿以后，揭露具有非神圣形象的自我异化，就成了为历史服务的哲学的迫切任务。于是，对天国的批判变成对尘世的批判，对宗教的批判变成对法的批判，对神学的批判变成对政治的批判"②。这个时期马克思所说的实践，主要是指政治批判和推翻现存制度的实际斗争，他把两者看成是同一件事情。这时马克思在实践观上的一个重要进展，就是把"批判的武器"和"武器的批判"区别开来。认为从事政治批判不仅需要有革命理论，而且还需要物质力量，这个物质力量就是掌握了革命理论的无产阶级。但这时马克思还没有研究生产实践问题，不了解生产实践在社会发展中的作用，也还没有解决理论对实践的依赖性的问题。

在《1844 年经济学哲学手稿》中，马克思在探索科学实践观中取得了重大的进展。第一，由于他把人的本质理解为自由自觉的活动，即生产劳动，从而抓住了实践活动最基本的内容，即生产实践。第二，他在对人的本质的分析中也分析了实践的基本特征，即客观性、主体性和创造性，并强调提出，人的改造世界的活动，人的对象化活动，离不开外部自然界，"没有自然界，没有感性的外部世界，工人就什么也不能创造"③。第三，马克思还初步论述了理论对实践的依赖性，指出真正的实践是"现实的和实证的理论的条件"④；"理论的对立本身的解决，只有通过实践方

---

① 《马克思恩格斯选集》第 4 卷，人民出版社 1995 年版，第 213 页。
② 《马克思恩格斯选集》第 1 卷，人民出版社 1995 年版，第 2 页。
③ 《马克思恩格斯全集》第 42 卷，人民出版社 1979 年版，第 92 页。
④ 同上书，第 139 页。

式，只有借助于人的实践力量，才是可能的"①。

在马克思、恩格斯合著的《神圣家族》中，第一，他们已把现实的物质生产看作历史的发源地，把现实的生产劳动视为实践的基本内容。他们还指出，不去认识某一历史时期工业生活本身的直接生产方式，就不能真正认识这个历史时期，从而进一步明确了实践是认识的基础。第二，他们强调实践在改变现存事物中的作用，指出"思想从来也不能超出旧世界秩序的范围。在任何情况下它都只能超出旧世界秩序的思想范围。思想根本不能实现什么东西。为了实现思想，就要有使用实践力量的人"②。第三，他们在强调实践的重要性的同时，还指出实践要以物质世界的客观存在为前提。他们说：在生产实践中，"人并没有创造物质本身。甚至人创造物质的这种或那种生产能力，也只是在物质本身预先存在的条件下才能进行"③。就是说，实践活动要以物质世界的客观存在为前提，生产实践改变的是物质存在的形态，并没有创造物质本身。

在《关于费尔巴哈的提纲》中，马克思深化和发展了以往的研究成果，第一次把实践作为马克思主义哲学的基本范畴提了出来，从根本上批判了费尔巴哈和一切旧唯物主义的局限性，表明马克思不仅同唯心主义划清了界限，而且也同旧唯物主义划清了界限，并为制定马克思主义哲学的基本原理奠定了基础。马克思首先指出："从前的一切唯物主义——包括费尔巴哈的唯物主义——的主要缺点是：对对象、现实、感性，只是从客体的或者直观的形式去理解，而不是把它们当作人的感性活动，当作实践去理解，不是从主体方面去理解。"④这就是说，旧唯物主义把对象、现实、感性理解为客观实在和认识的客体，这是它区别于唯心主义之处，但它看不到实践在社会生活和认识过程中的作用。他们离开社会实践去理解客观事物（包括社会历史），把客观外界仅仅看作认识对象，而不是看作改造的对象，把认识只看作是对外部世界的单纯直观，而忽视了人对客观世界的能动作用，因而把主体和客体、人和自然界的关系仅仅看作反映与被反映的关系，而没有看作改造与被改造的关系。因此，他们既不了解社会生活的本质，也不了解人的认识的本质。马克思还指出："和唯物主义

① 《马克思恩格斯全集》第42卷，人民出版社1979年版，第127页。
② 《马克思恩格斯全集》第2卷，人民出版社1957年版，第152页。
③ 同上书，第58页。
④ 《马克思恩格斯选集》第1卷，人民出版社1995年版，第58页。

相反，唯心主义却发展了能动的方面，但只是抽象地发展了，因为唯心主义当然是不知道现实的、感性的活动本身的。"① 就是说，唯心主义者看到了主体的能动性，但由于他们并不知道实践是一种现实的、感性的活动，把主体能动性夸大为精神创造客观世界，因而只是抽象地发展了能动性。这样，马克思就把实践看作新世界观区别于一切旧哲学的基本特征。

旧唯物主义者虽然一般都承认真理的客观性，即认为真理是认识与客观事实相符合，但不能正确说明检验真理的标准问题。马克思从科学的实践观出发，明确提出实践是检验真理的唯一标准。他说："人的思维是否具有客观的真理性，这不是一个理论的问题，而是一个实践的问题。人应该在实践中证明自己思维的真理性，即自己思维的现实性和力量，自己思维的此岸性。关于离开实践的思维的现实性或非现实性的争论，是一个纯粹经院哲学的问题。"② 这是因为，只有在改造客观世界的实践活动中，才能使主观认识与客观现实联系起来，加以比较；只有在实践中获得了预期的效果，才能证明人的思维与它所反映的客观事物的本性相符合。在马克思看来，实践不仅是认识论的基本范畴，而且也是唯物史观的基本范畴。他指出，"社会生活在本质上是实践的"③。实践是社会生活的基础，是人类社会存在和发展的根本条件。离开社会实践，就不能正确理解社会生活的本质及其发展规律。旧唯物主义者，包括费尔巴哈在内，正是因为离开实践去观察社会生活，因而无例外地都陷入唯心史观。

在人与环境、教育的相互关系问题上，旧唯物主义者认为人是环境和教育的产物，因而认为改变了的人是另一种环境和改变了的教育的产物。但是，环境是怎样改变的？教育者的知识和才能又从何而来？这是旧唯物主义者无法正确回答的。马克思指出，"这种学说忘记了：环境正是由人来改变的，而教育者本人一定是受教育的"④。一种环境的造成，首先是人们活动的结果，是实践的结果。教育者的知识和才能也不是天生的，归根到底是从实践中来的。马克思说："环境的改变和人的活动的一致，只能被看作是并合理地理解为变革的实践。"⑤ 人在实践中改变了环境，同

---

① 《马克思恩格斯选集》第 1 卷，人民出版社 1995 年版，第 58 页。
② 同上书，第 58—59 页。
③ 同上书，第 60 页。
④ 同上书，第 59 页。
⑤ 同上。

时也改变了人本身；环境和人的改变，都是以社会实践为基础的。

　　在宗教问题上，费尔巴哈从宗教上的自我异化、从世界被二重化为宗教的、想象的世界和现实的世界这一现象出发，致力于把宗教归结于它的世俗基础。但是他没有从社会实践出发，进一步去分析世俗基础本身；因而不能正确地阐明宗教的社会根源和找到克服宗教弊端的正确途径。不懂得"对于这种世俗基础本身首先应当从它的矛盾中去理解，然后用排除矛盾的方法在实践中使之革命化"①。费尔巴哈在批判宗教时认为，不是上帝创造人，而是人创造上帝，宗教的本质就是人的本质。但是，他把人的本质理解为"类"，理解为一个把许多个人纯粹自然地联系起来的共同性。费尔巴哈曾说过，"单个人本身并不具备人的本质"。"人的本质只包含在共同性中，包含在人和人的统一中。"② 但他把这种统一理解为建立在两性差别基础上的爱和友情，理解为人与人在感情上的互相需要，而看不到在社会实践基础上形成的现实社会关系。正如马克思、恩格斯在《形态》中所指出的在费尔巴哈那里，"除了爱和友情，而且是理想化了的爱和友情之外，他不知道'人与人之间'还有什么其他的'人的关系'"③。与此相反，马克思从社会实践出发，从人与人的社会关系来揭示人的本质。他指出："人的本质并不是单个人所固有的抽象物。在其现实性上，它是一切社会关系的总和。"④ 也就是说，人的本质体现在人们实践活动创造的社会关系中，并且是随着实践的发展而发展的。

　　在《提纲》的最后，马克思在总结自己的哲学与旧唯物主义的对立时指出："旧唯物主义的立脚点是'市民'社会；新唯物主义的立脚点是人类社会或社会化的人类。"又说："哲学家们只是用不同方式解释世界，而问题在于改变世界。"⑤ 在这里，马克思指明了自己的哲学同旧哲学在理论立脚点和根本目的上的对立。旧唯物主义不懂得人的实践性，因而也不了解人的社会性及其历史发展，它的立脚点是脱离社会关系的抽象的个人；而新唯物主义的立脚点则是人们的实践活动以及由此而产生的人们之间的全部社会联系和关系，也即社会化了的人类。旧哲学家们不懂得实践

①　《马克思恩格斯选集》第 1 卷，人民出版社 1995 年版，第 59 页。
②　转引自《马克思恩格斯全集》第 42 卷，人民出版社 1979 年版，第 360 页。
③　《马克思恩格斯选集》第 3 卷，人民出版社 1972 年版，第 50 页。
④　《马克思恩格斯选集》第 1 卷，人民出版社 1995 年版，第 60 页。
⑤　《马克思恩格斯选集》第 1 卷，人民出版社 1995 年版，第 61 页。

在社会生活中的作用，因而只是这样或那样地解释世界；新唯物主义者则认为根本问题在于只有通过社会实践去"改变世界"，才能达到自己的目的。

实践的观点是马克思主义哲学的生长点和立足点，也是它与一切旧唯物主义的根本分界线。正因为如此，马克思、恩格斯曾将自己的正在阐发的新哲学称为"实践的唯物主义"①，但这并不意味着把实践看作世界的本原。因为在他们看来，无论主体的活动在改造客观世界中起着怎样巨大的作用，都必须以承认"自然界的优先存在"为前提；人在实践活动中并没有创造物质本身，而"只能改变物质的形态"②；同时，人们实践活动对外部世界的影响程度还受到自身的状况和前人实践结果的制约。因此，无视实践的重要意义，就会把马克思主义哲学降低到旧唯物主义的水平；而离开"自然界优先存在"这个前提，把实践抬高到世界本原的地位，就会曲解马克思主义创始人的本意，把"实践的唯物主义"推向主观唯心主义。

二、《德意志意识形态》对唯物史观基本原理的首次系统阐发。

1845 年 9 月到 1846 年夏初，马克思和恩格斯一起，写出了《德意志意识形态》。在这部著作里，他们批判了费尔巴哈的直观唯物主义和唯心史观，对青年黑格尔派作了彻底的清算，批判了德国"真正的社会主义"，并在批判中首次系统地阐发了马克思主义哲学，特别是唯物史观的基本原理。

（一）不是意识决定生活，而是生活决定意识

以往的历史理论，包括德国的历史哲学，都离开人们的现实生活去说明历史。它们无论是把神还是把"人"、理性或"绝对观念"作为历史的前提，实质上都把人类历史归结为观念的发展，只看到"元首"或国家的丰功伟绩或宗教的历史变迁。正如马克思、恩格斯所指出的，"这些哲学家没有一个想到要提出关于德国哲学和德国现实之间的联系问题，关于他们所作的批判和他们自身的物质环境之间的联系问题"③。马克思、恩格斯在表述自己的历史观的前提时指出："这是一些现实的个人，是他们

---

① 《马克思恩格斯全集》第 3 卷，人民出版社 1956 年版，第 48、23 页。
② 《马克思恩格斯全集》第 23 卷，人民出版社 1972 年版，第 56 页。
③ 《马克思恩格斯全集》第 3 卷，人民出版社 1956 年版，第 48、23 页。

的活动和他们的物质生活条件，包括他们得到的现成的和由他们自己的活动所创造出来的物质生活条件。"① 因此，这个前提并不是凭主观臆想而是可以用纯粹经验的方法来确定的。在这里，马克思、恩格斯所讲的"现实的人"，他们的活动和他们的物质生活条件，是相互联系、不可分割的。就是说，讲现实的人不能离开他们的活动和他们的物质生活条件，否则就不是现实的人。费尔巴哈也讲过"现实的人"，但是由于他只把人看成感性的存在，脱离人的实践活动和他们的物质生活条件，孤立地考察"人自身"，因而陷入唯心史观。

马克思、恩格斯通过考察现实个人的活动和物质生活条件，指出历史发展的四个要素，揭示了人类社会生存和发展的基础。第一，物质生产是人类的第一个历史活动，这是"人们仅仅为了能够生活就必须每日每时都要进行的（现在也和几千年前一样）一种历史活动，即一切历史的一种基本条件"②。第二，满足新的需要的再生产，即"已经得到满足的第一个需要本身、满足需要的活动和已经获得的为满足需要用的工具又引起新的需要"。③ 就是说，物质生产过程，也是产生新的需要，推动人们进行再生产的过程。第三，人口生产。这就是"每日都在重新生产自己生活的人们开始生产另外一些人，即增殖"④。第四，人们在"生活的生产"（包括物质生产和人口增殖）的过程中产生出社会关系。这种社会关系是由需要和生产方式决定的人们之间的物质关系，它的历史和人的历史一样长久。这种关系不断采取新的形式，因而就呈现出"历史"⑤。

从人们的社会活动中区分出物质活动，从社会关系中区分出物质关系，就为科学地说明社会存在和社会意识的关系奠立了基础。马克思、恩格斯正是在作了这种区分的基础上考察社会意识及其历史发展的。他们说："当我们已经考察了最初的历史的关系的四个因素、四个方面之后，我们才发现：人也具有'意识'。"⑥ 马克思、恩格斯认为，思想、观念、意识的产生最初是直接与人们的物质活动、物质交往、与现实生活的语言

① 《马克思恩格斯全集》第3卷，人民出版社1956年版，第48、23页。
② 同上书，第31—32、32、34、35—36、29、29—30页。
③ 同上。
④ 同上。
⑤ 同上。
⑥ 同上。

交织在一起的。人们的精神交往是人们物质关系的直接产物。人们为了生活就要生产，要生产就要有社会交往，而语言和意识则是交往的工具和手段。所以"意识一开始就是社会的产物，而且只要人们还存在着，它就仍然是这种产物"①。原始意识是人们物质关系的直接产物。随着物质活动的发展，出现了脑力劳动和体力劳动的分工，少数人专门从事脑力劳动。"从这时候起，意识才能摆脱世界而去构造'纯粹的'理论、神学、哲学、道德等等"②，使社会意识获得了相对独立性。唯心主义者把意识的相对独立性绝对化，把意识看成脱离物质生活关系的自身运动，甚至把历史的发展归结为观念的更替，是由精神决定的。实际上，道德、宗教、哲学等等意识形态，都不是意识的"自我规定"，而是社会的物质活动和物质关系的产物；在阶级社会中，意识受阶级关系的制约，同一定的阶级的利益相联系。"意识在任何时候都只是被意识到了的存在，而人们的存在就是他们的实际生活过程。"③ 即便是错误的认识和荒诞的观念也是社会生活的反映，只不过是歪曲的反映。"如果在全部意识形态中人们和他们的关系就像在照像机中一样是倒现着的，那末这种现象也是从人们生活的历史过程中产生的，正如物象在眼网膜上的倒影是直接从人们生活的物理过程中产生的一样。"④ 意识以物质活动、物质关系为基础，为它们所决定，因而也必然随着它们的变化发展而变化发展。"那些发展着自己的物质生产和物质交往的人们，在改变自己的这个现实的同时，也改变着自己的思维和思维的产物。"⑤ 意识的一切形式和产物，都不是可以单靠精神的批判来消灭的，只有实践地推翻这些意识所由产生的社会关系，才能把它们消灭。

总之，"不是意识决定生活，而是生活决定意识"⑥。这是唯物史观的实质所在。马克思、恩格斯指出："这种历史观就在于：从直接生活的物质生产出发来考察现实的生产过程，并把与该生产方式相联系的、它所产生的交往形式，即各个不同阶段上的市民社会，理解为整个历史的基础；

---

① 《马克思恩格斯全集》第 3 卷，人民出版社 1956 年版，第 31—32、32、34、35—36、29、29—30 页。
② 同上书，第 31—32、32、34、35—36、29、29—30 页。
③ 同上。
④ 同上。
⑤ 同上书，第 30、30、42—43 页。
⑥ 同上。

然后必须在国家生活的范围内描述市民社会的活动，同时从市民社会出发来阐明各种不同的理论产物和意识形式，如宗教、哲学、道德等等，并在这个基础上追溯它们产生的过程。"① 舍弃物质前提，把某种精神或观念当作历史的出发点和归宿，这是唯心史观的共同特点。与此相反，唯物史观不是在每个时代中寻找某种范畴，而是始终站在现实历史的基础上；不是从观念出发来解释实践，而是从物质实践出发来解释观念的东西。这是历史观上的伟大变革。正如恩格斯指出的："人们的意识决定于人们的存在而不是相反，这个原理看来很简单，但是仔细考察一下也会立即发现，这个原理的最初结论就给一切唯心主义，甚至给最隐蔽的唯心主义当头一棒。关于一切历史的东西的全部传统的和习惯的观点都被这个原理否定了。"②

（二）生产力和生产关系的辩证运动

马克思、恩格斯"从直接生活的物质生产出发来考察现实的生产过程"，首先揭示了生产力和生产关系的矛盾及其发展规律。生产力和生产关系的矛盾，是人类社会的基本矛盾。生产力和生产关系矛盾规律的揭示是马克思、恩格斯探索科学历史观取得的重大思想成果。《1844 年经济学哲学手稿》把生产劳动看作社会存在和发展的基础，为揭示这一规律提供了前提。《神圣家族》明确提出物质生产是历史的发源地，并得出接近于生产的社会关系的思想。在 1845 年 3 月写的《评弗里德里希·李斯特的著作〈政治经济学的国民体系〉》中，马克思对生产力和生产关系矛盾运动的探索取得了重要进展。在这里，马克思已开始把生产力和资本主义生产形式区别开来。他认为，在资本主义制度下，生产力是资产阶级违反自己的意志而无意识地创造的，正像资产者的工业创造出无产阶级，创造出由无产阶级所体现的新的社会制度的力量一样。随着无产阶级和这种新生产力的同时发展，必将炸毁已经成为"社会桎梏"的资本主义生产的"外壳"，砸碎无产阶级身上的"锁链"③。

在《德意志意识形态》中，马克思和恩格斯第一次科学地表述了生产力和生产关系矛盾运动的原理。他们指出，人类的物质资料生产"表

①　《马克思恩格斯全集》第 3 卷，人民出版社 1956 年版，第 30、42—43 页。
②　《马克思恩格斯选集》第 2 卷，人民出版社 1995 年版，第 39 页。
③　参见《马克思恩格斯全集》第 42 卷，人民出版社 1979 年版，第 258—259 页。

现为双重关系"：一方面，生产是改造自然的活动，表现为人与自然的关系，表现为一定的生产力；另一方面，人们不能单独地、孤立地进行生产，必须联合起来，在生产中结合成一定的交往关系，也即生产关系。就是说，生产力和生产关系是构成生产方式的两个方面，人们只要进行生产，就离不开人与自然的关系和人与人的社会关系。只有从这两个方面来考察，才能从整体上把握社会生产，也才能认识社会历史发展的客观规律。

马克思、恩格斯还指出，生产力和生产关系之间的关系是辩证的。一方面，生产力决定生产关系。历史上的不同所有制形式都是由生产力发展不同水平决定的。"私有财产是生产力发展一定阶段上必然的交往形式，这种交往形式在私有制成为新出现的生产力的桎梏以前是不会消灭的，并且是直接的物质生活的生产必不可少的条件。"① 另一方面，生产关系对生产力具有反作用。当生产关系适合生产力发展时，它是促进生产力发展的强大力量；当生产关系不适合生产力发展时，它阻碍生产力的发展，甚至破坏生产力。在后一种情况下，就会发生变革原有生产关系的社会革命，借以建立新的适应生产力发展的生产关系。由于各个时代的生产关系（交往形式）适应着生产力发展的要求而建立起来，又因成为生产力的进一步发展的桎梏而被变革，因而它们在整个历史发展过程中构成了一个有联系的交往形式的序列。"交往形式的联系就在于：已成为桎梏的旧的交往形式被适应于比较发达的生产力因而也适应于更进步的个人自主活动类型的新的交往形式所代替；新的交往形式（又）会变成桎梏并为别的交往形式所代替。"② 这里所揭示的正是生产关系一定要适应生产力发展水平的规律，或生产力和生产关系矛盾运动的规律。这个规律贯穿于整个人类的历史，并且是其他历史规律的基础，因而也是人类历史最深刻、最一般的规律。

在《德意志意识形态》中，生产关系和"交往关系""交往形式"是交替使用的。这表明唯物史观的创始人在术语的使用上尚未达到规范化、精确化的程度。但应肯定，作为生产关系范畴的实质内容已经基本确立。马克思、恩格斯说："分工的每一个阶段还根据个人与劳动的材料、

① 《马克思恩格斯全集》第3卷，人民出版社1956年版，第410—411、81、25页。
② 同上。

工具和产品的关系决定他们相互之间的关系。"① 这里虽然没有出现"生产关系"的术语，但实际上却已比较完整地表述了"生产关系"的内涵，即生产过程中个人与劳动材料、工具的关系，个人与产品的关系，及由二者决定的人与人之间的关系。在不久以后出版的《哲学的贫困》中，马克思就明确用"生产关系"来概括这些内容了。

（三）经济基础和上层建筑及其辩证运动

马克思、恩格斯在论述生产力和生产关系矛盾运动的基础上，进而论述了经济基础和上层建筑及其辩证关系。这是他们长期从事理论探索的又一重大成果。马克思在《黑格尔法哲学批判》中，提出了市民社会决定国家的思想；在《1844 年经济学哲学手稿》中，对市民社会进行了初步的政治经济学的解剖，提出国家和法以及宗教、道德、科学、艺术等等，都不过是生产的一些特殊的表现方式，并且受生产的普遍规律的支配的论断；在《神圣家族》中，马克思、恩格斯不仅已经看到以"实物"为基础的"人对人的社会关系"，从而接近于生产的社会关系这个核心思想，而且看到了经济关系及其制度是政治国家的基础，指出"正如古代国家的自然基础是奴隶制一样，现代国家的自然基础是市民社会"②。

在《德意志意识形态》中，马克思、恩格斯批判了青年黑格尔派完全无视社会的现实基础，"只看到元首和国家的丰功伟绩"的唯心史观，在以往研究成果的基础上，第一次对经济基础和上层建筑及其辩证关系作了科学的表述。

在这里，马克思、恩格斯沿用的"市民社会"这个术语，实际上是后来使用的经济基础即"经济结构""生产关系的总和"的同义语。他们说："在过去一切历史阶段上受生产力制约、同时也制约生产力的交往形式，就是市民社会"③，它"包括各个个人在生产力发展的一定阶段上的一切物质交往"，即一切物质活动和物质关系，是"全部历史的真正发源地和舞台"④。他们还特意对这里所讲的市民社会和资产阶级社会作区分，指出"市民社会""这一名称始终标志着直接从生产和交往中发展起来的社会组织，这种社会组织在一切时代都构成国家的基础以及任何其他的观

---

① 《马克思恩格斯全集》第 3 卷，人民出版社 1956 年版，第 410—411、81、25 页。
② 《马克思恩格斯全集》第 2 卷，人民出版社 1957 年版，第 145 页。
③ 《马克思恩格斯全集》第 3 卷，人民出版社 1956 年版，第 40、41、41、70 页。
④ 同上。

念的上层建筑的基础"①。这就已清楚地说明，这里所讲的市民社会就是经济基础，或经济结构、生产关系的总和，政治国家和"观念"即意识形态，则是建立在经济基础之上的上层建筑。

关于经济基础和上层建筑的辩证关系，由于当时正处在唯物史观的形成和制定时期，马克思、恩格斯的重点是批判唯心史观，侧重阐明经济基础对上层建筑的决定作用，但同时也论述了上层建筑与经济基础的相互作用、辩证统一。上层建筑是在一定经济基础上产生，反过来又为一定经济基础服务。资产阶级国家"不外是资产者为了在国内外相互保障自己的财产和利益所必然要采取的一种组织形式"②。

生产力和生产关系、经济基础和上层建筑辩证运动规律的揭示，为社会形态及其发展规律的原理的制定奠定了基础。社会形态是建立在一定生产力发展水平上的经济基础和上层建筑的辩证统一。建立在一定生产力发展水平上的经济基础是社会形态的物质内容和区分不同社会形态的标准；社会形态还包括与经济基础相适应的上层建筑。只有把经济基础和上层建筑联系起来加以考察，才能了解社会形态的全貌，才能理解社会形态更替的客观规律。

在马克思、恩格斯看来，生产关系对生产力来说，是生产力借以发展的形式；而生产关系的总和又是构成国家和法以及其他观念上层建筑的经济基础。生产力的发展，必然引起生产关系的变化，从而又引起上层建筑的变更。正是基于这种分析，他们第一次把社会历史划分为依次更替的五种社会形态，即部落所有制、古代所有制、封建所有制、资本主义所有制和共产主义所有制。这表明，马克思、恩格斯已把社会形态的发展看作一种自然历史过程。

（四）阶级、国家和革命

在阶级社会中，生产力和生产关系、经济基础和上层建筑的矛盾运动以及由此而引起的社会形态的更替，是通过经济斗争、革命和国家政权从一个阶级转到另一个阶级手中来实现的。马克思、恩格斯在《德意志意识形态》中，深入考察了阶级、国家和革命的关系问题。唯物史观认为，阶级的存在是同生产发展的一定阶段相联系的。在本书中，马克思、恩格

---

① 《马克思恩格斯全集》第 3 卷，人民出版社 1956 年版，第 40、41、41、70 页。

② 同上。

斯虽然没有论及原始社会不存在阶级的问题，但已经从生产发展的状况来
考察阶级的存在和消灭。他们指出：阶级的存在是由生产力水平不高、生
产相对不发展的状况所决定的。"受这种生产力所制约的，不能满足整个
社会的生产，使得人们的发展只能具有这样的形式：一些人靠另一些人来
满足自己的需要，因而一些人（少数）得到了发展的垄断权；而另一些
人（多数）经常地为满足最迫切的需要而进行斗争，因而暂时（即在新
的革命的生产力产生以前）失去了任何发展的可能性"①，也就是说，在
生产力的发展还不能使生产满足社会需要的条件下，在分工范围内，私人
关系就必然发展成为阶级关系。阶级对立的状况是随着生产方式的变化而
变化的。在古代是自由民和奴隶之间的对立，在中世纪是贵族和农奴之间
的对立，在近代是资产阶级和无产阶级之间的对立。

　　马克思、恩格斯还认为，阶级不是永恒存在的。当交往和生产力发展
到很高的程度，以至私有制和分工变成它们的桎梏而被消灭时，阶级也将
随之消灭。马克思、恩格斯还从市民社会这个现实基础出发，考察了国家
的起源和实质，并首次提出无产阶级专政的思想。他们指出，国家是私人
利益和公共利益的矛盾，特别是阶级矛盾的产物。生产力的发展引起分工
和私有制的产生，使人们分裂为不同的阶级，"其中一个阶级统治着其他
一切阶级"②。各个阶级都有不同的特殊利益，占统治地位的阶级为了达
到自己的目的，总是把自己的根本利益说成公共的利益，赋予它以普遍性
的形式。这就产生了个别利益和公共利益、特殊利益和普遍利益的对立和
斗争。于是"公共利益"就通过国家来干涉和约束私人利益。国家就是
统治阶级用来调节社会关系、实现自己的根本利益的组织形式。马克思、
恩格斯说："正是由于私人利益和公共利益之间的这种矛盾，公共利益才
以国家的姿态而采取一种和实际利益（不论是单个的还是共同的）脱离
的独立形式，也就是说采取一种虚幻的共同体的形式。"③ 总之，国家本
质上都是统治阶级的国家，是为统治阶级的根本利益服务的。"国家内部
的一切斗争——民主政体、贵族政体和君主政体相互之间的斗争，争取选
举权的斗争等等，不过是一些虚幻的形式，在这些形式下进行着各个不同

① 《马克思恩格斯全集》第3卷，人民出版社1956年版，第507、38页。
② 同上书，第507页。
③ 同上书，第37—38、38、83—84、78、44、40页。

阶级的真正的斗争。"①

　　马克思、恩格斯还根据对国家的本质和社会作用的分析，第一次提出无产阶级专政的思想："每一个力图取得统治权的阶级，如果它的统治就像无产阶级的统治那样，预定要消灭整个旧的社会形态和一切统治，都必须首先夺取政权。"② 马克思、恩格斯还指出，任何革命的发生都不是偶然的，而是生产力和生产关系矛盾的必然结果。"生产力和交往形式之间的这种矛盾……每一次都不免要爆发为革命，同时也采取各种附带形式——表现为冲突的总和，表现为各个阶级之间的冲突，表现为意识的矛盾、思想斗争等等。"③ 这就是说，在革命过程中，表现出来的斗争形式是多种多样的，但是作为革命的最深刻的根源是生产力和生产关系的矛盾，决不能从中抽出某一种"附带的形式"，把它当作这些革命的基础。早在《德法年鉴》时期，马克思就已把"政治解放"和"人类解放"区别开来。在《德意志意识形态》中，更全面地阐发了这一思想，深刻地论述了无产阶级领导的共产主义革命的特点。他们指出，过去的一切革命"不过是在另一些人中间重新分配劳动，而共产主义革命则反对活动的旧有性质，消灭劳动，并消灭任何阶级的统治以及这些阶级本身"④。这种革命的实现不是凭主观想象，而必须"具有实行全面变革的物质因素"。如果一方面没有一定的生产力，另一方面还没有形成反抗整个旧社会制度的革命群众，"那么，正如共产主义的历史所证明的，尽管这种变革的思想已经表述过千百次，但这一点对于实际发展没有任何意义"⑤。

　　唯物史观的发现，为共产主义提供了科学的理论基础，使它和一切空想的社会主义、共产主义学说划清了界限。马克思、恩格斯指出，"共产主义对我们说来不是应当确立的状况，不是现实应当与之相适应的理想。我们所称为共产主义的是那种消灭现存状况的现实的运动。这个运动的条件是由现有的前提产生的"⑥。共产主义不是抽象的道德理想，而是建立

---

　　① 《马克思恩格斯全集》第 3 卷，人民出版社 1956 年版，第 37—38、38、83—84、78、44、40 页。

　　② 同上。

　　③ 同上。

　　④ 同上。

　　⑤ 同上书，第 37—38、38、83—84、78、44、40 页。

　　⑥ 同上。

在对现实科学认识之上的革命理论。

四　《反杜林论》——马克思主义哲学系统化时期的第一部重要著作

恩格斯的《反杜林论》，是一部"百科全书式的"①马克思主义经典著作。它是在马克思的坚决支持和密切合作下写成的。列宁曾经指出：《反杜林论》这部著作"分析了哲学、自然科学和社会科学中最重要的问题"，"这是一部内容十分丰富、十分有益的书"②。它在国际共产主义运动中有着巨大而深远的影响。本文拟就它在马克思主义哲学发展史上的地位和作用，作初步探讨。

（一）马克思主义哲学系统化时期的第一部重要著作

在马克思、恩格斯活动的年代，马克思主义哲学的发展，大体上可以分为三个时期：从19世纪40年代到《共产党宣言》的发表，是马克思主义哲学的形成时期。马克思、恩格斯亲自参加了当时的现实斗争，从理论上的艰巨研究，逐步完成从唯心主义到唯物主义、从革命民主主义到共产主义的转变。他们总结了无产阶级革命斗争的实践经验和19世纪自然科学的重大成就，批判地吸取了人类认识史上的优秀成果，特别是德国古典哲学中的优秀成果，制定了新世界观特别是唯物史观的基本原理，论证了无产阶级的历史使命，并把这些原理运用于指导无产阶级的解放斗争。马克思的《关于费尔巴哈的提纲》、马克思和恩格斯合著的《德意志意识形态》，标志着马克思主义哲学的形成；《哲学的贫困》和《共产党宣言》则标志着无产阶级世界观的正式问世。

从1848年欧洲革命爆发到1871年巴黎公社的伟大斗争，是马克思主义哲学的验证时期。马克思主义哲学在这两次不同性质的革命实践中经受了严峻的检验，证明了自己的强大生命力。马克思和恩格斯写了一系列论文和著作，对这两次革命的经验和教训作了哲学上的概括和总结，丰富和发展了自己的哲学思想，首先是唯物史观。正如恩格斯所指出的，1848年—1849年欧洲革命时期，历史唯物主义的基本观点就"像一根红线贯

① 《马克思恩格斯全集》第36卷，人民出版社1974年版，第139页。
② 参见《列宁选集》第1卷，人民出版社2012年版，第92页注①。

穿着党的一切文献"①。在总结这次革命经验的著作中,《法兰西阶级斗争》"是马克思用他的唯物主义观点从一定经济状况出发来说明一段现代历史的初次尝试"②;而在《路易·波拿巴的雾月十八日》中,马克思最先发现的"伟大的历史运动规律"(即唯物史观)是他"用以理解法兰西第二共和国历史的钥匙。在这部著作中,他用这段历史验证了他的这个规律",并且取得了"辉煌的成果"③。在马克思、恩格斯有关巴黎公社的论著中,也对历史唯物主义的理论作了重大发展。在两次革命之间,马克思集中主要精力研究政治经济学,深入解剖了资本主义生产方式,揭示了它的产生、发展和灭亡的客观规律,写出了《政治经济学批判》和光辉巨著《资本论》。在《政治经济学批判》的《序言》中,对唯物史观的基本思想作了精辟的、经典式的概括。在它的《导言》中,专题论述了科学方法论问题。《资本论》是马克思一生中最主要的著作。它不仅是伟大的经济学著作,而且也是一个巨大的哲学宝库。马克思的两个伟大发现——唯物史观和剩余价值学说,就是在这个著作中完成的,从而也完成了对科学社会主义学说的论证。列宁在评论这部著作的哲学意义时曾指出:自从《资本论》问世以后,唯物主义历史观已经不是假设,而是经过科学检验和证明的理论了④。在《资本论》中,马克思还运用了辩证唯物主义认识论、唯物辩证法和辩证逻辑的思想。

从巴黎公社革命失败到恩格斯逝世,是马克思主义哲学系统化时期。因为这一时期马克思主义哲学发展的突出特点,是它的基本原理得到系统的、全面的论证和发挥。体现这一特点的著作,首先就是《反杜林论》。在这一著作中,恩格斯分别地、系统地论述了马克思主义的三个组成部分,揭示了它们的内在联系,全面地阐述和发挥了马克思主义哲学(包括自然观、历史观、认识论、辩证法等)的基本原理。当然,在此之前,马克思和恩格斯也已写过系统地论及马克思主义哲学原理的著作,但有的没有公开发表(如《德意志意识形态》),有的并非专门论述哲学基本原理(如《共产党宣言》和《资本论》等)。因而,从马哲史上来考察,《反杜林论》就有其特殊的地位和作用:它是马哲史上第一部系统阐述马

①　《马克思恩格斯选集》第2卷,人民出版社1995年版,第118页。
②　《马构思恩格斯全集》第22卷,人民出版社1965年版,第591页。
③　《马克思恩格斯选集》第1卷,人民出版社1995年版,第602页。
④　参见《列宁选集》第1卷,人民出版社2012年版,第8、10页。

克思主义哲学原理的著作。

（二）深刻地揭示了马克思主义三个组成部分之间的内在联系，阐明了马克思主义学说的理论基础

马克思主义是对客观世界及其发展规律的正确反映，是无产阶级认识世界和改造世界的科学理论。客观世界本身是无限发展的，其发展规律之间是有着内在联系的，这就决定了马克思主义既是不断丰富发展的，又是有其内在联系的体系。也就是说，它是在实践的基础上产生的，又是随着实践的发展而发展的，而不是像以往哲学家们所企图建立的那种封闭的、僵死的、最终完成的体系；同时，它的各个组成部分、各个原理之间又都是相互联系、不可分割的，而不是单个词句、个别原理的堆砌和机械组合。在《反杜林论》中，恩格斯一方面痛斥了杜林之流自称建立了囊括一切的"最后的、终极真理体系"的形而上学观点，指出这是"荒唐的想法，是纯粹的胡说"。因为如果"最终完成的体系建立起来了。那么，人的认识的领域就从此完结，而且从社会按照这一体系来安排的时候起，未来的历史进展就中断了"。从而也就"封闭了一切科学走向未来的道路"①。另一方面又强调指出，必须把马克思主义学说作为一个有机的整体来把握它的精神实质。他说："这书的目的并不是以另一种体系去同杜林先生的体系相对立，可是希望读者也不要忽略我所提出的各种见解之间的内在联系。我现在已有充分的证据，表明我在这方面的工作不是完全没有成效的。"② 恩格斯还指出："包罗万象的、最终完成的关于自然和历史的认识的体系，是和辩证思维的基本规律相矛盾的；但是这绝不排斥，反而肯定，对整个外部世界的有系统的认识是可以一代一代地得到巨大进展的。"③ 很显然，恩格斯的这些思想在理论上和实践上都是有着重大意义的。林彪、"四人帮"一方面把马列主义、毛泽东思想绝对化，凝固化，把它变成僵死的教条，根本否认它要随着实践的发展而发展；另一方面，又把马列主义、毛泽东思想诬蔑为"就那么几条"，是像玩积木一样可以任意摆弄的"几块板子"，肆意加以肢解、割裂，根本否认它是有着内在联系的严密的科学体系。这是对马列主义、毛泽东思想的双重歪曲和

---

① 《马克思恩格斯选集》第3卷，人民出版社1972年版，第76页。

② 同上书，第46页。

③ 同上书，第64页。

篡改。

　　恩格斯之所以要在《反杜林论》一书中系统地论述马克思主义三个组成部分及其内在联系，并不是偶然的。第一，从马克思主义的正式问世到《反杜林论》的发表，已有 30 年。在此期间，国际工人运动有了很大的进步，自然科学取得了重大的成果，马克思主义学说本身也得到了广泛的传播并有了很大发展。为了更好地指导无产阶级解放斗争，有必要、也有可能进一步把马克思主义三个组成部分连贯起来，加以系统的论述。第二，这也和恩格斯这本书所批判的"对象本身的性质"有关。杜林是一个极端狂妄的政治骗子和理论骗子。为了推销他的假社会主义，他抛出了一个由多卷巨册组成的、内容庞杂的"理论"体系，而且"在这里，自然、历史、社会、国家、法等等都是从某种所谓的内部联系加以探讨的"①。为了彻底粉碎杜林的反动思想体系，就必须给予系统的揭露和批判，并在论战中正面阐发马克思主义的见解。恩格斯说："本书所批判的杜林先生的'体系'，涉及非常广泛的理论领域，这使我不能不跟着他到处跑，并以自己的见解去反驳他的见解。因此消极的批判成了积极的批判；论战转变为马克思和我所主张的辩证方法和共产主义世界观的比较连贯的阐述。"② 第三，当时在德国，"创造体系"成了一种社会风气。杜林是个突出的典型，但不是个别现象。用恩格斯的话来说就是，一帮不成熟的大学生和最蹩脚的哲学博士，也是"不动则已，一动至少就要创造一个完整的'体系'"③。他们自称为社会主义者，但实际上既不真正懂得又不认真研究什么是科学的社会主义。他们"想用关于正义、自由、平等和博爱的女神的现代神话来代替它的唯物主义的基础（这种基础要求一个人在运用它以前认真地、客观地研究它）"④。也就是说，他们想用唯心史观代替唯物史观，抽掉科学社会主义的理论基础。在这种情况下，系统地阐明马克思主义哲学、政治经济学和科学社会主义学说以及它们之间的内在联系，显然是十分必要的。恩格斯在谈到这一点时也说过："……德国的重大错误还在于，让大学生和其他不学无术的'学者'以党的科学代表的身分向全世界大量散布荒谬透顶的胡言乱语。不过这是一种必然要

---

① 《马克思恩格斯全集》第 34 卷，人民出版社 1972 年版，第 18 页。
② 《马克思恩格斯全集》第 3 卷，人民出版社 1972 年版，第 49 页。
③ 同上书，第 46 页。
④ 《马克思恩格斯全集》第 4 卷，人民出版社 1958 年版，第 417 页。

经受的幼稚病，恰恰是为了缩短病程，我才以杜林为标本作了那样详细的分析。"①

　　恩格斯在对杜林的理论体系的批判中，在对马克思主义三个组成部分及其内在联系的论述中，贯穿着一个重要的思想，即辩证唯物主义和历史唯物主义是唯一科学的世界观和方法论，是马克思主义政治经济学、科学社会主义学说的理论基础，从而进一步揭示了哲学在马克思主义中的地位和作用。在"概论"中，恩格斯分析了19世纪三个空想社会主义者之所以陷入空想，除了历史和阶级的局限外，还由于他们的世界观是不科学的，特别是在历史观上基本上还是唯心主义的、形而上学的。在他们看来，"社会主义是绝对真理、理性和正义的表现，只要把它发现出来，它就能用自己的力量征服世界"，而"真正的理性和正义至今还没有统治世界，这只是因为它们没有被人们正确地认识。所缺少的只是个别的天才人物，现在这种人物已经出现而且已经认识了真理；至于天才人物是在现在出现，真理正是现在被认识到，这并不是历史发展的进程所必然产生的、不可避免的事情，而纯粹是一种侥幸的偶然现象。这种天才人物在五百年前也同样可能诞生，这样他就能使人类免去五百年的迷误、斗争和痛苦"②。这样，空想社会主义者就根本颠倒了社会存在和社会意识的关系，把理想社会制度的产生，看成仅仅是个认识问题，又把认识问题归结为"天才"的问题，而天才人物的出现又是纯粹偶然的现象。这样，他们就否定了社会发展的客观规律，否定了阶级斗争和无产阶级革命，否定了人民群众是历史的创造者。恩格斯说："为了使社会主义变为科学，就必须首先把它置于现实的基础之上。"③ 从世界观上说，也就是要用唯物辩证法代替形而上学，用唯物史观代替唯心史观。恩格斯详细地考察了唯物辩证法的产生和唯物史观的发现，以及马克思在这一科学世界观、方法论的指导下，创立马克思主义政治经济学，特别是剩余价值学说，从经济根源上揭示了资本主义灭亡和社会主义胜利的历史必然性。然后指出："由于这些发现，社会主义已经变成了科学。"④

　　从恩格斯对杜林的批判中，也同样体现了哲学是理论基础的思想。杜

----

① 《马克思恩格斯全集》第34卷，人民出版社1972年版，第293页。
② 《马克思恩格斯选集》第3卷，人民出版社1972年版，第53页。
③ 同上书，第59页。
④ 同上书，第67页。

林的社会主义理论"是以某种新哲学体系的最终实际成果的形式出现的"①。杜林狂妄地宣称,他的哲学体系已经确立了"最后的、终极的真理"。实际上在他的哲学中往往暴露了唯心主义先验论,十足的形而上学和唯心史观。而他的经济学和社会主义理论,都是从他在哲学中确立的"原则"出发,通过逻辑推演引申出来的。杜林公开宣称,他的经济学涉及他的哲学中"已经确立的东西",而且"在某些重要方面,是依据高级的、在更高的研究领域(即在哲学领域——引者注)中已被完成的真理"②。由此出发,他根本否认政治经济学本质上是一门历史的科学,它的研究对象是经济发展的历史规律,而"把经济学归结为最后的终极真理、永恒的自然规律"③。在他看来,社会主义根本不是社会发展客观规律的反映,不是无产阶级的根本利益的反映,而是所谓的"普遍公平原则"的体现。正因为如此,恩格斯在《反杜林论》中首先批判了杜林哲学体系中的唯心主义和形而上学,以便从理论基础上粉碎杜林的假社会主义。

恩格斯的论述给了我们一个启示,就是要了解学习哲学的目的性和重要性。哲学既然是马克思主义的理论基础,是为科学社会主义作论证的,那么,我们学习哲学就应当坚持为社会主义服务;从另一方面来说,要坚持科学社会主义,也就必须学习马克思主义哲学。要做一个科学社会主义者,同时必须是一个辩证唯物主义和历史唯物主义者。我国30年来的经验证明,只有坚持以辩证唯物主义和历史唯物主义的世界观为指导,才能制定正确的路线、方针和政策,才能搞好社会主义革命和社会主义建设。林彪、"四人帮"之所以要推行极"左"路线和搞假社会主义,是同他们的唯心主义、形而上学的世界观分不开的。

(三)系统地、连贯地阐述了马克思主义哲学的基本原理,并揭示了它们的内在联系

在《反杜林论》中,恩格斯对马克思主义哲学基本观点的论述,是在同杜林论战中进行的,是贯穿全书的。这里,我们仅以"概论"和"哲学"编为重点,作一简述:在"概论"一章中,恩格斯历史地考察了

---

① 《马克思恩格斯选集》第 3 卷,人民出版社 1972 年版,第 46 页。
② 同上书,第 191 页。
③ 同上。

社会主义从空想到科学的发展。在哲学方面，着重论述了辩证法思想历史发展的三种基本形态——朴素辩证法、唯心辩证法和唯物辩证法，论述了唯物辩证法的产生及其意义，揭示了辩证法同形而上学对立的实质。论述了唯物史观创立的历史条件，概括了唯物史观的基本思想，阐明了唯物史观产生的重大意义。

在第3—4章中，恩格斯批判了杜林"从原则出发"的唯心主义先验论，论述了从客观实际出发的唯物主义反映论；批判了杜林从思维的统一性引出存在的统一性的唯心主义观点，论述了世界的统一性在于它的物质性的唯物主义原理。实际上已从哲学基本问题的高度，论述了哲学上的两条基本路线的对立。

第5—8章，恩格斯批判了杜林在物质与时空、物质与运动的关系问题上的形而上学的观点，阐明辩证唯物主义的时空观和运动观；批判杜林对达尔文进化论、细胞学说的歪曲和攻击，捍卫了马克思主义哲学的自然科学基础（在第2版序言中还论述了能量守恒和转化定律的重大意义），并进一步论证了客观世界的物质统一性和辩证发展的原理。

在第9—11章中，恩格斯批判了杜林在社会历史观方面的唯心主义、形而上学的观点，论述了马克思主义的真理观、道德观、平等观以及自由和必然的辩证关系；在"政治经济学"编中，恩格斯批判了杜林的唯心主义暴力论，论述了私有制和阶级产生的根源，经济基础和上层建筑的辩证关系；在"引论"中批判了杜林和空想社会主义者的英雄史观。

在第12—13章中，恩格斯集中批判了杜林的形而上学观点，论述了唯物辩证法的三个基本规律的客观性和普遍性及其内容，指明了马克思主义辩证法同黑格尔辩证法的联系和区别，揭示了唯物辩证法是唯一科学的世界观和方法论。

以上的简略概述表明，恩格斯的《反杜林论》一书，已论述了辩证唯物主义和历史唯物主义的大部分基本原理，实际上已勾画出了马克思主义哲学体系的雏形。尽管《反杜林论》是一部论战性著作，但它是马克思主义创始人之一系统地阐述马克思主义哲学基本观点的重要著作，并且这些观点之间是有着"内在联系"的。如果我们把第9—11章（"道德和法"）看作既讲了历史观，又讲了认识论（真理观、自由和必然等），那么可以说，恩格斯对马克思主义哲学体系的安排是：从辩证唯物自然观到辩证唯物历史观，再到辩证唯物主义认识论，然后是作为自然、社会和人类思维发展的最一般规律的唯物辩证法。这种安排体现了历史的和逻辑的统一，体现了从低级到高级、从客观到主观、从特殊到普遍的辩证发展过程。我们认为，在研究如何建立或者说如何改造现有的马克思主义哲学体系时，恩格斯的这些思想是值得引起重视的。

恩格斯在对马克思主义哲学基本原理的论述中，还揭示了唯物主义和辩证法、辩证唯物主义和历史唯物主义的统一。他指出：现代唯物主义本质上是辩证的，这是马克思主义哲学坚持按照世界的本来面目认识世界的必然结果。客观世界是物质的，又是有规律地互相联系、永恒发展、相互转化的。因此，作为科学的世界观，必然是既唯物，又辩证的。否认世界的物质性及其对意识的根源性，辩证法就失去了客观的前提和基础；否认物质世界的相互联系、永恒发展和相互转化，就必然歪曲客观事物的本来面目。只有唯物辩证法，才是科学的辩证法，只有辩证唯物主义，才是彻底的唯物主义。

列宁指出：恩格斯同杜林的全部斗争是在彻底贯彻唯物主义这个口号下进行的。这里所说的"彻底贯彻唯物主义"，正是贯彻辩证唯物主义。事实上，恩格斯不仅彻底批判了杜林的唯心主义观点，而且还彻底批判了杜林的形而上学，揭露杜林如何从形而上学走向唯心主义，阐明唯物主义和辩证法是统一而不可分割的。比如：在世界统一性问题上，不仅批判杜林从思维统一性引出存在统一性的谬论，明确指出世界的真正统一性是在于它的物质性；同时又指出这种统一是多样性的统一、发展中的统一。在物质与运动的关系上，不仅指出运动是物质存在的方式，没有运动的物质和没有物质的运动都是不可想象的；同时又指出物质的运动是由内部矛盾引起的，运动的形式是多样的，各种运动形式之间是相互转化的。在时间空间问题上，既指出时空是"一切存在的基本形式"，"因而是无限的"；又阐明无限和有限的辩证关系，指出"无限性是一个矛盾，而且充满种种矛盾"，"正因为无限性是矛盾，所以它是无限的、在时间上和空间上无止境地展开的过程"①。在真理问题上，既坚持真理的客观性，又系统地阐明了真理发展的辩证法。在自由和必然性的关系问题上，既强调规律性、必然性是客观的，不以主观意志为转移的；又指出要发挥主观能动性，通过社会实践认识世界、改造世界，取得主动权和自由权，指出自由

---

① 《马克思恩格斯选集》第3卷，人民出版社1972年版，第90—91页。

是历史发展的产物。唯物史观的发现，是人类思想史上的重大成果。它用人们的社会存在说明他们的意识，而不是像以往的历史观那样，用人们的意识说明他们的社会存在。马克思主义的历史观是既唯物又辩证的。恩格斯说："和那种以天真的革命精神笼统地抛弃以往全部历史的做法相反，现代唯物主义把历史看作人类的发展过程，而它的任务就在于发现这个过程的运动规律。"① 这就是说，要坚持科学的历史观，不仅要反对历史观上的唯心主义，而且必须反对历史观上的形而上学。

恩格斯在对唯物历史观原理的论述中，同样贯彻了既唯物又辩证的思想。在社会存在和社会意识的关系上，既批判了杜林从原则出发的唯心主义玄想，指出社会意识是社会存在的反映，同时又指出社会意识一旦产生，就有相对的独立性；在经济基础和上层建筑的关系上，在批判杜林的唯心主义暴力论的同时，又阐明了上层建筑对经济基础的反作用，以及政治暴力在社会发展中的作用。在考察道德观念和平等观念的发展时，既强调它们归根到底是一定社会经济关系的反映，又揭示了它们的历史性和继承性。恩格斯还指出，对于资本主义生产方式，也不能简单地当做坏东西抛掉，而是要说明它的历史联系和它对一定历史时期的必然性，从而说明它灭亡的必然性；要揭露这种生产方式内部隐蔽着的性质，即通过剩余价值揭露资本主义生产的秘密，从而说明资本主义生产方式内部对抗的根源。

总之，坚持唯物主义和辩证法、辩证唯物主义和历史唯物主义的统一，是贯穿恩格斯论述中的一个重要思想。列宁曾指出："马克思和恩格斯在他们的著作中特别强调的是辩证唯物主义，而不是辩证唯物主义，特别坚持的是历史唯物主义，而不是历史唯物主义。"②《反杜林论》正是体现这一特点的重要著作之一。

（四）对马克思主义哲学基本原理的丰富和发展

恩格斯在这部著作中，不单是把马克思和他本人以往所阐明的哲学观点作了连贯的、集中的论述，而且在同杜林的论战中提出一系列新观点、新结论，从而进一步丰富和发展了马克思主义哲学的基本原理。这里，我们只简要地讲几个主要之点。

---

① 《马克思恩格斯选集》第3卷，人民出版社1972年版，第64页。
② 《列宁选集》第2卷，人民出版社2012年版，第336页。

（1）第一次明确提出并论证了世界物质统一性的原理。

恩格斯说："世界的真正的统一性是在于它的物质性，而这种物质性不是魔术师的三两句话所能证明的，而是由哲学和自然科学的长期的和持续的发展来证明的。"① 恩格斯还运用辩证唯物主义观点阐明了物质与时空、物质与运动的关系，概括了 19 世纪自然科学的新成果，特别是能量守恒和转化定律、细胞学说和达尔文的生物进化论，揭示自然界的物质性和有机联系，有力地论证了世界物质统一性的原理。

（2）提出并论述了哲学上两条对立的基本路线的思想。

恩格斯在批判杜林"从原则出发"的唯心主义认识路线时提出："原则不是研究的出发点，而是它的最终结果；这些原则不是被应用于自然界和人类历史，而是从它们中抽象出来的；不是自然界和人类去适应原则，而是原则只有在适合于自然界和历史的情况下才是正确的。这是对事物的唯一唯物主义的观点，而杜林先生的相反的观点是唯心主义的，它把事情完全头足倒置了。"② 这样，恩格斯就在物质世界和思想原则究竟是谁决定谁、谁适应谁、谁检验谁这三个相互联系的问题上，划清了唯物主义和唯心主义的界限。后来，列宁在《唯物主义和经验批判主义》一书中引用了恩格斯的这段精彩的论述，指出"从物到感觉和思想呢，还是从思想和感觉到物？恩格斯主张第一条路线，唯物主义的路线。马赫主义主张第二条路线，即唯心主义的路线"。这是"哲学上两条基本路线的区别"③。

（3）阐明真理发展的辩证法，揭示了人类思维的至上性与非至上性、真理的绝对性与相对性、真理和谬误的辩证关系。

第一，恩格斯针对杜林片面夸大的思维具有"至上的意义"和"无条件真理权"的谬论，论述了思维的至上性与非至上性、认识能力的有限性和无限性的辩证关系。他指出，人类思维是作为无数以过去、现在和未来的个人思维而存在的，"绝对地进行认识的思维的无限性，是由无限多的有限的人脑所组成的"④。就是说，不仅作为认识对象的客观世界，而且作为认识主体的人的思维，都是有限和无限的辩证统一。客观世界

---

① 《马克思恩格斯选集》第 3 卷，人民出版社 1972 年版，第 83 页。
② 同上书，第 74 页。
③ 《列宁选集》第 2 卷，人民出版社 2012 年版，第 36 页。
④ 《马克思恩格斯选集》第 3 卷，人民出版社 1972 年版，第 554—555 页。

的一切事物都是可以被认识的，人类的社会实践也要求无限地去认识世界，因而作为全人类的思维是至上的，其认识能力是无限的；但是作为单个人或一定历史阶段上的人来说，由于受到主、客观条件的种种限制，他们的思维又是非至上的，其认识能力是有限的。思维的至上性是在一系列非常不至上地思维着的人们中实现的，人类思维的这种至上和非至上、无限和有限的矛盾，只有通过人类生活无限的延续，才能得到解决。

第二，恩格斯批判了杜林关于"永恒真理""终极真理"的谬论，阐明了绝对真理和相对真理的辩证关系。恩格斯指出，客观世界是无限发展的，人类的认识也是无限发展的，如果像杜林那样，宣布人类在某个时间达到了只运用"永恒真理"的地步，那就是说人类已经穷尽了真理，这就等于说"实现了已经数出来的无限数"的奇迹。当然，在人类的认识中的确也存在一些确凿无疑的真理，如 $2 \times 2 = 4$、人不吃饭就会饿死等等，如果有人喜欢"对极简单的事物使用大字眼"，那么也可以说这些就是"永恒真理"。但是，如果把它们夸大为运用于一般科学，特别是历史科学的复杂问题，那就是错误的、反科学的。只有辩证地提出和解决绝对真理和相对真理的关系问题，才能正确理解真理的发展过程。恩格斯列举了科学发展史上的大量事实，说明无机界、生物界和人类社会的各种科学中，一切真理都是在实践中不断发展的，因而具有相对性。企图在科学中猎取最后的、终极的真理，是徒劳的。

第三，恩格斯批判了杜林把真理和谬误绝对对立起来的谬论，阐明了真理和谬误的辩证关系。指出，"真理和谬误，正如一切在两极对立中运动的逻辑范畴一样，只是在非常有限的领域内才具有绝对的意义"①。真理和谬误固然是互相排斥、互相对立的，二者之间的界限绝不能混淆、颠倒；但是它们之间的对立是有一定范围的，不能随意越出这个范围；如果越出这个范围，真理和谬误就会相互转化。恩格斯还指出：拥有无条件的真理权的那种认识是在一系列相对谬误中实现的。就是说，人们对真理的认识不只是一个由相对到绝对的过程，而且常常可能发生这样或那样的错误。真理的发展，正是在真理同谬误的相互斗争和相互转化中实现的。

---

① 《马克思恩格斯选集》第3卷，人民出版社1972年版，第130页。

（4）深刻地阐明了自由和必然的辩证关系。

恩格斯指出："自由不在于幻想中摆脱自然规律而独立，而在于认识这些规律，从而能够有计划地使自然规律为一定的目的服务。""意志自由只是借助于对事物的认识来作出决定的那种能力。"① 客观世界的规律，在未被人们认识的时候，是一个必然的王国。当人们通过社会实践，认识和支配了这些规律时，便转化为自由。必然性并不排斥人的自由，而且是人们实现自由的客观根据。恩格斯还指出，自由是"历史发展的产物"从必然到自由的转化是一个在实践基础上实现的无限过程。人类从动物界分离出来以后，在认识世界、改造世界的实践中取得的每一个进步，都是向自由迈进了一步。在生产力极其低下的原始社会和剥削阶级占统治地位的私有制社会里，人们的自由受到很大限制，只有到了共产主义社会，消灭了阶级和阶级差别，人们才能实现从必然到自由的更大飞跃，实现"那种同已被认识的自然规律相协调的生活"②。

（5）对唯物辩证法的贡献。

在《反杜林论》之前，马克思和恩格斯已经在许多著作中，论述了辩证法的思想。特别是马克思的《资本论》，在改造黑格尔的唯心辩证法，建立唯物辩证法，并把它运用于专门科学研究方面，取得了巨大的成就。《反杜林论》对于辩证法的主要贡献，在于它从哲学原理的角度，揭示了唯物辩证法的基本特征，系统地论述了唯物辩证法三个基本规律的思想，阐明了唯物辩证法是唯一科学的世界观和方法论。

第一，恩格斯第一次揭示了唯物辩证法的基本特征。他说：辩证法是"关于自然、人类社会和思维的运动和发展的普遍规律的科学"③。这一定义表明，辩证法是客观的，它存在于自然界、人类社会和思维的发展中，观念的辩证法是客观辩证法的反映，从而同唯心主义划清界限；辩证法是关于事物"运动和发展"的学说，它与孤立地、静止地、片面地看待事物的形而上学观点是根本对立的；辩证法所揭示的是事物的"普遍规律"，它适用于一切事物，而不同于各门具体学科所揭示的某个特殊领域的规律，也正因为如此，唯物辩证法是唯一科学的世界观和方法论，对于

① 《马克思恩格斯选集》第3卷，人民出版社1972年版，第153—154页。
② 同上书，第154页。
③ 同上书，第181页。

各门具体学科具有指导意义。当然，恩格斯也坚决反对把辩证法看作从外部强加给研究对象的死板公式，看作可以任意剪裁历史的教条。他批判了杜林把辩证法看成"单纯证明的工具"的谬论，指出："甚至形式逻辑也首先是探寻新结果的方法，由已知进行到未知的方法；辩证法也是这样，只不过是更高超得多罢了；而且，因为辩证法突破了形式逻辑的狭隘界限，所以它包含着更广的世界观的萌芽。"①

第二，恩格斯系统地论述了唯物辩证法三个基本规律的客观性和普遍性，并丰富了它的内容。关于矛盾规律。恩格斯指出，是否承认矛盾的客观性和普遍性，实质上是唯物辩证法和形而上学两种思想方式的根本对立。用形而上学思维方式考察事物，即"把事物看作静止的、没有生命的、各自独立、相互并列或先后相继"的东西，就看不到事物之间的矛盾，尤其是看不到事物的内部矛盾。相反地，如果用唯物辩证法的思维方式来考察事物，即从事物的运动、变化和相互作用方面去考察事物时，就会发现不仅事物之间存在矛盾，而且事物内部也包含着矛盾。恩格斯说："运动本身就是矛盾"，甚至简单的机械运动，也是因为矛盾引起的。"这种矛盾的连续产生和同时解决正好就是运动。"② 这里，恩格斯不仅从运动的普遍性说明了矛盾的普遍性，而且指出矛盾是事物运动变化的根本原因，从而揭示了辩证发展观的实质。恩格斯还论述了矛盾诸方面的既相互对立，又相互联系、相互渗透、相互转化的辩证关系。比如，任何一个机体，每一瞬间都有细胞在死亡，也有新细胞在形成，这表明，生和死是既相对立，又相联结的。"某种对立的两极，例如正和负，是彼此不可分离的，正如它们是彼此对立的一样，而且不管它们如何对立，它们总是互相渗透的。"③ 同样的原因和结果，只有在特定的场合，才具有其本来的意义，如果把这种特定的场合放在它和世界整体的总联系中来考察，它们就会"交换位置"，在此时此地是结果，在彼时彼地就成了原因，反之亦然。矛盾辩证法正是客观世界活生生的运动和联系的生动反映。

关于量变质变规律。恩格斯驳斥了杜林对马克思《资本论》中有关质量互变的辩证法思想的歪曲和攻击，指出"纯粹量的增多或减少，在

① 《马克思恩格斯选集》第3卷，人民出版社1972年版，第174页。
② 同上书，第160页。
③ 同上书，第62页。

一定的关节点上就引起质的飞跃"，"量变改变事物的质和质变也同样改变事物的量"的状况，在自然界、人类社会和思维领域中都是大量存在的。恩格斯在论证量变质变规律的普遍性和客观性时所分析的事实，特别是他提到的化学上的同分异构体，以及关于资本主义社会中由劳动协作产生的总的力量同一个个力量的总和有"本质的区别"的论述，和关于军事上的组织纪律性优势的发挥需要有一定的量为基础的论述，不仅丰富了这一规律的内容，而且对于深入研究量变与质变的辩证关系富有启迪作用。

关于否定之否定规律。恩格斯驳斥了杜林对马克思的污蔑，指出否定之否定"是一个极其普遍的，因而极其广泛地起作用的，重要的自然、历史和思维的发展规律"①。同时，恩格斯还着重阐明了辩证否定观同形而上学否定观之间的根本区别。他指出，在形而上学者看来，"如果我把大麦粒磨碎，我也就否定了大麦粒；如果我把昆虫踩死，我也就否定了昆虫"②。就是说，否定不是由于事物内部的矛盾运动引起的，而是由外力的作用强加给事物的；否定是全盘的否定，因而在他们那里，第二个否定是根本不可能的，或者是没有意义的。与此相反，"在辩证法中，否定不是简单地说不，或者宣布某一事物不存在，或用任何一种方法把它消灭"③。在辩证法看来，否定包含着矛盾的过程，是事物内部矛盾着的对立面相互作用的结果；否定是"扬弃"，是既克服，又保留，否定中包含着肯定；它是事物联系和发展的环节，我们否定某个事物，不是使之化为乌有，而是使之发展到新的阶段，以便事物在其新的发展过程中，重新扬弃前一个否定，使事物沿着螺旋式上升路线，由低级向高级发展。恩格斯还指出，在客观世界中，每一事物采取什么方式否定，这不仅要"取决于过程的一般性质"，而且还要"取决于过程的特殊性质"④。每个具体的事物，都有它自己特殊的否定方式。把否定当作公式来任意套用是得不出什么结果的。

第三，在《反杜林论》中，恩格斯没有专门论述三个基本规律之间的相互关系，因而也还没有提出矛盾规律是辩证法的核心。这个论断是后

---

① 《马克思恩格斯选集》第3卷，人民出版社1972年版，第181页。
② 同上。
③ 同上。
④ 同上书，第182页。

来由列宁作出，由毛泽东同志加以说明和发挥的。因此，那种认为恩格斯在《反杜林论》中已把矛盾规律或否定之否定规律看作辩证法的核心的看法，是不能令人信服的。但是，由于矛盾规律在辩证法中的特殊重要地位是客观存在的，恩格斯在论述辩证法的基本原理时对矛盾规律予以特别的重视，则是事实。有的同志说，恩格斯在论述"辩证法"两章的标题中，都没有标明矛盾规律，内容讲得也比较简单，说明恩格斯并不重视这一规律。我们认为，从《反杜林论》全书来看，这种看法是不符合实际的。在《反杜林论》中，恩格斯多次把辩证法称为"矛盾的辩证法"；黑格尔在他的《逻辑学》第二部分《本质论》中，着重讲了矛盾规律的问题，恩格斯认为"黑格尔从存在进到本质"，也就是"进到辩证法"。在"概论"中，恩格斯用相当大的篇幅讲了辩证法和形而上学思维方式的对立，指出这种对立主要表现在是否承认对立面是既相对立又相联结，"互相渗透"，"经常交换位置"即相互转化的。在第 2 版序言中还讲到，承认自然界中存在的对立和区别具有相对的意义，也即承认自然界的对立统一，是"辩证自然观的核心"。这些论述表明，恩格斯是看到了矛盾规律在辩证法中占有特殊重要地位的。

（6）对唯物史观的丰富和发展。

从 19 世纪 40 年代中期以来，马克思和恩格斯已在一系列著作中，从不同的方面论述了历史唯物主义的基本原理。《反杜林论》则是在此基础上"最为详尽的阐述"唯物史观原理的著作之一。[①] 就它对唯物史观的新贡献来说，主要有以下几个方面。

第一，恩格斯论述了唯物史观产生的历史条件。指出"在历史观上引起决定性转变的历史事实"，是 19 世纪 30—40 年代法国等国工人运动的发展表明，无产阶级和资产阶级之间的阶级斗争"在欧洲最发达的国家的历史中升到了首要地位"[②]。这就是说，唯物史观是在一些国家资本主义经济得到高度发展，资产阶级巩固了自己的经济、政治统治，资产阶级和无产阶级之间的矛盾上升为主要矛盾的条件下，适应工人阶级革命斗争实践的需要而产生的。恩格斯还着重分析了德国古典哲学中自觉的辩证法传统、自然科学新成果所显示的自然过程的辩证性质，在唯物史观产生

① 参见《马克思恩格斯全集》第 37 卷，人民出版社 1971 年版，第 462 页。
② 《马克思恩格斯选集》第 3 卷，人民出版社 1972 年版，第 65 页。

中的重要作用。他在《社会主义从空想到科学的发展》（由《反杜林论》的"概论""历史""理论"3章改写而成）英文版导言中指出，"为什么在社会主义发展的简述中提到康德——拉普拉斯的天体演化学，提到现代自然科学和达尔文，提到德国古典哲学和黑格尔"呢？是因为"唯物主义历史观及其在现代的无产阶级和资产阶级之间的阶级斗争上的特别应用，只有借助于辩证法才有可能"①。这表明，唯物史观的产生，不仅在思想材料来源上借助了德国古典哲学中的辩证法，而且也由于自然科学取得的新成就提高了人们的认识水平。

第二，恩格斯深刻地揭露了杜林的暴力论的唯心主义本质，科学地阐明了经济基础和上层建筑的辩证关系。

杜林认为，政治暴力是第一性的东西，是基础，是目的；而经济关系是第二性的东西，是从属的，是手段。他还认为政治暴力产生了不平等、私有制、阶级和阶级统治，打破了历史上的永恒经济规律。针对这种谬论，恩格斯认为，在社会历史过程中，起决定作用的、基础性的东西，不是暴力，而是经济。他指出："暴力仅仅是手段，相反地，经济利益是目的。目的比用来达到目的的手段要'基础性'得多；在历史上，关系的经济方面也比政治方面同样基础性得多。"② 私有财产的出现，绝不是掠夺和暴力的结果，而是由经济的原因产生的。暴力虽然可以改变财产的占有状况，但不能创造私有财产本身。暴力仅仅保护剥削，但是并不引起剥削。无论是奴隶社会，还是资本主义社会，剥削和被剥削关系都是通过纯经济的途径而绝不是通过暴力的途径产生的。同样地，阶级和统治关系的出现，是一种历史现象，是同生产发展的一定历史阶段相联系的，是社会经济发展的产物。在人类历史上，一切社会权力和一切政治暴力也都起源于经济条件。阶级、统治关系和一切政治权力的消灭和消亡，也将以经济的高度发展为前提和条件。

恩格斯还进一步指出，暴力本身也不是单纯的意志行为，它必须有物质基础和前提，即武器和人。武器和人的质量与数量，其中包括军队的装备、给养、组织编制、战略战术等等，都是同整个生产水平、经济条件相联系的。恩格斯在着重论述经济基础决定上层建筑的同时，也指出政治上

---

① 《马克思恩格斯选集》第3卷，人民出版社1972年版，第377—378页。
② 同上书，第199页。

层建筑、暴力并不是经济基础的消极产物，而是有巨大的反作用的。它或者符合经济发展的客观规律的要求，促进和加速经济的发展，或者违反经济发展的客观规律的要求，阻碍和破坏经济的发展。在后一种情况下，它最终会在经济发展的强大压力下陷于崩溃。恩格斯还强调指出革命暴力的伟大作用。他说："暴力在历史中还起着另一种作用，革命的作用；暴力，用马克思的话说，是每一个孕育着新社会的旧社会的助产婆；它是社会运动借以为自己开辟道路并摧毁僵化的垂死的政治形式的工具。"① 杜林把暴力一概斥责为绝对的坏事，其目的就在于反对无产阶级革命和无产阶级专政。

第三，恩格斯从社会存在决定社会意识的根本原理出发，阐述了马克思主义的道德观和平等观。恩格斯指出，道德观念作为一种社会意识形式，是社会存在的反映。"一切已往的道德论归根到底都是当时的社会经济状况的产物。"② 道德观念是随着历史的发展而发展的，根本不存在什么永恒道德。在阶级社会中，道德是有阶级性的。不同的阶级各有自己的道德。"社会直到现在还是在阶级对立中运动的，所以道德始终是阶级的道德；它或者为统治阶级的统治和利益辩护，或者当被压迫阶级变得足够强大时，代表被压迫者对这个统治的反抗和他们的未来利益。"③ 只有在不仅消灭了阶级对立，而且在实际生活中也忘却了这种对立的社会发展阶段上，真正人的道德才能成为现实。

关于马克思主义的平等观，恩格斯指出，一切时代的平等观念都是历史的产物，都是一定社会经济关系的反映。他说："平等的观念，无论以资产阶级的形式出现，还是以无产阶级的形式出现，本身都是一种历史的产物，这一观念的形成，需要一定的历史关系，而这种历史关系本身又以长期的以往的历史为前提。"④ 因此，平等观念绝不是永恒的。恩格斯还总结了无产阶级平等要求产生的历史过程，指出平等要求在无产阶级中有双重意义，或者它是无产阶级对社会不平等的自发的革命本能的反映，或者是利用资产阶级的平等口号来鼓动工人反对资本家。"在上述两种情况下，无产阶级平等要求的实际内容都是消灭阶级的要求。任何超出这个范

---

① 《马克思恩格斯选集》第 3 卷，人民出版社 1972 年版，第 223 页。

② 同上书，第 134 页。

③ 同上。

④ 同上书，第 147 页。

围的平等要求，都必然要流于荒谬。"① 恩格斯的这一科学论断，从根本上划清了无产阶级平等要求同资产阶级、小资产阶级的平等要求的界限。

（7）对辩证唯物自然观的贡献。辩证唯物自然观是马克思主义哲学的重要组成部分，它的产生是自然观的革命变革。

恩格斯说："马克思和我，可以说是从德国唯心主义哲学中拯救了自觉的辩证法并且把它转为唯物主义的自然观和历史观的唯一的人。可是要确立辩证的同时又是唯物主义的自然观，需要具备数学和自然科学的知识。"② 因此，马克思和恩格斯历来十分关心自然科学的发展，并对自然科学的许多领域进行了理论上的探讨。"马克思是精通数学的"，他留下的数学手稿就有一千多页。不过，正如恩格斯所说的，在 70 年代之前，由于种种原因，他们对于自然科学，"只能作零星的、时停时续的、片断的研究"③。从 1873 年起，恩格斯用大部分时间研究数学和自然科学，打算系统地从哲学上总结自然科学的成就，探讨自然科学研究中的方法论问题，写一本自然辩证法的巨著。后因反击杜林的需要，中断了这一工作。但在《反杜林论》中却体现了他研究的部分成果。在某种意义上说，《反杜林论》也是马哲史上第一部系统阐述辩证唯物自然观的著作。杜林的哲学体系是打着"科学"的招牌出现的。为了粉碎杜林的进攻，恩格斯考察了自然观的发展史，论述了辩证唯物自然观的产生及其意义，大量地运用了当时自然科学的成果，批判杜林在自然观上的形而上学和唯心主义，进一步论证了辩证唯物主义世界观的正确性。《反杜林论》所涉及的理论自然科学问题表明，恩格斯不仅在相当广泛的领域研究了数学和其他自然科学（其中有天体演化学、地质学、力学、物理学、化学、生物学等等），而且在一些重要方面得出了独到的见解和卓越的预见（如对能量守恒和转化定律的论述和概括，生命的定义的提出等等）。这里，仅就几个问题概述一下《反杜林论》对辩证唯物自然观的贡献。

第一，恩格斯论述了辩证唯物自然观的产生，是自然观上的革命。他指出，在 17—18 世纪，在自然科学领域中，占统治地位的是孤立地、静止地、片面地观察事物的形而上学自然观。这是同当时的自然科学的发展

---

① 《马克思恩格斯选集》第 3 卷，人民出版社 1972 年版，第 146 页。

② 同上书，第 51 页。

③ 同上。

状况相联系的。自 15 世纪末叶以来，自然科学进入到分门别类研究的阶段，把自然界的各个部分、细节，从总体的联系中分割出来加以考察。这种研究方法，曾使人类在认识自然界方面获得了巨大的成就，同时也使人们养成一种孤立、静止、片面地观察事物的习惯。一些哲学家把这种方法移植到哲学领域，变成一般的世界观、方法论，因而造成了西方近代哲学中形而上学思维方式占统治地位的局面。黑格尔第一个自觉地表述了辩证法的基本特征，但是，他的辩证法是唯心主义的，而且"不承认自然界有任何时间上的发展，任何'前后'，只承认有'同时'"①。就是说，他在自然观上并没有摆脱形而上学的束缚，甚至还远远落后于康德。19 世纪自然科学的新成就，特别是具有决定意义的三大发现——能量守恒和转化定律、细胞学说和生物进化论，清楚地说明了"自然界的一切归根到底是辩证地而不是形而上学地发生的"②。从而为辩证唯物主义自然观的产生提供了坚实的自然科学基础。马克思、恩格斯正是在批判地吸取了黑格尔辩证法的合理内核和科学认识史上的优秀成果，概括总结了自然科学新成就的基础上，创立了辩证唯物主义自然观的。

第二，揭示了辩证唯物主义自然观的核心。恩格斯在分析形而上学的特征时指出："在形而上学者看来，事物及其在思想上的反映，即概念，是孤立的、应当逐个地和分别地加以考察的、固定的、僵硬的、一成不变的研究对象。他们在绝对不相容的对立中思维；他们的说法是：'是就是，不是就不是，除此以外，都是鬼话。'"③ 然而 19 世纪以来自然科学的新成就，却以无数事实证明了自然过程的辩证性质，即它们是不断发展、相互联系、相互转化的，并不存在固定不变的两极对立和不可逾越的分界线。恩格斯说："正是那些过去被认为是不可调和的和不能解决的两极对立，正是那些强制规定的分界线和类的区别，使现代的理论自然科学带上狭隘的形而上学的性质。这些对立和区别，虽然存在于自然界中，可是只具有相对意义，相反地，它们那些被设想的固定性和绝对意义，则只不过是被我们人的反思带进自然界的——这样一种认识，构成辩证自然观的核心。"④ 也就是说，辩证唯物自然观和形而上学自然观的根本区别，

---

① 《马克思恩格斯选集》第 3 卷，人民出版社 1972 年版，第 52 页。
② 同上书，第 62 页。
③ 同上书，第 61 页。
④ 同上书，第 54 页。

就在于是否承认自然过程内在的对立统一关系：它们是既相对立，又相统一，并在一定条件下互相转化的。

第三，论述了唯物辩证法（辩证思维）作为科学方法论，对于自然科学研究的重大意义。恩格斯指出，19世纪以来，不仅自然科学上的发现日益表明，它与形而上学思维方式是不相容的，而且自然科学研究本身已逐步地由主要是分门别类地搜集材料阶段发展到主要是系统地综合整理材料的阶段。"自然科学现在已发展到如此程度，以致它再不能逃避辩证的综合了。"① 这种情况，使得理论自然科学的革命已经成为不可避免的了。这场革命的实质，就是要在自然观上用辩证法代替形而上学。虽然，自然科学本身越来越多的发现，也会迫使人们认识自然过程的辩证性质，但是，"如果有了对辩证思维规律的领会，进而去了解那些事实的辩证性质，就可以比较容易地达到这种认识"②，从而大大地缩短这种认识过程。因此，自然科学家应有"辩证法和逻辑的修养"，自觉地提高自己的辩证思维能力。当然，辩证法不能代替自然科学本身的研究，"正如仅仅知道靠弦的长短粗细来定音的规律还不能演奏提琴一样"③。但是，否定辩证法对自然科学研究的指导作用，甚至认为它会阻碍自然科学发展的观点，也是完全错误的。恩格斯在《〈反杜林论〉旧序》中曾深刻地指出："一个民族想要站在科学的最高峰，就一刻也不能没有理论。"④ 毫无疑问，恩格斯的这一光辉论断，对于我们的社会主义现代化建设，是具有重大的现实意义的。

（发表于《若干马克思主义哲学原著的历史地位》，贵州人民出版社1985年第1版）

附录二　关于"异化"问题

探讨异化问题有两大困难：（1）异化是当代国内外思想界广泛谈论

---

① 《马克思恩格斯选集》第3卷，人民出版社1972年版，第45页。

② 同上。

③ 同上书，第182页。

④ 同上书，第467页。

而又歧意甚深、众说纷纭的问题。分歧的原因，首先在于对异化含义的理解就极不统一，以致在讨论中往往缺乏共同的语言。即便在自认为是在谈论马克思的异化思想的人中间，也是如此。（2）异化是一个既具有高度抽象性又具有很强现实性的理论问题。因为它所谈论的主要是人与人、人与社会的关系。对异化的不同理解，往往直接涉及对现实社会制度的评价和态度。由于这两点，就使得探讨异化问题既具有重要性，又具有复杂性。

这里，我们着重讨论以下几个问题：（1）马克思异化思想的演变；（2）异化论能不能作为说明历史的理论和方法；（3）"社会主义异化论"能否成立；（4）社会主义社会是否存在异化现象。

（一）马克思异化思想的演变

"异化"这个词，在德国古典哲学之前，还不是一个专门的学术用语。它指的是权利或权力的转让，关系的疏远以至神经错乱等。17、18世纪英、法等国的社会契约论者如霍布斯、卢梭等，就是在权利转让的意义上用它来说明人与人的社会关系的。到了德国古典哲学时代，异化被扩展到用来分析人与整个外部世界的关系，它才成为具有特定哲学内涵的术语或概念。

黑格尔在他1807年出版的《精神现象学》中第一次把异化作为哲学概念来使用，即把异化理解为对立面的转化。他认为，绝对精神的辩证运动过程，就是"自己变成他物，变成它自己的对象和扬弃这个他物的运动"，即"先将自己予以异化，然后从这个异化返回自身"[①]。也就是说，作为黑格尔哲学的基本公式的三段式：正题—反题—合题或肯定—否定—否定之否定，就是客观精神的异化和扬弃异化的过程。费尔巴哈把异化概念运用于对人的类本质的分析，揭示宗教产生的根源。他认为宗教中所讲的上帝是人的本质的异化。在他看来，人的本质是理性，上帝是理性迷误的产物，由于理性的迷误产生出一个反对自己、统治自己的异己力量。他认为上帝是人的本质的对象化，客观化，是人的本质的丧失。因此，他主张废除有神宗教，把异化了的本质归还给人，建立崇拜人本身的"爱的宗教"，也即实现人道主义。

马克思早期哲学思想的发展，经历了一个从黑格尔出发，经过费尔巴

---

①　黑格尔：《精神现象学》，商务印书馆1979年版，第23页。

哈，走向辩证（历史）唯物主义的过程。与此相应，异化在他的学说中的地位也是有变化的。当他的哲学思想受到黑格尔唯心主义影响的时候，他的异化观也是唯心主义的。在他的第一篇哲学著作《德谟克利特的自然哲学与伊壁鸠鲁的自然哲学的差别》中，他认为世界的本质是原子的概念，"现象世界"是"原子概念"的异化（《博士论文》，第35页）。

从1843年起，马克思接受费尔巴哈人本学唯物主义的影响，并开始从唯物主义立场出发批判黑格尔的唯心主义。在异化问题上，也是如此。他把异化理解为人的类本质的异化，但又与费尔巴哈有所不同。费尔巴哈只注重自然和对宗教的批判，而马克思则把注意力集中在社会政治问题上。在1843年写的《黑格尔法哲学批判》和发表在1844年初出版的《德法年鉴》上的文章中，他除了讲宗教是人的本质的异化外，还讲到"国家是人的本质的客观化"和虚幻的共同体；"金钱的统治是人的自我异化"等。但这只是分析的问题有所不同，对异化含义的理解和分析问题的方法，是和费尔巴哈基本一致的。

在《1844年经济学哲学手稿》中，马克思提出自己的劳动异化的理论，异化成了中心概念。第一，他把异化论作为解答历史之谜的理论基础。在这里，马克思还是从人的类本质出发的，但对人的本质的理解已不同于费尔巴哈。他认为人的本质是自由自觉的活动，即生产劳动，因而所谓异化主要是劳动异化。第二，马克思还区分了对象化和异化，把异化同私有制联系起来，指出对象化不等于异化。只有在私有制条件下对象化才成为异化，从而得出消灭异化必须消灭私有制的结论。第三，论证了共产主义的历史必然性，指出"共产主义是私有财产即人的自我异化的积极扬弃"，是"人向自身向社会（即人的）人的复归"。

《手稿》是马克思探索新世界过程中的一部极为重要的著作，书中提出的异化劳动理论对于唯物史观的形成具有重要作用，其中许多思想，特别是对资本主义制度下异化劳动的分析在许多方面已经超出费尔巴哈而接近历史唯物主义。这是应当肯定的。但也必须看到，这时马克思的观点和方法还明显地受到费尔巴哈的影响。第一，他仍然把人的类本质作为异化的主体和出发点；第二，把私有制社会的基本矛盾看作本质的存在、理想劳动和异化劳动、应有和现有的矛盾；第三，把人类的解放和共产主义理解为异化的消除、"对人的本质的真正占有"，是"人向自身的"、向社会的（即人的）"人的复归"，人道主义的实现。这就不难理解，为什么马克思在 1844 年 8 月 11 日写的信中会称赞费尔巴哈的著作"给社会主义提供了哲学基础"。

1845—1846 年撰写的《关于费尔巴哈的提纲》和《德意志意识形态》，表明马克思的哲学思想发生了质的飞跃和马克思主义哲学基本原则已经确立。与此相应，马克思对异化的看法也发生了根本性的变化：他不再从设定人的理想化的本质出发，而是从"直接生活的物质生产出发"，来说明社会历史，说明人的本质及其历史发展；不再用人和"非人"、本质和存在、类和个体的矛盾来说明社会历史的发展，而是把生产力和生产关系的矛盾看作历史发展的根本动力；不再把"类本质"当作异化的主体和出发点，而是强调考察"现实个人的现实异化"①；不再把共产主义看作异化的扬弃，人的固有本质的复归，而是看作生产力和生产关系矛盾运动的必然结果，并在新的社会关系基础上形成新的本质。

在这里，马克思虽然还继续讲到异化，但已不把它当作历史观的基本范畴，而是在用唯物史观揭示资本主义社会发展规律的基础上，用异化来表达其中的一些对抗性的社会关系（如雇佣工人所创造的产品成为同他们相对立的异己力量，反过来反对和奴役他们本身）；并指出，异化的根源是生产力发展到一定阶段而产生的私有制，以及在此基础上产生的对抗性社会分工，异化的消除也要以生产力的高度发展、消灭私有制和对抗性的社会分工为前提。这说明，马克思已经不是用异化来说明社会历史，而是用唯物史观来考察异化现象。在《资本论》中，异化被作为剩余价值学说中的一个特定概念，用以描写资本主义社会雇佣劳动和资本的对抗关系。

总之，马克思早期异化思想和成熟时期异化思想的区别，主要不在于使用异化概念的数量多少（虽然也是一种区别），而在于他用以说明社会历史（包括异化本身）的理论和方法发生了根本性的变化。如果说，在《手稿》中马克思所主张的是异化的历史观，把异化作为说明历史的理论和方法；那么在《德意志意识形态》中马克思所主张的是历史的异化观，即在揭示历史发展的客观规律的基础上，用异化的概念来描写私有制社会中的一些对抗性的社会关系。

（二）异化论能不能作为说明历史的理论和方法

对于这个问题，本来从上述马克思异化思想演变的过程中已经可以作

---

① 《马克思恩格斯全集》第 3 卷，人民出版社 1956 年版，第 317 页。

出回答。但是在前几年关于异化问题的讨论中，有些人仍然主张人类的历史就是人性（或人的本质）异化和复归的历史，异化应当成为历史观的基本范畴，应当作为说明历史的理论和方法，并且认为这是他们对马克思主义哲学的新发现或新发展。当然，这种观点并不是什么新发现。如前所述，费尔巴哈所主张的就是这种观点。在当代，国外也有不少人在宣扬这种观点。它更不是什么对马克思主义哲学的新发展，而是后退到人本主义历史观——回到费尔巴哈或者尚未摆脱费尔巴哈影响的青年马克思。为了澄清这种观点所造成的混乱，我们试作简要的剖析。

主张把异化作为说明历史的理论和方法的人，尽管说法各有不同，但有一个共同点，这就是以设定某种抽象的、固有的、完美的人性或人的本质为前提；然后说在人类社会发展的某个阶段，这种人性或人的本质发生了异化，人就异化为"非人"；而在人类社会的未来阶段，异化将被消除或"扬弃"，实现人性或本质复归，从"非人"回到"真人"。他们的历史公式是"人—非人—人"，或"人的本质—人的本质的异化（丧失）—人的本质的复归"。此外，也有人把社会历史过程概括为"理性—理性的迷误—理性的复归"，或"平等—不平等—平等""公平—不公平—公平"等等，虽然并非都使用异化概念，但其实质则是一致的。

应当看到，历史上确曾有一些思想家在运用这种理论和方法批判旧制度中起到一定的进步作用，在当代也有一些学者试图用这种理论和方法解释现实制度的弊端，探索历史发展的道路。对这些是需要具体分析的。但是，作为一种历史史观，他们的理论和方法是唯心主义、形而上学的。第一，这种理论不是从现实的社会关系（首先是生产关系）及其历史发展出发，而是从所谓"人自身"出发，孤立地考察人性或人的本质，把"人类天性""天赋人权""理性原则"等等观念性的东西作为说明历史的出发点，作为异化的主体及其本质，实际上也就是用人们的意识去说明人的社会存在，其结果必然是像马克思所说的"把整个历史变成意识发展的过程"①。这种抽象的人性或人的本质，看来似乎是超阶级、超历史、适用于一切人的，实质上却不过是哲学家们把自己或本阶级理想中的人性或人的本质普遍化，看作人所共有的东西而已。

第二，这种理论不是把社会基本矛盾，即生产力和生产关系的矛盾看

①　《马克思恩格斯全集》第3卷，人民出版社1956年版，第252页。

作历史发展的动力，而是把人和非人、本质和存在、"应有"和"现有"的矛盾当作历史发展的根源。就是说，社会历史的发展不取决于生产力和生产关系的矛盾运动，而是取决于人们发现或认识自己固有的人性或本质。只要真正的、完美的本质一旦被发现，他们就能用自己的力量征服世界，克服不合理的社会现实，从而消除异化，实现向真正的人性或人的本质的复归。由于这种理论既从抽象的人性或人的本身出发，又撇开现实的社会矛盾去寻找历史发展的动力，其结果就不得不把精神看作社会发展的决定力量。

第三，这种理论不是从生产方式考察社会历史的发展，不是以促进还是阻碍生产力发展的这一标准去评价一种社会制度的进步性、合理性，而是以某种"人性"或"人的本质"的实现程度作为衡量这种社会制度的进步性和合理性的尺度。由此出发，它就势必把发生"异化"的历史阶段看作历史过程的中断或倒退。这样"对伟大历史联系的合理看法就不可能产生。"①

第四，这种理论不是把社会历史看作社会基本矛盾运动的基础上无限发展的过程。而是把抽象的人性或人的本质的完满实现看作"世界历史的最终目的"。理想的社会制度一旦实现，人性得到复归，人类社会进入无差别的境界，历史进程也就到此终结。这不仅是历史观上的形而上学，而且由于它撇开了社会发展的物质基础以及由此而产生的历史条件，所谓"理想社会"的实现，也只能是幻想。

由此可见，这种理论作为一种历史观是唯心主义形而上学的。它不是从客观现实出发，而是从抽象的人性或人的本质出发，不是从生动的、复杂的社会生活本身中引出历史发展的客观规律，而是用抽象的概念和公式剪裁历史。很显然，用这样的理论和方法，是既不能科学地说明过去的历史，也不能正确地认识现实，更谈不上预见未来的，它不可能真正揭示社会生活的本质及其发展规律，不可能指明无产阶级和全人类解放的道路，也找不到实现这种解放的社会力量。

（三）"社会主义异化论"能否成立

无论是主张把异化作为说明历史的理论和方法，还是把异化说成普遍适用的辩证法范畴的人，都有明确的现实针对性，即为了论证社会主义异化论。在他们看来，不仅资本主义制度存在异化，而且社会主义制度也存

① 《马克思恩格斯选集》第4卷，人民出版社1995年版，第225页。

在异化。他们说："异化是社会主义一切弊端的集中表现，是对社会上大量存在的丑恶现象所能给予的最科学的说明"，他们还主张用异化论来解释和指导当前的改革。我们认为，这种看法在理论上是不符合马克思主义的，在实践上是有害的。

第一，马克思主义认为，异化只能是用以表述特定历史时期的某些特定现象（包括某些规律）的概念，至于社会主义社会，马克思从未用异化来加以解释。借口马克思曾讲过异化而宣传社会主义异化论是站不住脚的。有人说马克思虽然没有直接讲过社会主义的异化，但他在成熟时期的著作中还曾讲过社会分工是产生异化的根源；而在社会主义社会，分工还存在，因而异化及其根源也就还存在。我们认为这是一种误解。不错，马克思在《德意志意识形态》等著作中，确曾讲到社会分工导致的异化，要消灭异化就要消灭社会分工。问题在于马克思这里所讲的分工是指同私有制相联系的、对抗性的分工，而不是说任何分工都必然导致异化的发生。不言而喻，作为消灭异化的必要条件所要消灭的社会分工，也正是指这种对抗性的分工，马克思讲得很明确，"其实，分工和私有制是两个同义语，讲的是同一件事情，一个是就活动而言，另一个是就活动的产品而言"①。由此可见，把社会主义条件下的分工同私有制条件下对抗性的分工混淆起来，认为既然社会主义制度存在分工，就必然还存在异化和异化根源的看法，是不符合马克思的原意的。

第二，马克思主义所说的异化，是指资本主义社会中雇佣劳动和资本的对抗性社会关系，它是资本主义制度的必然产物，是由资本主义生产方式的本质所决定的，而社会主义作为一种崭新的社会制度，是在消灭资本主义私有制和对抗性的社会分工，消灭了资本对雇佣劳动的剥削的基础上建立起来的，因而它已从根本上消灭了异化和异化的根源。如果把社会主义制度下仍然存在的各种消极现象（各种困难、曲折、缺点、弊病等）说成是社会主义的异化，那就等于说社会主义在自己的发展中，由于社会主义自身的活动不断产生出反对和支配自身的异己的力量，这样就会把社会主义和资本主义两种根本不同的社会制度混为一谈。

第三，异化所表述、描写的是资本主义社会的对抗性社会关系，属于对抗性的矛盾，而且是资本主义制度本身所无法解决的。而社会主义制度

---

① 《马克思恩格斯全集》第3卷，人民出版社1956年版，第37页。

下仍然存在的各种消极现象，一般说来是属于非对抗性的矛盾，是能够依靠社会主义制度本身的力量加以克服和纠正的。正如毛泽东同志所指出的，在社会主义条件下，社会基本矛盾仍然存在，但其"性质和情况"已经不同于资本主义社会。如果把社会主义社会还存在的各种消极现象统统说成是"异化"，是敌对的异己力量，那就势必导致混淆两类不同性质的矛盾。至于社会主义社会发展一定阶段上存在的某些对抗性矛盾，也是不能用"社会主义的异化"来解释的，因为它们并不是社会主义本身活动的必然产物，有的则是社会主义同旧制度残余势力之间的矛盾。

第四，对于社会主义制度下，仍然存在的消极现象，当然是必须认真对待、切实予以克服、纠正的。但是，只有坚持以马克思主义的唯物史观为指导，才能对它们作出具体的、科学的分析，找出正确的途径和方法，逐步加以克服和纠正。而这些消极现象归结为社会主义的"异化"，实际上是把复杂的社会问题简单化，把具体问题抽象化，这在认识上无助于推进对真理的接近，在实践上不能提供正确的解决问题的办法。相反地，由于这种理论具有模糊的但又相当固定的反现实的倾向，又具有可以到处乱套的抽象形式，还容易在人们中引起思想混乱，延缓或阻碍这些消极现象的纠正和消除，因而是不足取的。

异化论能用来解释和指导社会主义国家的改革吗？回答也是否定的。按照马克思主义观点，改革是社会主义社会发展的题中应有之义。恩格斯早就指出："所谓'社会主义社会'，不是一种一成不变的东西，而应当和任何其他社会制度一样，把它看成经常变化和改革的社会。"① 改革，是它在自身的基础上逐步走向比较完善、成熟的过程，这与消灭资本主义，克服异化，是性质完全不同的。党的十四大报告指出，我国改革的实质和目标，是在根本上改变束缚我国生产力发展的经济体制，建立充满生机和活力的社会主义新经济体制，同时相应地改革政治体制和其他方面的体制，以实现中国的社会主义现代化。这场改革是深刻的，不是原有经济体制的细枝末节的修改，而是经济体制的根本性变革。但是，它又是"在过去革命成功和社会主义建设取得的巨大成就的基础上进行的，是在我们党的领导下有秩序有步骤地进行的，它不是改变我们社会主义制度的性质，而是社会主义制度的自我完善和发展"。

① 《马克思恩格斯全集》第37卷，人民出版社1956年版，第443页。

用异化论来说明和指导改革将导致什么结果，苏联的解体、东欧的剧变，为我们提供了深刻的教训。在戈尔巴乔夫和苏、东理论家制造的改革舆论中，就把改革的必要性归结为三个方面的异化：无产阶级专政是政治异化，社会主义公有制是经济异化，马列主义的指导是思想异化。怎样通过改革消除异化呢？政治上实行民主化、公开性、多党制，实际上就是用西方资产阶级民主制度代替无产阶级专政；用多种经济自由竞争取代社会主义公有制；在"思想自由"的旗号下取消马列主义的指导。总之就是用"人道的、民主的社会主义"取代科学社会主义，这不是社会主义改革，而是改掉社会主义。表面上看来，戈尔巴乔夫还没有完全抛弃社会主义的旗号，实际上却是为复辟资本主义制度鸣锣开道，其结果就是在苏联和东欧社会主义国家全面复辟资本主义，导致社会关系的全面异化。针对宣扬社会主义异化和主张用消除异化来解释改革的观点，我国改革开放的总设计师邓小平同志早在1983年就敏锐地指出："这样讲，不但不可能帮助人们正确地认识和解决当前社会主义社会中出现的种种问题，也不可能帮助人们正确地认识和进行社会主义社会中为技术进步、社会进步而需要不断进行的改革。这实际上只会引导人们去批评、怀疑和否定社会主义，使人们对社会主义、共产主义的前途失去信心，认为社会主义和资本主义一样没有希望。既然如此，干社会主义还有什么意义呢？"他还指出："马克思主义要发展，社会主义理论要发展，要随着人类社会实践的发展和科学的发展而向前发展。但是，上面这样的观点不是向前发展，而是向后倒退，倒退到马克思主义以前去了。"[1]

（四）社会主义社会是否存在异化现象

我们说，社会主义异化论是错误的，那么，社会主义社会是否存在异化现象呢？这是与前一个问题有区别的、可以讨论的问题。社会主义异化论的错误在于"认为社会主义在自己的发展中，由于社会主义自身的活动，不断产生异己的力量"；而后一个问题说的是，社会主义社会是否还存在"资本主义异化劳动的残余及其后果"[2]。马克思指出，社会主义社会是从资本主义社会脱胎出来的，它在经济、道德和精神等各方面都还带有旧社会的痕迹。马克思的这个论断有两个重要前提：一是社会主义革命

---

[1] 《邓小平文选》第3卷，人民出版社1993年版，第40—41页。
[2] 同上书，第41页。

发生于发达的资本主义社会；二是这种革命在全世界，至少在几个发达国家同时取得胜利。而我们是在经济比较落后的国家建设社会主义，在苏联解体、东欧剧变之后，原来的"社会主义国际市场"也不复存在。在这种历史条件下，在社会主义社会的初级阶段，由于生产力发展水平的限制和与其相应的原因，存在马克思所说的某些异化劳动的残余及其后果是不足为奇的，甚至是不可避免的。首先，在所有制方面，这不是单一的社会主义所有制，而是以公有制为主体的多种经济成分并存，其中包含有资本主义生产关系。比如，我国是在1953年进入社会主义时期的，但在1956年所有制方面的社会主义改造完成以前，资本主义工商业仍然存在，异化劳动当然也还存在；目前我国也还是以公有制为主体的多种经济成分并存的社会，在私人企业主、外资企业主与工人之间也还存在资本和雇佣劳动的关系，因而也带有异化劳动的特点。但是也应看到，社会主义社会存在的这种异化现象与资本主义制度下的异化是有区别的。第一，存在的范围不同。社会主义社会以公有制为主体，异化劳动是局部现象；第二，起作用的程度不同。它受到社会主义经济、政治条件的制约。在我国，人民民主政权制定的法规政策是代表劳动人民利益的，在"三资"企业中的工人既是雇佣劳动者，又是国家的主人；第三，起作用的性质不同。"三资"企业的资本家当然是要赚钱（工人创造的剩余价值）的。但是（1）工人拿回工资；（2）国家拿回税收（属于工人为社会创造财富）。此外，还可以学习先进技术和管理经验，可以得到信息，扩大市场。因此，尽管"三资"企业还带有异化劳动的特点，但它是社会主义经济的有益补充，归根到底是有利于社会主义的。第四，发展前景不同。随着生产力的发展和社会的进步，社会主义社会的异化劳动残余将被消除。当然这将是一个相当长的历史过程，至少在社会主义初级阶段还将继续存在。

由于社会主义初级阶段在各个方面都还存在旧社会的痕迹，还存在着异化劳动的残余，加上外部腐朽思想的影响，异化现象在其他领域还会存在。如宗教迷信、拜金主义、卖淫嫖娼、拐卖妇女儿童等等。

如前所述，异化问题是一个歧义甚深、众说纷纭的理论问题。以上所说的当然也只是一种见解，提供讨论，欢迎指正。

（在北京大学人学研究中心主办的"人学高级研讨班"上的讲课提纲）

附录三　马哲史"述""评"的历史和现实

　　这些年来，重新解读马克思（以及其他马克思主义经典作家，下同）的论述的文章不时见诸书刊。这对消除那些加在马克思头上的非马克思思想、深化对马克思思想的理解、揭示被忽视了的马克思思想的现实价值，无疑具有重要价值，也可以看作深化马哲史研究的一种重要方式。比如在标志着马克思主义哲学产生的《德意志意识形态》中，马克思和恩格斯关于历史向世界历史转变的思想，关于社会交往的思想，关于社会分工的思想等，在我们以往马哲史研究中就有所忽视，而如何依据《关于费尔巴哈的提纲》和《德意志意识形态》的有关论述阐明马克思主义哲学的性质，也还有许多工作要做。

　　从现有"重新解读"的文章来看，我们认为有两点值得注意：一是对马克思思想本身的阐释应当是客观的，应力求忠实地、完整准确地说明其原意，即使当马克思的某个（或某些）论断与现实（或解读者的观点）有矛盾时，也应尊重其本来的历史面目，而不应把它"现代化"或根据自己的需要"为我化"，以免在消除一种加在马克思头上的非马克思思想的同时，又给加上另一种非马克思思想，甚至把马克思的思想曲解为非马克思思想。二是对马克思思想的评价，当然要立足当代现实和实践，实事求是地分析其功过是非，并得出相应的结论，以推进马克思主义的事业。但也要看到，实现共产主义是一个非常漫长的历史过程，要经历许多由低级到高级的发展阶段，因而作为科学共产主义的理论体系和共产主义运动发展的某个阶段的具体实践，是既有联系，又有区别的。在新民主主义革命时期，毛泽东就曾多次指出，应当把对共产主义思想体系的宣传同对新民主主义行动纲领的实践区别开来；同样的，我们现在也不应当把社会主义初级阶段的行动纲领和实践，当作衡量和评价马克思全部共产主义理论的标准。

　　但是，我们不能不遗憾地指出，上述未能正确解读马克思思想的事例还是时有出现。比如，马克思在《1844年经济学哲学手稿》中说："但是被抽象地孤立地理解的、被固定为与人相分离的自然界，对人说来是无。"①按照这段话的前后文，马克思这里所说的"自然界"，并不是通常人们所理解的客观存在的自然界，而是特指黑格尔哲学体系中从"绝对观念"中"释放"出去的"自然界"，在黑格尔哲学中，作为与自然界相对立的主体是"绝对观念"，而不是人。人与自然都是绝对观念发展中的不同环节，它们是彼此分离的。它本来就"只是作为抽象、作为思想物"而隐藏在"绝对观念"里面，被绝对观念从自身释放出去以后，也只不过是绝对观念的异在形式或外化，是"脱离人的自然"。②因而它"对人说来也是无"。可是在一些文章中，这段话却常常被解释为马克思否定尚未人化的客观自然界对人的意义。又如马克思关于在特定历史条件下，俄国农业公社有可能跨越资本主义制度的"卡夫丁峡谷"的思想，本来与俄国的十月革命和中国的革命都没有直接的关系，有的论著却把两者当作跨越资本主义制度"卡夫丁峡谷"的典型来论述。再如《共产党宣言》中关于"两个决裂"的论断，明明是指同传统的所有制关系即生产资料私有制实行最彻底的决裂，同时也要同传统的观念，即与私有制相适应、为私有制辩护的剥削阶级观念实行最彻底的决裂。但有的同志却发表专文，论证"传统的"一词翻译有误，因为"人们生活在传统中，可以对传统获得批判性的知识，但却不可能与传统进行彻底的决裂或完全从传统中摆脱出来；即使是传统的观念，人们要与之彻底地、完全地决裂也是不可能的"。③还有的论者，也许是出于良好的愿望吧，硬是要证明在马克思的《哥达纲领批判》中已经有了社会主义市场经济的思想。

　　需要说明的是，这里列出上述事例的主旨并非为了要批评什么人，而在于说明我们在马哲史研究中有必要进一步倡导实事求是的科学态度和严谨求实的良好学风。只有这样，才能写出更好的科学的马哲史，才能真正体现马克思主义哲学的与时俱进的理论品格。

（写于 2002 年初）